8119.
H.

CURIOSITÉS DE PARIS,
DE VERSAILLES,
MARLY,
VINCENNES, SAINT-CLOUD,
ET DES ENVIRONS.
NOUVELLE ÉDITION,

Augmentée de la Description de tous les nouveaux Monumens, Edifices & autres Curiosités, avec les changemens qui ont été faits depuis environ vingt ans.

Par M. L. R.

in 12, 3 vol. Prix 9 liv. reliés.

TOME SECOND.

A PARIS,
Chez LES LIBRAIRES ASSOCIÉS.

M. DCC. LXXI.
Avec Approbation & Privilege du Roi.

NOMS
DES LIBRAIRES.

Veuve SAVOYE,
DURAND, neveu, } Rue Saint Jacques.

HOCHEREAU,
LECLERC,
SAUGRAIN, Jeune,
BAILLY, } Quai des Augustins.

ELALAIN, } Rue de la Comédie.

LES CURIOSITÉS DE PARIS.

LE QUARTIER DE S. ANDRÉ DES ARCS.

XVIII.

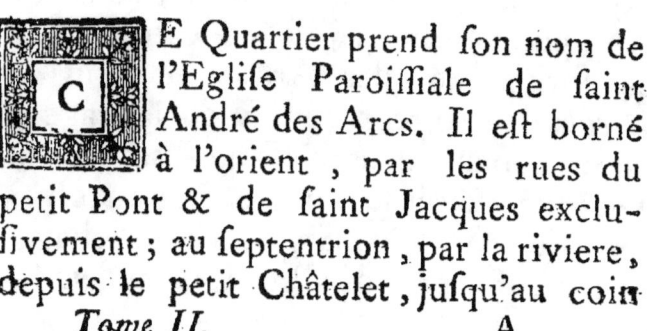

CE Quartier prend son nom de l'Eglise Paroissiale de saint André des Arcs. Il est borné à l'orient, par les rues du petit Pont & de saint Jacques exclusivement; au septentrion, par la riviere, depuis le petit Châtelet, jusqu'au coin

Tome II.   A

de la rue Dauphine inclusivement ; à l'occident, par la rue Dauphine inclusivement ; & au midi, par les rues neuve des Fossés saint Germain des Prés, des Francs-Bourgeois, & des Fossés saint Michel ou de saint Hyacinthe exclusivement, jusqu'aux coins des rues saint Jacques & saint Thomas.

Ce dix-huitième Quartier étant d'une situation difficile à suivre, il faut le voir par ses principales rues ; & c'est la manière la plus commode, en commençant par l'Eglise qui lui donne ce nom.

SAINT ANDRÉ DES ARCS est ainsi nommé, selon quelques Auteurs, à cause de plusieurs anciennes arcades d'un vieux bâtiment qui a subsisté long-tems auprès ; mais d'autres disent, que c'est à cause d'un jardin qui faisoit partie de la rue Hautefeuille, dans lequel les Ecoliers s'exerçoient à tirer de l'arc, comme on fait encore présentement auprès de la Porte saint Antoine. *Malingre*, dans ses Antiquités de Paris, dit que cette Eglise est surnommée des Arcs, en latin *de Arcubus*, par corruption de langage ; mais probablement c'est de Laas ou en Laas, qui étoit le nom général du territoire de la Ville appartenant à l'Abbaye de saint Germain des Prés : cependant le

QUARTIER DE S. ANDRÉ. 18.

nom que saint Louis lui donne, de *Parrochia sancti Andreæ des Arsiciis*, semble engager à nommer cette Eglise, saint André des Arcs. Cette Eglise, dont la Cure est à la nomination de l'Université, n'étoit anciennement qu'une petite Chapelle dédiée à saint Andéol, Disciple de saint Polycarpe, qui l'étoit de saint Jean l'Evangéliste. Saint Andéol fut envoyé en France pour la conversion des peuples : il souffrit le martyre & la mort l'an 205, dans le Vivarets, au lieu qui depuis a porté son nom, & que l'on nomme encore le Bourg de saint Andéol. Dans la suite des tems elle changea de nom, & prit celui de saint André. Elle fut érigée en Paroisse vers l'an 1212, mais elle a été rebâtie depuis environ cent quarante ans ; depuis, on a fait le portail. Le Chœur, enclos d'une grille de fer doré par les extrêmités ; l'Oeuvre où se placent les Marguilliers, & la Chaire du Prédicateur sont des ouvrages nouveaux. Les bas-reliefs de cette Chaire représentent quatre sujets convenables à la prédication : ce sont, Notre-Seigneur prêchant sur la montagne, saint Jean prêchant dans le désert, le Sermon de saint Pierre, & celui de saint Paul dans l'Aréopage.

A ij

Cette Eglise n'a rien de remarquable que quelques tombeaux : celui de la Princesse de Conti est dans le Chœur, à main droite en entrant, & près de l'Autel; il revêt un pilier, au milieu duquel vous verrez une figure en demi-relief, qui représente, par ses attributs, la Foi, l'Espérance & la Charité. Les ornemens qui y sont conviennent au sujet; le tout est de marbre blanc, à la réserve d'une urne posée au haut, & quelques festons qui sont de bronze doré. Cette Princesse, qui devint veuve à l'âge de vingt-neuf ans, consacra le reste de sa vie à élever ses enfans en Princes Chrétiens : son corps repose dans un caveau au pied de ce monument, qui a été fait par *Girardon*. Celui du Prince de Conti, pere du dernier mort, est aussi dans le Chœur, du côté de l'Evangile, vis-à-vis celui de la Princesse sa mere.

Les autres tombeaux, sont ceux de Christophe de Thou, Premier Président; de Jacques-Auguste de Thou son fils, aussi Président du Parlement de Paris, sçavans Historiens, & des autres personnes de cette Maison. Celui de Jacques de Thou, est de *François Anguier*. Quelques autres Historiens ont leurs sépultures dans cette Eglise; tels

QUARTIER DE S. ANDRÉ. 18.

font André du Chefne, Pierre d'Hozier, Généalogifte, Louis Coufin, Préfident de la Cour des Monnoyes, & Sébaftien le Nain de Tillemont ; Nanteuil, habile Graveur, eft fous les Orgues. Charles Dumoulin, célèbre Jurifconfulte, mort le 28 Décembre 1566, âgé de foixante-fix ans, eft dans le Cimetiere, où l'on a enterré en 1716 Henri d'Aguefleau, Confeiller d'Etat, pere de M. le Chancelier : il y fut mis dans une fimple bierre, fuivant fa volonté, auprès de N. le Picart fon époufe. M. Joly de Fleury, Magiftrat célèbre & ancien Procureur Général du Parlement, y eft enterré dans une Chapelle, à main droite, en entrant.

Sortant de faint André, paffez par la rue Hautefeuille, au bout de laquelle vous trouverez LES PRÉMONTRÉS ; c'eft le Collége des Religieux de cet Ordre qui veulent prendre des Dégrés dans l'Univerfité ; il a été fondé en 1255. L'Eglife, quoique petite, eft fort propre ; les fondemens en furent jettés en 1618, & elle fut dédiée fous l'invocation de faint Jean & de fainte Anne ; elle eft toute revêtue d'une menuiferie faite depuis quelques années aux depens du Général. Les Prémontrés font des

Chanoines Réguliers de l'Ordre de faint Auguftin, fondés en 1221 par faint Norbert, depuis Evêque de Magdebourg. En 1672, la porte qui étoit du côté des Cordeliers, fut placée où elle eft préfentement : l'Autel fut auffi mis, de l'orient à l'occident, & l'on bâtit alors le portail, au frontifpice duquel eft cette infcription, *Ecclefia Canonicorum Regularium Ordinis Præmonftratenfis fub invocatione Beatæ Annæ.* L'entrée de la Maifon des Prémontrés eft fituée dans la même rue, elle fait face à la rue Pierre Sarrazin. Cette rue prend fon nom d'un riche Bourgeois qui demeuroit dans ce quartier, & qui a vendu une partie du terrein fur lequel le Collége des Prémontrés eft bâti.

La grande porte que vous verrez, rue des Cordeliers, en face de la rue Hautefeuille, eft une entrée de l'Eglife DES CORDELIERS. Ce Couvent eft un des plus nombreux de Paris, par la quantité d'Etudians qui viennent des autres Maifons de France, y faire leurs études, pour parvenir au Dégré de Docteur. Le bâtiment fut commencé en 1217, pendant que le Séraphique faint François vivoit à Affife ; l'Abbé & les Religieux de faint Germain des Prés donnerent le terrein, & firent construire une partie des premiers bâtimens pour ces Religieux, qui, faute d'habitation, étoient logés chez les Bourgeois. Ce Monastere augmenta par les libéralités de saint Louis, qui leur fit bâtir par *Eudes de Montreuil*, une belle Eglise dédiée à sainte Marie-Madeleine. Elle fut détruite par un incendie qui arriva le 19 Novembre 1582, & qui, avec l'Eglise & le Couvent, consuma un très-grand nombre de tombeaux de Princes & de Princesses du Sang Royal, entr'autres celui de Marguerite, Reine de France, & femme de Philippe le Hardi; celui de Jeanne, Reine de France & de Navarre, femme de Philippe le Bel, & beaucoup d'autres.

L'Eglise d'à présent, qui est vaste & simple, a été rebâtie par Henri III, & continuée par les illustres Présidens Christophe & Jacques-Auguste de Thou. Le Chœur est grand, & ordinairement rempli de bonnes voix. Le grand Autel a été refait depuis peu: le tableau représente la Naissance de Notre-Seigneur, peinte par *Franco*; le Tabernacle est orné d'ouvrages de bronze, qui font un bel effet.

Il y a dans cette Eglise trois célèbres

Confréries ; l'une, des Pélerins de Jérusalem, où beaucoup de Confreres n'ont jamais été ; l'autre, du Tiers-Ordre de saint François ; & la troisième, de Notre-Dame de Grace : elles ont chacune de belles Chapelles.

Les illustres enterrés dans cette Eglise, outre les Princes & Princesses dont les tombeaux furent brûlés, sont entr'autres Dom Antoine, Roi de Portugal, qui mourut dénué de toutes choses, avec la seule consolation d'avoir un fidele ami qui ne l'abandonna point dans ses disgraces, & qui a été enterré auprès de lui ; il s'appelloit Dom Diego Bothey, & descendoit des Rois de Bohême : le Comte de S. Pol, qui eut la tête tranchée en Grève le 19 Décembre 1465 ; Alexandre de Ales, Précepteur de saint Thomas & de saint Bonaventure ; le Docteur subtil Jean Scot ; Belleforêt, Historien de France, & plusieurs bonnes familles illustres qui ont leurs tombeaux dans les Chapelles, entr'autres les Besançons, les Lamoignons, les Brissonets, les Lemaîtres, les Longueuils de Maisons, les Verthamonts, & plusieurs autres.

Ensuite, voyez le nouveau Cloître de ces Peres ; il est très-vaste, & bien bâti :

Quartier de S. André. 18.

le Chapitre, le Réfectoire & la Bibliothéque sont aussi à voir. La statue de saint Louis qui est à la grande porte de l'Eglise, est estimée fort ressemblante à ce saint Roi.

Près les Cordeliers on avoit bâti une fontaine, qui a été refaite depuis à la place où étoit la Porte de saint Germain, ou de Buffy. Les Colléges de Bourgogne & de Dainville, sont dans cette même rue des Cordeliers; au bout de laquelle vous trouverez LA MAISON DE SAINT CÔME, appellée l'Amphithéâtre de Chirurgie, ou d'Anatomie, fondé par saint Louis, à la priere de son Chirurgien. C'est où les Maîtres Chirurgiens de Paris font les dissections anatomiques des corps humains. Ces différentes opérations ont porté l'art de la Chirurgie au comble de sa perfection, & ont formé beaucoup d'habiles gens dans ce Corps. Cette inscription, *Ædes Chirurgorum*, est au-dessus de la porte gravée en lettres d'or sur marbre noir. Vous verrez dans ce lieu un amphithéâtre bâti en 1691, où il y a des bancs par différens dégrés, ensorte qu'un grand nombre de spectateurs peuvent voir à la fois & commodément, ces opérations anatomiques. Les Malades y sont entendus, & on y distribue *gratis* des remédes tous les Samedis.

Ceux qui aiment à remarquer les logemens à la gothique, doivent obferver deux chofes en ce quartier. La première, dans la rue de la Harpe, eft une vieille maifon, qu'on dit être celle de Jean Fernel, Médecin d'Henri II, elle paffoit en ce tems-là pour une des belles maifons de Paris.

La feconde, eft l'Hôtel de Cluni, dans la rue des Mathurins: c'eft un grand bâtiment très-bien confervé, qui a été rebâti vers l'an 1505, par Jacques d'Amboife, Evêque de Clermont, Abbé de Cluni, & neveu du Cardinal Georges d'Amboife, Miniftre de Louis XII, dont le défintéreffement joint à une grande habileté, lui acquirent l'eftime de fon Prince, & l'amitié des Peuples; cet Hôtel, qui appartient à l'Abbaye de Cluni, eft grand & logeable.

Les Curieux de l'Antiquité peuvent obferver dans la rue de la Harpe, en une maifon où logent les Meffagers de Chartres, à l'enfeigne de la Croix de fer, des vieilles ruines, dont la folidité & une voûte encore toute entiere, fur le comble de laquelle eft un jardin où l'on entre par le quatrième étage de l'Hôtel de

Cluni, font croire que ce font les restes du Palais de l'Empereur Julien, qui étoit nommé la Maison des Thermes; ce qui a fait dire à un excellent Auteur, que plusieurs Rois de France de la première Race y ont habité, parce qu'il y a plusieurs Chartres ou Lettres datées du Palais des Thermes : ce lieu répond à l'Hôtel de Cluni, que vous venez de voir.

Plus bas, dans la rue du Foin, est le Collége de Maître Gervais, fondé en 1570 par Gervais Chrétien, Chanoine de l'Eglise de Paris; il vient d'être rebâti tout à neuf. En continuant la rue de la Harpe, vous trouverez l'Eglise de SAINT CÔME & DE SAINT DAMIEN, bâtie en 1212 : elle est Paroissiale, & n'a rien de remarquable que quelques tombeaux; entr'autres celui du célèbre Omer Talon, & de son illustre famille, dans la Chapelle de saint Roch; il y a une table de marbre noir faite en ovale, au-dessus de laquelle est écrit : *Hic situs est Audomarus Taleus*. On y voit aussi un monument élevé à la mémoire de M. de la Peyronie, premier Chirurgien du Roi. La médaille qui le représente, est de *Vinache*, & son buste en marbre, est de *Joubert*. La Cure de cette Paroisse est à la nomination de l'Université. Il y a une fontaine à côté de cette Eglise : vis-à-vis de cette fontaine, à l'autre coin de la rue, vous verrez quelques figures de pierre attachées au mur: elles représentent la cérémonie de la fondation du Collége de Dainville qui est attenant.

Il y a plusieurs petits Colléges dans la rue de la Harpe, qui sont les Colléges de Justice, de Bayeux, de Narbonne & de Séez, au-dessus desquels est celui d'Harcourt. Ce Collége a été fondé en 1280, par Raoul d'Harcourt, de l'illustre Maison de ce nom en Normandie, Chanoine de l'Eglise de Paris ; l'architecture de la porte est fort estimée. Le bâtiment est très-grand : il est rempli de quantité de Pensionnaires & d'Ecoliers, parce que l'on y enseigne les Humanités. C'est le principal Collége de la Nation de Normandie, qui y tient ses Assemblées.

Un peu plus haut, de l'autre côté, vous appercevrez une belle façade dans une grande place ; c'est l'Eglise du Collége & Maison de Sorbonne, dont les faces extérieures & intérieures sont représentées en deux figures ci-à-côté.

LA SORBONNE.

Ce lieu est, de Paris, un des plus capables de satisfaire la curiosité de ceux qui se donneront la peine d'en observer toutes les beautés, & de réfléchir sur l'utilité de son établissement. Ce fameux Collége, qui est le premier & le plus considérable de l'Université, fut fondé l'an 1252 par Robert de Sorbon, Chanoine de l'Eglise de Paris, Aumônier & Confesseur du Roi saint Louis, pour enseigner la Théologie ; elle y est enseignée, deux fois le jour, par six Docteurs, trois le matin, & trois l'après-midi, à tous ceux qui y vont étudier.

C'est par ces Docteurs que l'Eglise de France a souvent fait décider les points de Théologie, & les cas de conscience les plus difficiles à résoudre, & dont les décisions sont ordinairement suivies.

Au rapport de quelques Historiens, saint Louis a contribué aussi, de son côté, à cette utile fondation, suivant ce qui est gravé sur une lame de cuivre posée sur la petite porte de cette Eglise en dedans, dont voici les paroles :

Ludovicus, Rex Francorum, sub quo fundata fuit Domus Sorbonæ, circa annum Domini M. CC. LII. Ce qui n'ôte rien à Robert de Sorbon, puisque *sub quo* signifie seulement qu'elle a été bâtie du tems de saint Louis.

Armand-Jean du Plessis, Cardinal, Duc de Richelieu & de Fronsac, Evêque de Luçon, Abbé Général de Cluni, de Cîteaux & de Prémontré, &c. premier Ministre d'Etat, fit rebâtir de fond en comble cette Maison, dont il étoit Docteur & Proviseur. Il y ajouta une Eglise, qui est un chef-d'œuvre d'architecture, & y employa tout ce qui pouvoit contribuer à faire un monument digne d'immortaliser sa mémoire. La première pierre y fut posée le 4 Juin 1629, sous laquelle on mit une médaille d'argent, où la Sorbonne étoit représentée sous la forme d'une vénérable Vieille, tenant sa main droite sur le Tems, & sa gauche sur une Bible, avec ces paroles écrites : *Hinc forte bona fenescebam.* Ce fameux Cardinal se servit de *Jacques le Mercier*, qui a bâti le Palais Royal, pour la construction de ce bel édifice, qui a peu de pareil au monde.

Le portail extérieur, tel qu'il est représenté par cette figure, est formé de colomnes corinthiennes, & de pilaſtres d'ordre compoſé, avec quatre niches où ſont des ſtatues de marbre, faites par *Guillain*. L'ordonnance de ce portail & du portique intérieur, a des beautés qui charment les Connoiſſeurs les plus délicats; au-deſſus de la porte eſt cette inſcription: *Deo Opt. Max. Armandus, Cardinalis de Richelieu*. L'horloge marque les différens changemens de la Lune, le dôme revêtu de bandes de plomb dorées, eſt accompagné de quatre petits clochers, il eſt comblé par une lanterne, entourée d'une baluſtrade de fer, au haut de laquelle il y a une Croix dorée; tous ces différens ouvrages ſont fort eſtimés par leur juſte proportion.

L'Egliſe n'eſt pas des plus grandes, ni des plus éclairées, mais elle eſt d'une admirable conſtruction; l'ordre corinthien règne par-tout, le pavé eſt tout de marbre. Vous y verrez les douze Apôtres, & des Anges de hauteur naturelle, placés dans des niches entre les pilaſtres; toutes ces ſtatues ſont faites de pierres de Tonnerre, qui ſont auſſi blanches que le marbre.

Le grand Autel fait ſur les deſſeins de *le Brun*, eſt des plus magnifiques; il eſt orné de ſix colomnes de marbre, avec des bases, chapitaux, & autres ornemens dorés. Vous y verrez un grand Crucifix de marbre blanc, dont le Christ a sept pieds de hauteur, & la Croix environ quatorze, il est attaché sur un fond de marbre noir, & accompagné de la sainte Vierge & de saint Jean : ce beau Christ est le dernier ouvrage de *Michel Anguier* ; le Tabernacle est aussi de marbre blanc, orné de quantité d'ouvrages de bronze doré. On voit sur cet Autel (seulement le jour de la Fête-Dieu) un Soleil d'or, ou plutôt, une espèce de Reliquaire où l'on met le Saint Sacrement : il est d'un travail excellent, qui a coûté vingt mille livres au Cardinal de Richelieu qui l'a donné.

Le tombeau que vous voyez au milieu du Chœur, est celui de l'Eminent Fondateur de ce Collége : c'est un des beaux ouvrages qu'il y ait en ce genre ; il a été fait par l'habile *Girardon*, de Troyes en Champagne. Ce Cardinal y est représenté en marbre blanc à demi couché, sa main droite posée sur son cœur, & tenant de la gauche ses ouvrages de piété qu'il offre à la sainte Vierge. Il est soutenu par la Religion, à qui il semble les remettre ; & il a à ses pieds la Science affligée d'avoir perdu son plus zèlé Protecteur.

tecteur. Deux Anges ou Génies soutiennent ses armes & son chapeau de Cardinal, avec des ornemens: ce magnifique tombeau est admirable dans toutes ses parties.

Remarquez ensuite les peintures du dôme, où vous verrez entre les arcades, saint Ambroise, saint Augustin, saint Jerôme, & saint Gregoire, qui sont les quatre Peres de l'Eglise Latine, peints par *Philippe Champagne*.

La Chapelle de la sainte Vierge répond à la beauté de cette Eglise; elle est toute revêtue de marbre blanc, avec des colomnes de marbre de couleur: les accompagnemens sont de bronze doré, & très-estimés pour la perfection de leurs moulures. Au lieu de tableau, vous y verrez une figure de la sainte Vierge, faite par *Martin Desjardins*; elle est posée dans une niche revêtue de lames de bronze doré d'un travail excellent: les autres Chapelles sont aussi magnifiquement décorées.

Voyez ensuite LA MAISON DE SORBONNE, dont l'intérieur & les dehors ont de quoi vous satisfaire. Vous passerez par un admirable portique, qui répond à une grande cour entourée de bâtimens, plus élevés de moitié les uns que les autres, pour lui donner un plus grand jour. Il y a apparence que l'Architecte, en édifiant ce périftile, a eu en vûe celui du Panthéon, ou Notre-Dame de la Rotonde, le plus magnifique de ceux que j'aye vûs à Rome. Quoique celui-ci foit dans le même goût, il a cependant bien des colomnes de moins, & quelques figures de plus : enforte que ce n'eft précifément qu'un racourci d'un ouvrage immenfe, & digne du fiécle d'Augufte. Il eft formé de dix groffes colomnes ifolées, élevées fur quinze dégrés : ces colomnes foutiennent un fronton où font les armes du Cardinal de Richelieu, avec cette infcription plus bas fur la frife : *Armandus - Joannes, Card. Dux de Richelieu, Sorbonæ Provifor, ædificavit Domum, & exaltavit Templum Sanctum Domino. M. DC. XLII.*

Trente-fix Docteurs, qui par leur ancienneté ont droit de loger en ce Collége, occupent les chambres des appartemens. Mais la fameufe Bibliothéque, l'une des plus nombreufes de Paris, qui eft placée au-deffus des falles, mérite d'être vûe. Elle a été augmentée de celle du Cardinal Fondateur, qui eft très-confidérable, & de celle de Michel le Mafle fon Sécretaire : il n'y a point de

Bibliothéque qui contiennent un plus grand nombre de Livres & de Manuscrits si anciens & si rares. Les principaux sont un Tite-Live en velin, *in-folio* deux volumes, traduit du règne de Charles V, (d'autres disent du Roi Jean.) Il est rempli de figures en mignature, & de vignettes dorées de cet ancien or, aussi brillant aujourd'hui que s'il venoit d'être appliqué, & dont on a perdu le secret depuis plus de deux cens ans. Vous y verrez aussi les premiers Livres imprimés aussi-tôt que l'Imprimerie fut inventée ; entr'autres la Bible de Schoeffer, Imprimeur de Mayence, qui l'imprima en deux Volumes *in-folio*, en 1462. Les caractères dont on n'avoit pas encore de connoissance, firent alors prendre cette impression pour de l'écriture ; & comme on trouvoit toutes ces Bibles égales, & de la même main, on ne concevoit pas qu'un seul homme eût pû faire tant d'ouvrages sans quelque secours surnaturel. Schoeffer fut accusé de magie ; mais il se tira d'affaire en déclarant son secret sur l'invention de l'Imprimerie, qui a été si avantageuse au progrès des Belles-Lettres. Avant ce tems-là les Libraires avoient soin de faire copier les bons Manuscrits ; c'étoit leur commerce, & les seuls Livres en usage.

Après le Collége & Maison de Sorbonne, il est utile de donner une connoissance des autres Colléges de l'Université, des tems de leur fondation, & des lieux de leur situation : en voici un abrégé alphabétique.

Le Collége d'Arras, fondé en 1332 par Nicolas, Abbé de saint Vast d'Arras, est sans exercice, rue d'Arras, quartier de la Place Maubert.

Le Collége d'Hubant, ou de l'*Ave Maria*, fondé en 1339 par Jean Hubant, Président en la Chambre des Enquêtes, est sans exercice : quoique dans le quarré de saint Etienne, il est du quartier de saint Benoît; on l'a rebâti depuis peu très-solidement.

Le Collége d'Autun, ou du Cardinal Bertrand, fondé en 1337 par Pierre Bertrand, Evêque d'Autun, Cardinal de saint Clement, est sans exercice, rue & quartier de saint André des Arcs.

Dans ce Collége, sont les Ecoles *gratis* de Dessein.

Le Collége de sainte Barbe, fondé en 1553 par Robert du Gast, Docteur en Droit, est sans exercice, rue de Reims, quartier saint Benoît.

QUARTIER DE S. ANDRÉ. 18.

Le Collége de Bayeux, fondé en 1308 par Guillaume Bonnet, Evêque de Bayeux, pour des Boursiers des Diocèses du Mans & d'Angers, est sans exercice, rue de la Harpe, quartier saint André des Arcs.

Le Collége de Beauvais, fondé en 1365 par Jean de Dormans, Cardinal & Evêque de Beauvais, avec exercice, rue saint Jean de Beauvais, quartier de saint Benoît. Il a été uni en 1764 au Collége de Louis le Grand, & les Professeurs de Lizieux ont été transférés à celui de Beauvais.

Le Collége des Bernardins, fondé en 1250 avec le Monastere des Bernardins, rue du même nom, quartier de la Place Maubert.

Le Collége de Boissy, fondé en 1356 par Godefroy & Etienne de Boissy, est sans exercice, rue du Cimetiere & quartier saint André des Arcs.

Le Collége de Boncourt, fondé en 1353 par Pierre de Boncourt ou Becond, Seigneur de Flechinel, & depuis réparé par Pierre Galand son Principal, est sans exercice, & uni au Collége de Navarre, rue Bordet, quartier de la Place Maubert.

Le Collége des Bons-Enfans, uni &

changé en Séminaire de la Congrégation de la Miſſion de ſaint Lazare, rue ſaint Victor, quartier de la Place Maubert. Il n'eſt pas fait mention de ce Collége avant ſaint Louis. Innocent IV. permit aux pauvres Ecoliers de ce Collége d'avoir une Chapelle, & d'y faire le Service en 1248.

Le Collége de Bourgogne, fondé en 1332 par la Reine Jeanne, femme du Roi Philippe V, eſt ſans exercice, rue des Cordeliers, quartier ſaint André des Arcs.

On doit bâtir à la place de ce Collége, un nouvel Amphithéâtre pour l'Académie de Chirurgie.

Le Collége du Cardinal le Moine, fondé en 1296 par le Cardinal Jean le Moine, avec exercice, rue ſaint Victor, quartier de la Place Maubert.

Le Collége des Cholets, fondé en 1295 des legs pieux du Cardinal Jean Cholet, eſt ſans exercice, rue des Cholets, quartier de ſaint Benoît.

Le Collége de Cluni, fondé en 1269 eſt ſans exercice, Place Sorbonne, quartier de ſaint André des Arcs.

Le Collége de Cornouailles, fondé en 1317, & confirmé en 1380 par Nicolas

QUARTIER DE S. ANDRÉ. 18.

Galeran, est sans exercice, rue du Plâtre, quartier saint Benoît.

Le Collége de Dainville, fondé en 1380 par Michel de Dainville, Chanoine de Noyon, est sans exercice, rue des Cordeliers, quartier saint André des Arts.

Le Collége des Ecossois, fondé en 1325 par David, Evêque de Muray en Ecosse, est sans exercice, rue des Fossés saint Victor, quartier de la Place Maubert.

Le Collége de Fortet, fondé en 1391 par Pierre Fortet, Chanoine de l'Eglise de Paris, est sans exercice, rue des sept Voyes, quartier saint Benoît.

Le Collége des Grassins, fondé en 1569 par Pierre Grassins, Conseiller au Parlement, avec exercice, rue des Amandiers, quartier de saint Benoît. Il est particulierement affecté aux pauvres Ecoliers du Diocèse de Sens.

Le Collége d'Harcourt, fondé en 1280 par Raoul d'Harcourt, Docteur en Droit, & Chanoine de l'Eglise de Paris, avec exercice, rue de la Harpe, quartier de saint André des Arcs.

Le Collége de Justice, fondé en 1353 par Jean de Justice, Chantre de l'Eglise de Bayeux, Chanoine de Notre-Dame de Paris, & Conseiller du Roi, est sans exercice, rue de la Harpe, quartier de saint André des Arcs.

Le Collége de Laon, fondé en 1313 par Guy de Laon, Trésorier de la Sainte-Chapelle, avec celui de Presle, divisés en deux Colléges l'an 1323, & transféré en 1340 rue de la Montagne sainte Geneviéve, sans exercice.

Le Collége de Lizieux: il a été démoli depuis peu pour l'emplacement de la nouvelle Eglise de sainte Geneviéve, & les Professeurs avec le Principal, transférés au Collége de Beauvais. Dans le même emplacement on y a bâti les Ecoles de Droit.

Le Collége des Lombards, fondé en 1334, par André Ghiny de Florence, Evêque d'Arras, pour des Italiens, à présent occupé par des Irlandois depuis 1681, sans exercice, rue des Carmes, quartier de saint Benoît.

Le Collége de Maître Gervais, fondé en 1570 par Gervais Chrétien, Chanoine de l'Eglise de Paris, sans exercice, rue du Foin, quartier de saint André des Arcs.

Le Collége de la Mercy, pour les Religieux de cet Ordre, fondé en 1516, rue des sept Voyes, quartier S. Benoît

QUARTIER DE S. ANDRÉ. 18.

Le Collége du Mans, fondé en 1526 par les Exécuteurs testamentaires de Philippe de Luxembourg, Cardinal, Evêque du Mans, est sans exercice ; ce Collége situé rue de Reims, a été transféré en 1682 dans la rue d'Enfer, quartier du Luxembourg.

Le Collége de la Marche, fondé en 1323 par Guillaume de la Marche, Chanoine de Toul, avec exercice, rue de la Montagne sainte Geneviéve, quartier de la Place Maubert.

Le Collége de saint Michel, fondé en 1348 par Guillaume de Chanac, Evêque de Paris, est sans exercice, rue de Biévre, quartier de la Place Maubert.

Le Collége de Montaigu, fondé en 1314 par le Cardinal de Montaigu, Evêque de Laon, avec exercice, rue des sept Voyes, quartier saint Benoît ; le Collége est soumis à la visite du Prieur des Chartreux ; les Boursiers ont porté long-tems le nom de Capettes, nom redoutable à la jeunesse de Paris.

Le Collége de Narbonne, fondé en 1317 par Bernard de Fargis, Archevêque de Narbonne, est sans exercice, rue de la Harpe, quartier saint André des Arcs.

Le Collége Mazarin, ou des quatre

Nations, fondé en 1661 par le Cardinal Mazarin, avec exercice, Quai des quatre Nations, quartier de saint Germain des Prés.

Le Collége de Navarre, fondé en 1304 par la Reine Jeanne, femme de Philippe le Bel, Roi de France, avec exercice, rue de la Montagne de sainte Geneviéve, quartier de la Place Maubert.

Le Collége du Plessis, fondé en 1322 par Geoffroy du Plessis, avec exercice, rue saint Jacques, quartier de saint Benoît.

Le Collége des Prémontrés, fondé en 1255 pour les Religieux de cet Ordre, rue Hautefeuille, quartier de saint André des Arcs.

Le Collége de Presle, fondé en 1313 par Raoul de Presle, est sans exercice, rue des Carmes, quartier de saint Benoît.

Le Collége de Reims, fondé en 1412 par Guy de Roye, Archevêque de Reims; le Collége de Réthel y a été uni en 1444, rue des sept Voyes, quartier de saint Benoît, sans exercice.

Le Collége Royal, fondé en 1529 par François I. bâti sur une partie de Colléges de Tréguier & de Cambray

QUARTIER DE S. ANDRÉ. 18.

Place de Cambray, quartier de saint Benoît.

Le Collége de Séez, fondé en 1427 par Grégoire Langlois, Evêque de Séez, est sans exercice, rue de la Harpe, quartier saint André des Arcs.

Le Collége de Tours, fondé en 1333 par Etienne de Bourgueil, Archevêque de Tours, est sans exercice, rue Serpente, quartier saint André des Arcs.

Le Collége des Tréforiers, fondé en 1269 par Guillemin de Shona, est sans exercice, rue de Richelieu, près la Place de Sorbonne.

Le Collége des trois Evêques, ou de Cambray, fondé en 1348 par Hugues de Pommarco, Evêque de Langres, Hugues d'Arcy, Evêque de Laon, & Guillaume d'Auxonne, Evêque de Cambray, avec exercice pour le Droit François, Place de Cambray, quartier & vis-à-vis de saint Benoît.

En sortant de la Maison de Sorbonne, remarquez dans la Place appellée de Sorbonne, par où vous êtes entré, un grand bâtiment à deux étages: ce sont les classes de la Théologie, qui y est enseignée deux fois par jour par six Docteurs; c'est aussi où l'on soutient les Thèses pour les Dégrés & le Doctorat, & où

C ij

l'on fait tous les ans, le 15 Mai, le Panégyrique du Roi, fondé par le Corps de la Ville en 1684.

Le bâtiment gothique, que vous voyez de l'autre côté de cette Place, est LE COLLÉGE DE CLUNI, dont l'Eglise ni la Maison n'ont rien de singulier. L'Abbaye de Cluni & les Prieurés qui en dépendent, sont obligés d'entretenir chacun un Boursier dans ce Collége, dont le nombre est fixé à vingt-huit. L'Office s'y fait avec régularité, & ceux qui n'ont pas à Paris entendu les Vêpres à six heures du soir, sont encore à tems en cette Eglise pour y assister.

Rentrez dans la rue de la Harpe, & montez un peu plus haut, où étoit autrefois la Porte saint Michel abattue en 1684, & le Fauxbourg qui joint à la Ville : vous y verrez une fontaine nouvellement bâtie sur les desseins de *Bullet*, habile Architecte, vis-à-vis de laquelle est une petite place triangulaire où l'on trouve des carrosses de louage.

La rue de la Harpe, termine à la vieille rue de la Bouclerie, qui rend à la Place du Pont saint Michel, où l'on fait ordinairement les ventes ordonnées par Justice. Au coin de la maison qui fait l'angle, entre la rue de la Bouclerie & celle de saint André des Arcs, il y avoit ci-devant une borne où l'on voyoit un visage mal sculpté, posé en mémoire, dit-on, d'un nommé *Perrinet le Clerc*, dont la statue étoit autrefois en la même place. Ce le Clerc étoit fils d'un Marchand de fer, & Echevin de Paris, qui ayant pris sous le chevet du lit de son pere, les clefs de la Porte saint Germain, la fut ouvrir à Jean de Villiers de l'Isle-Adam, qui commandoit un Corps de huit cens Cavaliers du Duc de Bourgogne, lesquels étant entrés à deux heures après minuit, firent des cruautés exécrables. Ils allerent d'abord au Palais, où ils massacrerent le Connétable & le Chancelier, plusieurs Evêques, & un grand nombre de personnes de la premiere qualité. Ce traître s'étant sauvé, le Peuple porta son effigie par les rues, & l'on prétend qu'il fit placer sa statue au même endroit où cette borne étoit posé: ce tragique évenement se passa le 12 Juin 1418, sous le règne de Charles VI.

Au bout de la rue de la Bouclerie, du côté opposé à la borne susdite, est la rue de la Huchette, qui, dans le bout vers le petit Châtelet, forme une espèce de rotisserie publique. Son ancien nom étoit rue de Laas; parce que c'est où coinmençoit l'ancien clos de Laas, qui s'étendoit jusqu'à la Porte de Nesle.

De la place du Pont saint Michel, vous entrez par la rue du Hurpoix, sur le Quai des Augustins, à l'entrée duquel étoit autrefois le grand Hôtel de Luines, démoli en 1671. On a construit en place une suite de maisons sur un même alignement ; il seroit à souhaiter que tout ce Quai fût dans le même goût. L'on y trouve en tout tems des carrosses de louage, toutes sortes de volailles & de gibier, & un marché au pain. Il y a un grand nombre de Libraires, chez lesquels on trouve toutes sortes de Livres, tant vieux que nouveaux, qu'ils achetent journellement dans les ventes publiques. A l'angle formé par la rue des Augustins, du côté de ce Monastere, l'on voit un bas-relief qui représente l'amende honorable des Huissiers, qui, en 1439 voulant enlever le P. Nicolas Aimery, M. de Théologie, avoient excité un tumulte où un Religieux de la Maison avoit été tué par un Huissier. Ce fut l'Université qui demanda & obtint cette réparation.

Au bout du Cul-de-sac de la Cour de Rouen, qui prend à la rue du Jardinet, l'Hôtel de Châteauvieux : c'est une

QUARTIER DE S. ANDRÉ. 18. 31
grande & ancienne maison, dont le bâtiment paroît être de 1450, il a appartenu aux anciens Ducs de Bourgogne.

Au bout de la rue saint André des Arcs, on voyoit quelques anciennes maisons bâties il y a plus de trois cens ans, sur la porte de l'une desquelles étoit un Eléphant chargé d'une tour, avec cette inscription : *Iacobus Coctier, Miles & Consiliarius ac Vice-Præses Cameræ Computorum Parisiensis, arcam emit, & in eam ædificavit hanc Domum, anno 1490.*

Ce Coctier étoit un rusé Médecin, qui obtenoit tout ce qu'il vouloit de Louis XI, en le menaçant de la mort, & lui faisant accroire qu'il ne lui survivroit pas. Philippe de Commines, qui a écrit de bons Mémoires sur l'Histoire de ce Roi, dit que *ce Médecin lui étoit si rude, que l'on ne diroit pas à un Valet les outrageantes & rudes paroles qu'il lui disoit, & si le craignoit tant ledit Seigneur,* ce sont les propres termes de Commines, *qu'il ne l'eût osé envoyer d'avec lui, pour ce que ledit Médecin lui disoit audacieusement ces mots :* Je sçais bien qu'un matin vous m'envoyerez comme vous avez fait d'autres ; *mais par un grand serment qu'il lui juroit,* Vous ne vivrez pas huit jours

C iiij

après. *Ce mot épouventoit si fort le Roi, qu'il ne cessoit de le flatter, & de lui donner ce qui lui étoit un grand purgatoire en ce monde.*

Louis XI lassé des fourberies de ce Médecin, ordonna au grand Prévôt de se défaire de Coctier : celui-ci averti par le Prévôt Tressan, qui étoit son grand ami, lui dit *que ce qui le fâchoit le plus dans ce rigoureux ordre, étoit, qu'il sçavoit par une connoissance particuliere que le Roi ne lui survivroit pas de quatre jours ; secret dont il lui vouloit,* disoit-il, *bien faire confidence.* Le Prévôt qui le crut sottement, en fit son rapport au Roi ; qui fit grace à son Médecin, en lui défendant de se présenter devant lui. S'étant retiré en cette maison, il prit pour devise un abricotier, avec ces mots : *A l'Abricotier;* faisant entendre par-là, que Coctier s'étoit par ses fines ruses, mis à l'abri de tous les fâcheux accidens dont il étoit menacé.

La Communauté des FRERES CORDONNIERS est rue Pavée : cette édifiante Communauté doit son établissement au bon Henri, nommé Michel Buch, d'une piété & d'une humilité peu commune, sous la protection du Baron de Renti, qui le présenta avec quelques-uns de ses

Quartier de S. André. 18. 33

Camarades, en 1645, au Curé de saint Paul, lequel leur accorda des Réglemens qui furent approuvés par l'Archevêque. Les Carrosses de Bretagne & de Normandie logent aussi dans la rue Pavée. Vis-à-vis, c'est la rue de Savoye, où étoit autrefois l'Hôtel de Nemours, abattu en 1671, en place duquel on a bâti de chaque côté des maisons uniformes, sur une ligne oblique.

Au bout du Quai des Augustins, vous verrez le Couvent & l'Eglise des grands Augustins, pour les distinguer des deux autres Couvens d'Augustins. Ces Religieux se nomment Freres Hermites de saint Augustin. C'est un composé de diverses Congrégations d'Hermites qui s'étoient formées en Italie vers l'an 1200, sous différentes Règles: Alexandre IV les réunit toutes sous le nom susdit. Ils s'établirent à Paris sous le règne de saint Louis; après avoir été en différens quartiers, ils sont venus se fixer ici en 1293, par accommodement avec les Freres Sachets, Pénitens mendians, qui l'occupoient auparavant.

Ce Couvent n'est d'aucune Province; il sert de Collége pour tous leurs Confreres. Leur Eglise a été bâtie à plusieurs reprises : elle est grande & médiocrement propre. Le grand Autel fort élevé, & fait en demie-coupole, est soutenu de colomnes, & accompagné de statues d'un très-bon goût, & du dessein de *le Brun*.

Dans le Chœur, du côté de l'Evangile, on a placé six grands tableaux de Réceptions de Chevaliers du célèbre & premier Ordre Royal du Saint Esprit, faites sous Henri III, Henri IV, Louis XIII, Louis XIV & Louis XV. A côté du Chœur est la Chapelle du Saint Esprit, où elles se faisoient autrefois. Le tableau de cet Autel est une descente du Saint Esprit, par *Jacob Bunel*, Peintre du Roi.

Derrière cette Chapelle est le tombeau de *Philippe de Commines*, Seigneur d'Argenton, qui a écrit de fidèles Mémoires sur l'Histoire de Louis XI, qui sont très-estimés. La Chaire du Prédicateur & plusieurs Chapelles méritent votre attention : dans la Sacristie, il y a un tableau de *Berrolet Flamael*, représentant un Empirée & une Adoration des Rois ; il étoit ci-devant au grand Autel. Dans le Cloître, il y a une statue de saint François, à genoux, qui est fort estimée des Connoisseurs. Le Clergé de France tient souvent ses Assemblées dans la grande Salle de ce Couvent, où la Chambre de Justice a tenu ses séances.

Quartier de S. André. 18.

Dans la rue Dauphine font plusieurs Hôtels garnis qui ont du renom : cette rue a pris son nom de l'Hôtel du Dauphin qu'on a abattue pour la former. La Porte de Buffy qui étoit au bout de cette rue, fut abattue en 1672, à cause de l'incommodité publique pour sa communication avec le Fauxbourg saint Germain : l'Arrêt rendu à ce sujet est gravé sur un marbre posé au même endroit, qui en conserve encore le nom, qui lui avoit été communiqué par celui de Simon de Buffy, Conseiller d'Etat sous Philippe VI. de Valois.

Il avoit son logis au-dessus de l'ancienne Porte, qui étoit au même endroit, où l'on avoit depuis bâti cette derniere Porte. Ce Simon de Buffy est aussi Fondateur de la Cure de Vaugirard.

LE QUARTIER DU LUXEMBOURG.

XIX.

CE Quartier prend son nom du Palais d'Orléans, nommé le Luxembourg, parce qu'il est bâti en place d'un ancien Hôtel de Luxembourg, que Marie de Médicis acheta pour bâtir ce Palais, qu'elle avoit résolu d'élever dans la derniere magnificence. Ce quartier est borné à l'orient, par la rue du Fauxbourg saint Jacques exclusivement; au septentrion, par les rues des Fossés de saint Michel ou de saint Hyacinte, des Francs-Bourgeois, & des Fossés saint Germain des Prés inclusivement; à l'occident, par les rues de Bussy, du Four & de Seine inclusivement; & au midi, par les extrêmités du Fauxbourg inclusivement, depuis la rue de Séve jusqu'au Fauxbourg saint Jacques.

Ce Quartier du Luxembourg est composé du Fauxbourg saint Michel, & de

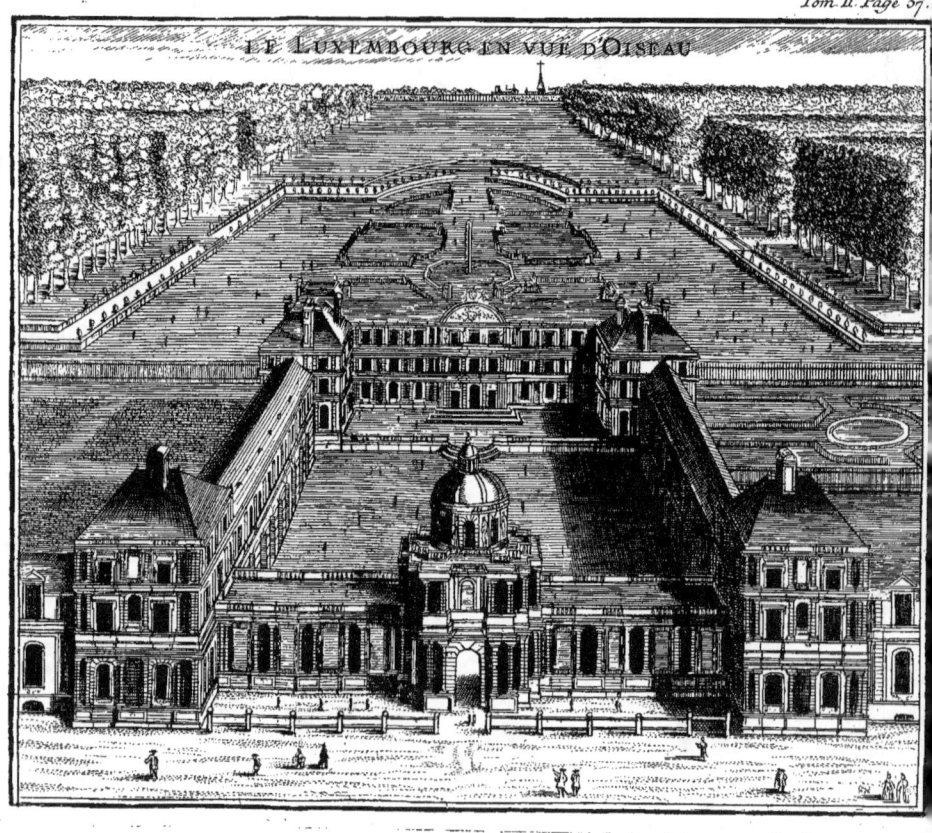

Quartier du Luxembourg. 19. 37
la partie orientale de celui de Saint Germain, qui sont séparés par le Palais qui lui donne le nom, & par où vous devez commencer à le voir.

LE PALAIS D'ORLÉANS,

OU

LE LUXEMBOURG.

De tous les Palais de Paris, & même du Royaume, excepté le Louvre, il n'y en a point de plus grand, de plus superbe, ni de plus magnifique que celui-ci. Le Cavalier Bernin, malgré toute sa prévention, avouoit sincerement qu'il n'y en avoit pas de mieux bâti, ni de plus régulier. La Reine Marie de Médicis, veuve d'Henri IV, le fit construire tout entier en moins de six années sous la conduite de *Jacques de Brosse*, le plus fameux Architecte de son tems, au lieu où étoit un Hôtel de Luxembourg qui tomboit en ruine. Ce Palais commencé en 1615, est composé d'un principal corps de bâtiment qui a quatre pavillons aux extrêmités, & un corps avancé au milieu. L'architecture est composée des ordres toscan, dorique & ionique, accompagnée de pilaſtres couplés, qui ont des baluſtrades ſur les combles, avec des frontons, où ſont des ſtatues couchées qui tiennent des couronnes: le boſſage de cette architecture eſt infiniment eſtimé.

La façade de ce Palais eſt formée par deux terraſſes, avec deux pavillons quarrés aux extrêmités, & d'un portique au milieu, comblé de deux ſallons l'un ſur l'autre, avec un donjon d'une ſtructure admirable: ſous ce portique ſe trouve la grande porte, qui donne l'entrée à une grande cour quarrée.

Vous verrez au fond de cette cour, un dégré qui conduit à une terraſſe bordée d'une baluſtrade de marbre blanc; des deux côtés de cette cour, ſont deux galeries plus baſſes que le reſte du bâtiment, ſoutenues chacune par neuf arcades qui forment des galeries baſſes, ou allées couvertes.

Les principaux appartemens ſont dans le grand corps de bâtiment qui paroît au fond de la cour, au milieu duquel il y a une Chapelle fort propre. On monte aux appartemens par un eſcalier, qui prend à la terraſſe dont je viens de parler. Les ſculptures, les dorures, & la richeſſe des meubles règne avec éclat par tout ce

Palais, particulièrement depuis qu'il a été occupé par feue Madame la Duchesse de Berri, fille de feu Monsieur le Duc d'Orléans, Régent du Royaume, & veuve de Charles de France, Duc de Berri, petit-fils de Louis XIV.

Entre les appartemens, la galerie qui est à main droite en entrant, appellée *la Galerie de Rubens*, mérite une observation particuliere qui satisfera votre curiosité. Vous y verrez vingt grands tableaux de neuf pieds de largeur sur dix de hauteur, placés entre les fenêtres de cette galerie; ils représentent l'Histoire de la Reine Marie de Médicis, sous des figures allégoriques, & ont été peints en deux ans par le fameux *Rubens* d'Anvers, dont on ne peut trop estimer les ouvrages, puisqu'ils ont des beautés inimitables, tant pour le coloris, & les draperies, que pour la perfection.

Sur la fin de l'année 1620, la Reine Marie de Médicis voulant faire embellir son Palais de Luxembourg, en fit peindre une des galeries. Comme la réputation de *Pierre-Paul Rubens* étoit alors fort grande, il fut choisi pour un ouvrage si considérable. Il y a représenté en vingt-un grands tableaux, l'Histoire de cette Reine depuis sa naissance, jusqu'à l'accommodement qui fut fait à Angoulême entre elle & le Roi son fils en 1620. Mais, parce que cette galerie est percée de côté & d'autre par des fenêtres qui donnent sur le jardin & sur la cour, les tableaux sont placés sur les trumeaux qui sont entre les fenêtres.

Voici la description de ces tableaux, que M. Moreau de Mautour a donnée au Public, en 1704, dans le tems du séjour de feu M. le Duc de Mantoue à Paris, logé au Luxembourg.

EXPLICATION DES TABLEAUX

Peints par RUBENS,

DANS LA GALERIE DU LUXEMBOURG.

PREMIER TABLEAU,

A main gauche en entrant du côté du Jardin.

LES TROIS PARQUES assises sur des nuages, filent la vie de Marie de Médicis, en présence & sous les auspices de Jupiter & de Junon, qui paroissent dans le Ciel, & président à la destinée de cette Princesse qui doit naître. Clotho tient la quenouille; Lachesis tourne le fuseau;

&

QUARTIER DU LUXEMBOURG. 19
& Atropos conduit le fil: c'est elle à qui les Poëtes attribuent le soin fatal de le couper, & dont le Peintre a supprimé ingénieusement les ciseaux.

L'attitude de la première de ces Parques, a donné occasion de la couvrir d'une draperie convenable.

II. TABLEAU.

Naissance de la Princesse.

LA DÉESSE LUCINE, qui préside aux accouchemens, tient d'une main un flambeau allumé, dont elle dissipe l'obscurité de la nuit, & de l'autre, elle remet l'enfant nouveau né entre les mains d'une femme assise, vêtue d'un habit bleu couvert d'une ample draperie rouge, ayant une couronne de fleurs & une tour sur la tête. Cette femme représente la Ville de Florence, qui reçoit l'enfant, & le regarde avec admiration. Le génie ou le destin heureux de la Princesse, est exprimé au haut du tableau sous la figure d'un jeune homme tenant une corne d'abondance, dans laquelle il y a un sceptre, une main de justice, une palme, un colier & deux couronnes, tous symboles de la Royauté à laquelle elle est destinée. Sur le devant du tableau est peint le fleuve d'Arno, sous la figure d'un Vieillard couronné de roseaux, appuyé sur une urne, & de la maniere dont les Poëtes représentent les fleuves; & l'on voit auprès de lui un Lion qui a rapport à l'écu des armes de Médicis, dont les supports sont des Lions. L'eau qui coule de l'urne forme un canal, d'où sort un jeune enfant nud. Un autre, sur le bord, tient un écu aux armes de Florence, qui sont une fleur de lys épanouie, que cette Ville croit devoir à une concession de Charlemagne. Deux Génies en l'air ayant des ailes de papillons, répandent des fleurs sur la Princesse; & au haut du tableau on apperçoit le signe du Sagittaire, pour marquer apparemment le mois de sa naissance, qui est celui de Novembre.

III. TABLEAU.

Education de la Princesse.

MINERVE assise & ayant un casque en tête, comme Déesse des Sciences, en donne les premiers élémens à la Princesse, qui paroît appliquée à les apprendre : à sa droite est l'harmonie, représentée par un jeune homme qui joue de la basse de viole, soit pour désigner les occupations & les plaisirs de la première jeunesse qu'on exerce à la musique & aux beaux arts, soit pour marquer par l'effet de l'harmonie, la tranquillité intérieure que l'on doit acquérir en adoucissant les passions de l'ame, & en réglant la conduite de la vie. A sa gauche l'on voit les trois Graces, non plus telles qu'elles ont paru long-tems, & qu'elles étoient lorsque le Peintre, pour les représenter comme elles sont décrites ordinairement par les Poëtes, employa toute la finesse de son art & la délicatesse de son pinceau; mais depuis plusieurs années, on a pris soin de couvrir d'une draperie ce qui doit être couvert. L'une des Graces présente une couronne à la Princesse, comme une récompense dûe à sa vertu. Mercure avec son *pétase*, son caducée & ses talonnieres, descend du Ciel pour lui faire part du don de l'éloquence, dont il est le Dieu. Sur le devant du tableau sont plusieurs instrumens & attributs des arts libéraux. Dans le fond est un grand rocher, avec une vaste ouverture par le haut, d'où tombe une nappe d'eau qui représente la fontaine Castalienne, & par cette même ouverture passe la lumiere qui se répand sur les trois Graces, dont le nud qui reste encore, paroît touché d'une maniere noble & tendre. Les ombres du tableau, quoique fortement dispersées, ne dérobent rien à la beauté du visage de la Princesse, & les reflets de lumiere en laissent entrevoir la grace & le bon air.

IV. TABLEAU.

Fiançailles de Marie de Médicis, avec Henri IV.

L'HYMEN figuré par un jeune homme couronné de fleurs, & tenant le flambeau nuptial à la main, présente au Roi le portrait de la Princesse. Le Roi debout, armé de pied en cap, & tout brillant de l'éclat de son armure, adoucit son air guerrier, & la fierté de ses regards, pour les attacher attentivement sur la beauté de ce portrait dont il est épris; & l'Amour qui est à côté, lui en fait remarquer toutes les graces. La France représentée par une femme ayant un casque en tête, couverte en partie d'une draperie bleue, sur un habit semé de fleurs de lys, est debout derriere le Roi, & semble le solliciter à épouser la Princesse, dont elle contemple aussi le por-

QUARTIER DU LUXEMBOURG. 19. 45
trait. On voit sur un nuage Jupiter & Junon, qui ayant présidé à la destinée de cette Princesse, semblent concourir à l'union qu'elle doit contracter avec le Roi. A ses pieds il y a deux Amours, dont l'un tient son casque, & l'autre son bouclier, & ils paroissent s'en rendre maîtres, pour soumettre le cœur de Sa Majesté par d'autres armes. Dans le lointain, on découvre un très-beau paysage.

V. TABLEAU.

Mariage du Roi & de la Reine, conclu à Florence, au mois d'Octobre 1600.

LA REINE paroît couverte d'une robe blanche brodée d'or, avec une couronne sur la tête. L'Hymen couronné de fleurs, porte d'une main la queue du manteau de la Reine, & de l'autre le flambeau nuptial. Au milieu du tableau, & devant un Autel, sur lequel est peint un Christ mort, étendu sur les genoux du Père Eternel, on voit le Cardinal Pierre Aldobrandin, Légat & Neveu du Pape Clément VIII. Il est revêtu de ses habits pontificaux, & tient la main de la Reine, à qui le Grand Duc Ferdinand de Médicis son oncle, au nom du Roi, met un anneau au doigt,

Il est accompagné de deux Seigneurs, dont l'un est Roger de saint Lary, Duc de Bellegarde, grand Ecuyer de France, distingué par le Colier de l'Ordre qu'il porte, & l'autre, Nicolas Brulart, Seigneur de Syllery, depuis Chancelier de France, lesquels avoient négocié & conclu le mariage. La Reine a derrière elle la Grande Duchesse sa mere, Jeanne d'Autriche, ayant une Couronne Ducale, ainsi que la Duchesse de Mantoue sa sœur, qui est auprès d'elle.

VI. TABLEAU.

Débarquement de la Reine au Port de Marseille, le 3 Novembre 1600.

La France figurée par une femme ayant un casque en tête, & un grand manteau bleu semé de fleurs de lys d'or, & accompagnée d'une autre couronnée de tours, qui représente la Ville de Marseille, va au-devant de Sa Majesté sur un pont couvert d'un tapis, & lui présente un dais. La Reine est entre la Grande Duchesse sa tante, & la Duchesse de Mantoue sa sœur, accompagnée de Dom Antonio son frere naturel, & de plusieurs Dames. La Renommée paroît en l'air,

QUARTIER DU LUXEMBOURG. 19.

& annonce avec une double trompette l'arrivée de Sa Majesté. Neptune accompagné de trois Syrenes, d'un Dieu marin & d'un Triton, est aux bords de la Mer, où l'on voit une Galère de Florence superbement équipée, & un Commandeur de Malthe debout sur la pouppe, armé de pied en cap, & vêtu d'une cotte d'armes, sur laquelle est peinte la Croix de l'Ordre. Il a auprès de lui des Rameurs & deux Trompettes ; & une partie du Ciel paroît obscurcie par la fumée qui sort du canon de la Galère.

Le Commandeur ou Chevalier peint sur la pouppe de la Galère aux armes de Médicis, n'est pas de l'Ordre de Florence, dit de saint Etienne, comme quelques-uns le croyent, fondés sur ce que la Princesse de Toscane fut accompagnée de deux cens Chevaliers portant la Croix de Florence. Rubens n'ignoroit pas que la Croix de cet Ordre a huit pointes, comme celle de Malthe, & est de couleur rouge sur un fond blanc ; mais il a voulu représenter un Chevalier de Malthe, dont la Croix est blanche sur un fond noir, pour faire ressouvenir par-là, que les Galères de Malthe qui portoient chacune soixante Chevaliers de cet Ordre, à ce que rapporte l'Histoire, avoient escorté celles du Grand Duc.

VII. TABLEAU.

Première entrevûe du Roi & de la Reine à Lyon, le 9 Novembre 1600.

Au bas d'un arc-en-ciel & d'un grand astre, le Roi, sous la figure de Jupiter, est assis sur des nuages auprès de la Reine, représentée sous celle de Junon, le Peintre ayant fait allusion à la devise qu'elle prit en 1608, & qui représentoit cette Déesse avec ces mots : *Viro partuque beata.* Les yeux baissés de la Reine, marquent la pudeur que l'on voit répandue sur son visage. Derrière est le Dieu Hymen couronné de fleurs, qui tient le flambeau nuptial ; il est accompagné de trois petits Amours. Au bas, on voit la Ville de Lyon, figurée par une femme vêtue d'un habit de pourpre ayant une couronne murale. Elle est assise sur un char tiré par des Lions, symboles de cette Ville, & conduit par deux Amours tenant chacun un flambeau, dont l'un leve les yeux en haut comme elle, pour admirer les nouveaux Epoux, & contempler leur gloire. Dans un coin du tableau, on a peint dans l'éloignement, une partie de la Ville de Lyon.

VIII.

Quartier du Luxembourg. 19.

VIII. TABLEAU.

Naissance du Roi Louis XIII, le 27 Septembre 1601.

La Reine assise sur le pied de son lit, regarde avec un air mêlé de joye & de douleur que l'on voit imprimé sur son visage, le Dauphin nouveau né. Une femme représentant la Justice qui tient le Dauphin, le remet entre les bras d'un jeune homme nud, ayant des aîles au dos, & un serpent autour du bras, par lequel le Peintre a voulu signifier, ou le bon Génie, suivant l'opinion des Anciens qui lui sacrifioient comme à un Dieu, & qui croyoient que chaque Particulier avoit son Génie pour veiller à sa conduite & à sa conservation ; ou bien, le Dieu de la santé, à cause du serpent qui désigne Esculape : à droite se voit la Fécondité qui tient une corne d'abondance, où sont cinq petits enfans mêlés parmi des fleurs. Le Peintre a voulu marquer par-là, le nombre des autres enfans que le Roi avoit eus de son mariage avec la Reine, & qui furent après Louis XIII, un Duc d'Orléans qui ne vêcut que quatre ans, Gaston, Duc d'Orléans, Isabelle,

Tome II. E

Reine d'Espagne, Christine, Duchesse de Savoye, & Henriette-Marie, Reine d'Angleterre; à côté du lit de la Reine est un Génie aîlé & riant, qui soutient une grande draperie attachée à un arbre, & elle sert comme de pavillon au lit de Sa Majesté. Derrière elle on voit une femme ayant une tour sur sa tête, & tenant une maniere de Sceptre de la main gauche, qui represente la Déesse Cybele, ou bien la Ville de Paris; car c'est par cette couronne murale ou *tourrelée* sur la tête d'une femme, que les Poëtes, dans leurs descriptions, les Grecs & les Romains, dans leurs monnoyes, représentoient les Villes considérables ou Métropoles comme des Divinités. Dans le Ciel paroît Apollon sur un char éclatant de lumiere, & tiré par des Coursiers blancs. Tout au haut du tableau, dans un petit nuage lumineux, on apperçoit la constellation de Castor, pour marquer que l'accouchement de la Reine avoit été heureux.

Quartier du Luxembourg. 19. 51

IX. TABLEAU.

Première Régence de la Reine.

Le Roi Henri IV. accompagné de ses Généraux armés, met entre les mains de la Reine suivie de deux Dames, un globe d'azur semé de fleurs de lys d'or, pour marquer le gouvernement du Royaume. Le jeune Dauphin est au milieu, qui tient la main de la Reine ; & dans le fond du tableau, on voit un grand portique d'une belle architecture, du même goût & du même ordre que celle du Palais du Luxembourg, que le Peintre sans doute a voulu imiter.

X. TABLEAU

Et dernier du côté du Jardin.

Couronnement de la Reine à saint Denis, le 13 Mai 1610.

Sa Majesté à genoux aux pieds d'un Autel, est couverte d'un grand Manteau Royal de velours bleu tout semé de fleurs de lys d'or & doublé d'hermine, dont la queue est portée par la Duchesse de

E ij

Montpensier. Le Cardinal de Joyeuse, assisté des Cardinaux de Gondi & de Sourdis, & de plusieurs Prélats, lui met la Couronne sur la tête, tandis que deux Génies en l'air répandent sur elle des richesses. Le Dauphin en habit blanc, & la Princesse sa sœur, sont aux côtés de la Reine; & elle est accompagnée du Duc de Ventadour & du Chevalier de Vendôme, dont l'un porte le Sceptre, & l'autre la main de Justice. On apperçoit derrière eux la Reine Marguerite de Valois, qui fut présente à cette cérémonie, & elle est distinguée par la Couronne fermée qu'elle a sur la tête. Ensuite sont les Duchesses avec leurs Couronnes Ducales, ornées de leurs manteaux bleus herminés & brodés de fleurs de lys d'or. Le Roi avec son Cordon bleu au col, comme on le portoit alors, paroît à la fenêtre d'une tribune. Dans le fond est une autre tribune, où l'on a placé un chœur de musique; à côté est un amphithéâtre rempli de Seigneurs de la Cour, & l'on voit le Peuple dans l'éloignement.

XI. TABLEAU,

Au bout qui fait face à la Galerie.

Mort d'Henri IV, & Régence de la Reine.

D'UN côté du tableau on voit le Tems représenté par Saturne, qui enleve le Roi dans le Ciel, où il est reçu par Jupiter accompagné d'Hercule, Mercure, & autres Divinités. De l'autre côté, la Reine paroît vêtue de deuil, assise sur un trône au-devant d'un portique à colomnes torses d'une architecture magnifique, à côté duquel est un autre portique. Elle a auprès d'elle la Prudence, figurée par un serpent qu'elle a autour du bras, & Minerve à sa gauche, avec son casque & son égide ; au-dessus est une femme tenant en main un timon de Navire, pour désigner la Régence. La France affligée qui présente un globe à la Reine, & la Noblesse ayant un genou en terre, rendent leurs hommages & leurs respects à sa Majesté ; au milieu, sur le devant du tableau, sont deux femmes, dont l'une qui est la Renommée, debout, tient la lance du feu Roi, où ses armes sont attachées, & paroît être livrée au désespoir :

l'autre est la Victoire, assise sur un trophée d'armes, qui a les mains jointes & les yeux attachés sur le Roi. Près d'elle est un serpent percé d'un trait, figure symbolique de la noire trahison qui avoit ravi ce Prince à la France.

XII. TABLEAU,

Premier du côté droit, au bout de la Galerie.

Conduite de la Reine pendant sa Régence.

LA rébellion & les désordres de l'Etat sont représentés sous plusieurs figures monstrueuses, & surmontés par les soins & la vigilance de Sa Majesté. Apollon & Pallas qui lui prêtent leur secours, combattent & défont ces sortes de monstres; l'un les perce de ses traits, & l'autre de sa lance, & ils chassent devant eux la Discorde, la Haine, l'Envie & les autres vices, qui, au milieu des ténebres où ils se cachent, ne sont éclairés que des flambeaux allumés qu'ils tiennent à la main, & des rayons d'Apollon tout brillant de lumiere, dont ils ont peine à supporter l'éclat. On voit une Assemblée de plusieurs Divinités dans le Ciel, comme Neptune, Pluton, Pan, Flore, Hébé, Pomone, & autres: Saturne & Mercure font spectateurs du combat. Vénus retient Mars par le bras, qui a l'épée à la main pour entrer dans la lice. Jupiter est assis auprès de Junon, & elle montre du doigt l'Amour, qui paroît conduire ou rouler gracieusement le globe du monde, autour duquel voltigent les Colombes de Vénus; le Peintre ayant voulu, par-là, faire allusion au doux empire de la Reine. Comme tout le sujet de ce grand tableau est représenté dans l'obscurité d'une nuit, on apperçoit la Lune sous la figure d'une Divinité dans son char, qui traverse le Ciel.

XIII. TABLEAU.

Désordres du Royaume appaisés par les soins de la Reine Régente.

La Reine est à cheval, vêtue d'un habit blanc brodé, couvert d'un manteau de drap d'or, & ayant un casque en tête comme une autre Bellone. Son air est noble & fier, & sa contenance majestueuse. La Victoire toute resplendissante de lumiere l'accompagne; elle est dans un Ciel pur & ſerein, & a derrière elle la Renommée. Dans un autre côté, on voit une femme qui a un lion auprès d'elle, & repréſente la Force. On apperçoit dans l'éloignement une Armée campée ; une Ville aſſiégée, qui eſt le Pont de Cé ; un Eſcadron qui ſort d'un bois ; & en l'air un aigle qui pourſuit des oiſeaux de proye.

XIV. TABLEAU.

Echange Royal fait le 9 Novembre 1615.

L'INFANTE Anne d'Autriche, épouſe du Roi Louis XIII, & la Princeſſe Iſabelle de France, épouſe de Philippe IV, Roi d'Eſpagne, ſont vis-à-vis l'une de l'autre ſur un pont couvert d'un tapis ſemé de fleurs, & conſtruit ſur la riviere de Bidaſſoa ou d'Andaye, qui fait la ſéparation des deux Royaumes. Deux femmes vêtues de couleurs différentes repréſentant la France & l'Eſpagne, ſe donnent mutuellement les deux nouvelles Reines. La Félicité placée au haut du tableau, verſe ſur elles une pluie d'or qui tombe d'une corne d'abondance, & elle eſt dans un Ciel éclairé, au milieu de pluſieurs Amours enjoués qui forment

Quartier du Luxembourg. 19. 57

un cercle. Deux autres Amours soutiennent aux deux côtés du tableau les extrémités d'une grande draperie, & portent chacun un flambeau. Sur le devant est le Dieu du Fleuve couronné de fleurs & de roseaux, accompagné d'un Triton qui sonne de sa conque, & d'une Néréide qui présente aux deux Reines des perles & du corail.

XV. TABLEAU.

Gouvernement de l'Etat continué par la Reine-mere, après le mariage du Roi & sa majorité.

La Reine est assise sur son trône de Justice, ornée de son Manteau Royal, & tenant des balances. Elle a à ses côtés Minerve & l'Amour. Près d'elle est une femme qui tient les sceaux de la Justice, accompagnée de la Félicité qui porte une corne d'abondance : au-dessous, & sur le devant du tableau, sont l'Ignorance, la Médisance & l'Envie ; la première représentée avec des oreilles d'âne ; la seconde, par un satyre qui tire la langue ; & la troisième, par une femme maigre & hideuse renversée par terre. On voit quatre jeunes enfans nuds, ayant divers instrumens de musique, & d'autres Arts libéraux à leurs pieds ; l'un, couronné de fleurs tient des pinceaux ; l'autre, tient une flute rustique ; un autre, en riant, tire une oreille à l'Ignorance, & foule aux pieds la tête de l'Envie. Dans un côté du tableau est peint Saturne, qui conduit la France au siécle d'or.

XVI. TABLEAU.

Gouvernement du Royaume remis au Roi Louis XIII.

SA MAJESTÉ ayant la Couronne sur la tête, & le Sceptre à la main gauche, est sur la poupe d'une Barque ornée, dont la Reine sa mere lui vient de remettre le gouvernail qu'il tient de l'autre main. On voit la France debout au milieu de cette Barque, conduite par quatre Vertus qui tiennent les avirons, & lui donnent le mouvement : au haut des voiles sont les constellations de Castor & Pollux désignées par deux étoiles, qui sont toujours d'un heureux présage. Ces Vertus sont marquées par des emblêmes peints sur quatre boucliers, ou cartouches attachés au bord du Vaisseau. Elles représentent la Concorde par une Foi qui tient un caducée entre deux cornes d'abondance ; la Juſtice, par une balance ; la Religion, par un autel entouré d'un ſerpent, & un œil au-deſſous ; & la Force, par un lion qui briſe une colomne. On voit en l'air deux petites Renommées dans un coin du tableau.

XVII. TABLEAU.

Diſgraces & changemens de la fortune de la Reine Mere, qu'elle a bien voulu que le Peintre ait repréſentées.

SA fuite ſecrette du Château de Blois, d'où elle ſe ſauva pour ſe retirer à Loches, & de-là à Angoulême, eſt marquée dans un coin du tableau par une Dame de ſa fuite, qui deſcend du haut d'une tour, comme avoit fait la Reine. La nuit paroît ſous la figure d'une femme avec des aîles de chauve-ſouris, qui la couvrent d'un grand manteau noir étoilé. Cette femme eſt accompagnée d'une autre qui a des aîles, & porte un flambeau allumé. Sa Majeſté qui eſt précédée d'une eſcorte, a la Déeſſe Pallas à ſa gauche ; & entre les Seigneurs qui la conduiſent, le Peintre a repréſenté Jean-Louis de Nogaret, Duc d'Epernon, quoiqu'il n'y fût pas préfent ; car l'Hiftoire remarque qu'il attendit la Reine près de Montrichard.

XVIII. TABLEAU.

Accommodement de la Reine-Mere fait à Angers.

CETTE Princeffe eft affife fur un trône, avec un habit de deuil & un voile blanc fur la tête : à fa droite, elle a le Cardinal de la Valette, & à fa gauche, une femme ayant fes bras entourés d'un ferpent, & un œil ouvert peint au-deffus de fa tête, pour marquer la prévoyance, ou la prudence. Vis-à-vis de la Reine on voit le Cardinal de la Rochefoucault, qui lui montre Mercure defcendu du Ciel, & offrant un rameau d'olivier pour fymbole de la paix. Une grande & magnifique architecture occupe tout le fond du tableau.

XIX. TABLEAU.

Réconciliation de la Reine avec le Roi fon fils.

LA REINE eft conduite au Temple de

Quartier du Luxembourg. 19. 61
la Paix par Mercure, qui lui en montre le chemin avec son caducée. Une femme qui représente l'Innocence, paroît pousser la Reine par le bras pour l'y faire entrer. La Paix est dépeinte elle-même sur le devant du tableau, qui éteint le flambeau de la guerre sur un amas d'armes. Derrière elle on voit la Fraude, l'Envie & la Médisance, qui sont représentées suivant leurs attributs, & qui marquent leur rage & leur désespoir.

XX. TABLEAU.

Entrevûe du Roi & de la Reine sa mere, après leur réconciliation.

Le Roi ayant une Couronne de laurier & de perles descend du Ciel, & aborde la Reine vêtue de blanc, & assise sur un nuage, d'où un Zéphir semble, par son haleine, répandre un air agréable. La Reine est couronnée de pavots & d'épis, & tient un caducée. Derrière elle est une femme avec deux petits enfans nuds qu'elle caresse, pour désigner la tendresse naturelle, ou bien, la nature elle-même. Dans un coin du tableau, on voit l'Espérance sous la forme d'une femme en habit vert, qui tient un globe sur ſes genoux, & un timon de Vaiſſeau d'une main. Près d'elle eſt la Valeur figurée par un jeune homme vêtu de rouge ; & d'un foudre qu'il lance de la main droite, il terraſſe & abat l'Hydre de la rébellion, & pluſieurs ſerpens entrelaſſés les uns dans les autres, qui en repréſentent les complices funeſtes.

XXI. TABLEAU.

La Vérité découverte par le Tems.

C'EST Saturne qui ſoutient & expoſe aux yeux la Vérité, figurée par une emblême nue, pour marquer l'innocence de la Reine reconnue par le tems. Au haut du tableau on voit aſſis, ſur des nuages, le Roi & la Reine ſa mere. Le Roi préſente à cette Princeſſe une Couronne de laurier, qui entoure une foi avec un cœur au-deſſus, pour marquer la ſincérité de leur réconciliation.

Au bout de la Galerie, ſur la Cheminée.

LA REINE Marie de Médicis, jeune, eſt peinte en Bellone avec un caſque en tête, tenant un ſceptre d'une main, & une petite victoire de l'autre. Elle a ſous ſes pieds, & derrière elle, pluſieurs armes & inſtrumens de guerre; & au-deſſus de ſa tête ſont deux petits Amours, qui ſoutiennent une Couronne de laurier. Aux deux côtés de la cheminée ſont les portraits du Grand Duc François de Médicis ſon pere, avec le Collier de ſon Ordre, inſtitué en 1561 par Côme de Médicis, ſurnommé le Grand, premier Duc de Florence; & de la Grande Ducheſſe ſa mere, Jeanne d'Autriche, née Reine de Hongrie & de Bohême, fille, ſœur, tante & niéce d'Empereurs.

Cette Galerie, qui eſt l'ouvrage de *Pierre - Paul Rubens*, Peintre fameux d'Anvers, mort en 1640 âgé de ſoixante-quatre ans, fut commencée en 1621 par ordre de la Reine Marie de Médicis, & achevée en 1623.

Les autres ſujets les plus conſidérables, ſont la Chapelle de cet appartement auprès de la Galerie, dont les peintures ſur bois ſont eſtimées, d'*Albert Durer*; le Sallon des Muſes qui précéde la Galerie, où elles ſont peintes en neuf tableaux, & le dixième poſé ſur la cheminée, eſt un morceau *du Guide*, qui repréſente le jeune David nud, tenant la tête de Goliath. Remarquez le portrait de Marie de Médicis, par *Van deik*; & sur la cheminée de la Salle des Gardes, un autre tableau *du Guide* qui représente la Richesse avec ses attributs. Voyez aussi un autre Sallon du même appartement, à la frise duquel l'Histoire de la Maison de Médicis est merveilleusement peinte en figures grandes de la moitié du naturel: il y a un grand nombre de plafonds chargés de sculptures & dorures, qui sont d'une richesse & d'un travail admirable, accompagnées de belles peintures des plus habiles Maîtres.

Dans les appartemens de la Galerie opposée, composant cinq grandes pièces, on y voit les tableaux du Cabinet du Roi, qui y sont exposés depuis quelques années par la permission de Sa Majesté. C'est une collection de quantité de morceaux excellens de toutes les Ecoles de Peinture. On y renouvelle de tems en tems les Desseins des grands Maîtres. L'entrée dans cette Galerie est libre au Public tous les Mercredis & Samedis.

L'entrée du jardin a trois portes dans le corps de bâtiment qui se présente en face; au-dessus desquelles vous devez remarquer trois bustes, qui représentent Henri IV, Marie de Médicis, & Louis XIII leur fils au milieu.

La face de ce Palais, du côté du jardin, n'est pas moins agréable : l'architecture est d'un goût si exquis, & l'exécution si parfaite, qu'elle mérite d'être copiée dans tout ce qu'il y a de beau à entreprendre. La vûe en peut mieux persuader, que tout ce que l'on en peut dire : l'architecture rustique à bossage y règne par-tout.

Le jardin est moins beau qu'il n'étoit autrefois, par le tort que les grands Hyvers y ont faits ; cependant il commence à reprendre son premier lustre par quantité d'arbres que l'on y a plantés, & ceux que l'on prend soin d'y élever. Il y a plusieurs belles allées de maronniers, & d'autres arbres, qui servent de promenade aux Habitans de Paris, qui y sont attirés par le bon air que l'on y respire, à cause de la situation élevée de ce jardin.

Il y a dans le parterre un bassin revêtu de marbre blanc : à main droite & à main gauche vous verrez un reste de balustrades, aussi de marbre blanc, sur le devant de la terrasse ; elles sont fort estimées par leur proportion, & elles servent d'appui à ceux qui veulent s'y mettre.

Au fond de l'allée, à gauche, en entrant

par la principale porte, on voit une décoration en forme de grotte, que les Connoisseurs regardent comme un bon ouvrage d'architecture.

On peut sortir de ce jardin par la porte du côté des Chartreux, qui donne dans la rue d'Enfer, au bout de laquelle étoit la Porte de saint Michel qui a été abattue.

Le Séminaire de SAINT LOUIS est auprès : feu Louis de Marillac, Curé de saint Jacques de la Boucherie, donna en 1696 plusieurs maisons, & onze cens cinquante livres de rente pour l'établissement de ce Séminaire, qui fut agréé par le Cardinal de Noailles, qui obtint du Roi des Lettres-Patentes, & un don de trois mille livres de rente, pour augmenter la masse de cette fondation ; le Curé de saint Jacques de la Boucherie en étoit ci-devant le Supérieur. Ce Séminaire a une maison de campagne à Gentilly.

Dans cette rue d'Enfer, au-dessus de la porte du Luxembourg, vous trouverez LE NOVICIAT DES FEUILLANS, dit L'ANGE GARDIEN : ces Peres furent établis en ce lieu en 1632, & leur Chapelle fut consacrée aux saints Anges Gardiens: 'Eglise n'a rien de considérable.

De l'autre côté des Feuillans, vous verrez l'Hôtel de Vendôme, bâti par la Duchesse de ce nom, veuve du fameux Duc de Vendôme, c'est une très-belle maison. Il a été long-tems occupé par M. le Maréchal, Duc de Chaulnes, & le Duc de Pequiny son fils. En 1758, il fut occupé par Madame la Princesse Douairiere d'Anhalt-Zerbst; elle obtint du Roi en 1759, la permission de faire faire une grille de communication de son jardin, qui est très-beau, sur celui du Palais du Luxembourg, ce qui fait que la vûe, qui auparavant, n'avoit qu'un mur pour perspective, trouve à se perdre aujourd'hui dans le jardin dudit Hôtel. Elle y est morte en 1760.

Plus avant, du même côté, vous appercevrez une grande porte, qui sert d'entrée à une avenue d'arbres qui conduit au COUVENT DES CHARTREUX. Tout le monde sçait que ces Religieux, dont l'Ordre fut fondé & établi par saint Bruno en 1086, ne sortent jamais. Saint Louis, instruit de la vie sainte & austere dans laquelle ils vivoient, engagea le Général des Chartreux de lui en envoyer cinq qu'il plaça d'abord à Gentilly où ils demeurerent quinze mois; & ensuite sur leurs instances, il leur accorda en

1259 le Château Royal de Vauvert, *de Valle Viridi*, avec toutes ses dépendances, & commença à leur faire bâtir l'Eglise, qui ne fut achevée que long-tems après sa mort, aussi-bien que le bâtiment des Cellules. Jeanne de Chatillon, Comtesse d'Alençon, & plusieurs autres, contribuerent à mettre la Maison & la Communauté sur le pied où elle est aujourd'hui.

Le bâtiment est divisé en deux cours : dans la première, il y a une Chapelle dédiée à saint Blaise ; c'est le seul endroit de ce Couvent où les femmes peuvent entrer ; l'Eglise est dans la seconde cour. Rien n'est plus capable d'engager au Service de Dieu, que la piété exemplaire, la modestie & le recueillement de ces Religieux dans leurs exercices du Chœur.

La porte de la seconde cour, qui est celle de l'Eglise, a été bâtie en 1505 : elle est d'une architecture gothique, avec un porche de quatre arcades soutenant une façade, sur laquelle on voit au milieu une grande statue de la sainte Vierge, ayant à sa droite celles de saint Jean-Baptiste, & de saint Hugues, Evêque de Lincoln en Angleterre, en habit de Chartreux ; à sa gauche, celles de S. Louis, aux pieds duquel on voit saint Bruno avec six Religieux derrière lui, à genoux & suppliant, qui représentent tout l'Ordre, & de saint Antoine, toutes de même grandeur posées sur des espèces de piédestaux gothiques : tout cela étoit assez estimable dans son tems. Il y a derrière de la même porte en dedans de la cour de l'Eglise, un *Ecce Homo* qui paroît être du même tems, & qui est fort estimé.

Il paroît très-vraisemblable que c'étoit là autrefois la porte conventuelle, parce que le grand chemin passoit le long du mur qui sépare leurs cellules du clos. Louis XIII, en 1618, leur donna tout le terrein qui est jusques à la rue d'Enfer, & leur permit d'enclore le chemin de Châtillon & de Mont-Rouge, à condition de faire une chaussée, de la rue d'Enfer à leur Maison, pour les dédommager du terrein qu'ils céderent à Marie de Médicis, pour aggrandir de ce côté-ci le jardin du Palais du Luxembourg qu'elle faisoit bâtir.

Leur Eglise, commencée par saint Louis en 1260, finie en 1325, & dédiée sous l'invocation de la sainte Vierge & de saint Jean-Baptiste, est très-propre ; le Chœur où sont les Peres, est séparé de la Nef où les Freres se mettent : la menuiserie des formes est un ouvrage merveilleux, & qui a coûté trente années de travail à un Pere de cette Maison, elle a été posée en 1680. Vous verrez entre les fenêtres de grands tableaux qui représentent quelques Histoires du nouveau Testament, dans l'ordre qui suit :

A droite en entrant.

1. La Résurrection du Lazare, peint par *Jean-Baptiste Corneille*.
2. La Cananée, par *le même*.
3. La Samaritaine, par *Noël Coypel*.
4. Le Miracle des cinq Pains, par *Claude Audran*.
5. Les Aveugles de Jéricho, par *Antoine Coypel*.
6. La Résurrection du Lazare, peint par *Bon Boulongne*.

Le tableau de l'Autel représente Notre-Seigneur au milieu des Docteurs, que la sainte Vierge & saint Joseph vont chercher : on voit sur leurs visages l'inquiétude où ils sont, il est peint par *Philippe de Champagne*. *

---

* Quoiqu'on l'appelle *de Champagne*, il y a sur le tableau *de Champaigne*.

De l'autre côté, à gauche.

1. Notre-Seigneur sur le bord du Lac de Génésareth, guérissant des malades, peint par *Jouvenet*.

2. L'Hémorroïsse, par *Louis Bollongne* le jeune.

3. La Vocation de Simon-Pierre & d'André son frere, par *M. Dumont* le Romain.

4. Le Centenier, par *Jean-Baptiste Corneille*.

5. Le Paralytique sur le bord de la Piscine, par *le même*.

6. La Résurrection de la fille de Jaïre, par *de la Fosse*.

Le Pupitre qui est au milieu de l'Eglise, est un très-beau morceau de sculpture. Les trois figures représentent les trois Vertus Théologales.

La grille du Chœur des Religieux, & celles des deux Chapelles qui sont dans le Chœur des Freres, sont de très-beaux morceaux de serrurerie : les Connoisseurs admirent sur-tout le chiffre qui est au-dessus de la porte du Chœur des Peres.

Les tableaux des deux Chapelles sont peints par *Claude Audran*, qui est celui qui a peint la multiplication des Pains.

L'un repréfente faint Louis, qui fait enterrer les corps putrides de ceux de fon Armée. L'autre repréfente faint Denis, à qui Notre-Seigneur apparoît dans la prifon, & lui donne la Communion. Saint Denis eft foutenu par un Ange, il y en a d'autres dans la gloire : on y voit auffi fes Compagnons enchaînés. Ce tableau eft affez eftimé.

La menuiferie du Chœur des Freres a été pofée en 1682, le goût & le deffein en eft plus beau & plus grand que celui du Chœur des Religieux. Le Tambour de la porte de l'Eglife eft regardé par les Connoiffeurs en menuiferie, comme un chef-d'œuvre d'ouvrages dans cet art.

Vous trouverez dans la Sacriftie, une petite Chapelle dédiée à faint Jean l'Evangélifte : le tableau de l'Autel repréfente les faintes Femmes aidées par Jofeph d'Arimathie, qui embaument le Corps de Notre-Seigneur : c'eft une copie, d'après *Bourdon*, retouchée par lui-même.

A gauche de l'Autel de cette Chapelle, vous y voyez un tombeau fur lequel il y a deux figures de marbre blanc en ronde-boffe parfaitement belles, bien travaillées & bien confervées : l'une repréfente Pierre de Navarre, Comte de Mortaing, troifième

QUARTIER DU LUXEMBOURG. 19. 73
troisième fils de Charles II. du nom, Roi de Navarre, & Comte d'Evreux, dit le Mauvais : l'autre représente Catherine d'Alençon son épouse ; mais son corps n'y est pas.

Vous y trouverez aussi un tableau peint sur bois : il représente la sainte Vierge tenant l'Enfant Jesus, à qui sainte Elisabeth présente saint Jean-Baptiste ; la tête de sainte Elisabeth est d'un beau caractere. Il est d'*André del Sarte*.

Il y a sept Chapelles tout le long de l'Eglise, où les Religieux disent leurs Messes : celle de saint Bruno, tout nouvellement réparée & ornée d'une belle menuiserie, est d'un très-bon goût ; l'Autel est d'une architecture de l'ordre composite. La suivante est encore assez belle ; l'Autel, d'une architecture ionique. Les cinq autres sont assez propres, sans être trop décorées.

Parmi les Illustres enterrés, tant dans l'Eglise, que sous le petit Cloître & dans le Cimetiere de ce Couvent, il y a entr'autres, Jean de Dormans, Cardinal, Evêque de Beauvais, Fondateur du College de ce nom, qui est inhumé au bas du grand Autel.

N'oubliez pas de voir les Cloîtres : le petit est orné de tableaux d'un prix inestimable, peints par *le Sueur*; ils représentent les actions de la vie de saint Bruno, en tableaux d'une grande beauté, mais dont quelques-uns, par une malice incroyable, & de laquelle on n'a jamais pû découvrir les auteurs, ont été gâtés considérablement dans des endroits où il y avoit les plus vives expressions; il fit tous ces ouvrages en trois années : on a été obligé de les couvrir de volets qui ferment à clef. En voici la description, pour la satisfaction des Amateurs de belles peintures, & qui n'ont pas la facilité de les voir.

Le premier, représente un Docteur qui prêche à une Assemblée qui écoute avec attention la parole de Dieu.

Le second, représente ce même Docteur au lit de la mort.

Dans le troisième, on voit l'affreux état où ce Docteur parut dans l'Eglise, pendant qu'on chantoit l'Office des morts; & que sortant à demi-mort de son cercueil, il déclara lui-même l'arrêt de sa damnation : tous ceux qui l'environnent sont saisis de crainte; mais ce fait est regardé comme apocriphe. Quoi qu'il en soit, l'on prétend que ce fut ce qui donna lieu à la conversion de S. Bruno, qui est représenté derrière le Prêtre qui officie.

QUARTIER DU LUXEMBOURG. 19. 75

Le quatrième, est saint Bruno à genoux devant un Crucifix, dans la posture d'un véritable pénitent, & touché de ce qu'il a vû de si surprenant à la mort de ce Docteur.

Le cinquième, représente saint Bruno dans les Ecoles, qui imprime dans l'esprit de ses Auditeurs, les sentimens dont il étoit lui-même pénétré; ils paroissent tous émus par la force de ses paroles.

Dans le sixième, on voit qu'ayant résolu de se retirer du monde, il se joint à six de ses amis, pour embrasser un même genre de vie.

Dans le septième, trois Anges se présentent à lui pendant son sommeil, & semblent l'instruire de ce qu'il doit faire : ce tableau est un des plus beaux & des mieux peints.

Le huitième, saint Bruno & ses Compagnons distribuent leurs biens aux pauvres : la disposition du lieu & les bâtimens en sont agréables, & toutes les figures bien entendues.

Dans le neuvième, saint Hugues, Evêque de Grenoble, reçoit saint Bruno chez lui.

Au dixième, saint Bruno & ses Compagnons, avec saint Hugues, traversent

G ij

des déserts affreux & de hautes montagnes, pour se rendre au lieu où est présentement la grande Chartreuse.

L'onzième, les représente tous bâtissant sur la croupe d'une montagne l'Eglise appellée Notre-Dame *de Casalibus*, avec des petites cellules, ou cabanes, séparées les unes des autres : c'est le premier établissement de l'Ordre des Chartreux.

Dans le douzième, saint Hugues leur donne l'habit blanc, tel que les Chartreux le portent présentement.

Le treizième, représente le Pape Victor III, qui confirme l'institution de l'Ordre des Chartreux en plein Consistoire ; c'est un des plus beaux, de même que les suivans.

Le quatorzième, qui représente saint Bruno donnant l'habit à quelques Religieux.

Dans le quinzième, saint Bruno reçoit une lettre du Pape Urbain II, qui lui écrit de se rendre à Rome pour l'assister de ses conseils : ce Pape avoit été Disciple de saint Bruno, à Paris.

Dans le seizième, saint Bruno se présente au Pape, & lui baise les pieds.

Au dix-septième, le Pape lui offre l'Archevêché de Rioles, que ce Saint refuse.

QUARTIER DU LUXEMBOURG. 19. 77

Le dix-huitiéme, représente saint Bruno retiré dans un défert de la Calabre, où, pendant qu'il eſt en priere, ſes Religieux commencent à remuer la terre, pour fonder leur établiſſement.

Dans le dix-neuvième, Roger, Comte de Sicile & de Calabre, rencontre par hazard ſaint Bruno & ſes Compagnons, dont il eſt ſi ſurpris & ſi édifié, qu'il leur donne une Egliſe, & un fonds pour ſubvenir à leur nourriture.

Le vingtiéme, repréſente le Comte Roger couché dans ſa tente, & ſaint Bruno qui lui apparoît, & l'avertit de la conſpiration d'un de ſes Capitaines qui le trahiſſoit.

Le vingt-unième, eſt la mort de ſaint Bruno en préſence de ſes Religieux, qui marquent leur ſoumiſſion aux ordres de Dieu, & leur élévation au Ciel, comme pour le ſuivre en eſprit ; ce ſujet eſt bien exécuté.

Le vingt-deuxième & dernier, repréſente ſaint Bruno enlevé au Ciel par les Anges: la diſpoſition de ce dernier tableau eſt tout-à-fait merveilleuſe, & digne d'un ſi habile Peintre.

Ces tableaux ſont entremêlés de cartouches ornées de différentes figures, & d'Anges peints en griſaille, qui ſont auſſi

G iij

de la main de *le Sueur*. On y lit des Vers latins qui renferment l'explication des peintures, & un abrégé de la vie de saint Bruno.

Outre ces tableaux, il y a encore dans les angles différentes vûes : on y en voit une de la Ville de Paris, telle qu'elle étoit au commencement du dernier siécle. Il y au haut deux Anges qui tiennent le plan de la Maison ; un autre, de la Montagne de Chartreuse, sur laquelle est le plan de la Maison : au pied, & sur le devant, est un Crucifix d'une beauté admirable. A côté, on voit la Dédicace d'une Eglise, par un Evêque revêtu de ses habits pontificaux accompagné de ses Ministres : sujet traité d'une maniere naturelle, sçavante, & d'une belle architecture.

A l'autre coin, vous y voyez une vûe de Rome, sur le devant de laquelle un Architecte présente à un Chartreux la coupe de l'Eglise des Chartreux de Rome, qui étoit autrefois les Termes de Dioclétien. A côté, vous y voyez une avenue d'arbres, & dans le fond, la façade de l'Eglise & de la Maison de la Chartreuse de Pavie.

On voit dans l'angle adossé contre l'Eglise, une Vierge assez belle dans son

QUARTIER DU LUXEMBOURG. 19. 79
temps, donnée par *Gerard Michel*, surnommé *d'Orléans*, en 1517. Des Mémoires difent que la dorure, dont il refte encore quelque chofe, étoit très-belle; mais le laps de tems qui détruit tout, en a bien affoïbli la vivacité. En 1649, quand le nouveau petit Cloître fut achevé, on voulut l'ôter de peur qu'elle ne défigurât l'ouvrage de M. le Sueur, il jugea qu'elle méritoit d'être conservée. Gerard Michel d'Orléans, étoit Peintre & Sculpteur: on penfe que ce petit ouvrage eft de lui.

Les vîtres de ce Cloître font eftimées: elles ont été peintes fur les deffeins de *Sadeler*; mais il n'en refte plus que les cartouches qui repréfentent les Peres du Défert.

Le grand Cloître eft rempli de quantité de cellules féparées les unes des autres: elles font compofées chacune d'une falle ou veftibule, d'une chambre à coucher, d'un cabinet où eft la Bibliothéque, d'un Oratoire, d'un réfectoire, & d'un autre lieu qui fert à travailler, d'un grenier au-deffus, d'une cour & d'un jardin; dans toutes lefquelles il y a des fontaines avec des réfervoirs, où l'eau eft envoyée par une manivelle ou pompe qu'un cheval fait aller, fituée au milieu du Cimetiere où l'on enterre les Religieux, à la tête desquels, tant Peres que Freres, les Croix de bois font couvertes ; les autres qui ne le font pas, ce font les Domestiques de la Maison.

Il y a fous le grand Cloître, tout en entrant à gauche, un tableau de quinze pieds de longueur fur quatre de hauteur; il repréfente quatorze Chartreux que Jeanne de Chatillon, époufe de Pierre de France, cinquième fils de faint Louis, préfente à la fainte Vierge, & à Jefus-Chrift fon fils. Autrefois il étoit peint fur le mur; mais les injures du tems le détruifant, en 1712 Mre Claude-Elzear, Comte de Chatillon, & Alexis-Henri, Marquis de Chatillon, Chevalier des Ordres du Roi, le firent rétablir, tel qu'il eft aujourd'hui; pour conferver la mémoire de cette fondation, & d'une telle parenté. Dans toute la largeur du haut, il y a dix-fept écuffons des armes de France & de Chatillon alternativement : les premiers de fleurs de lys d'or fans nombre, à la bordure de gueules; les feconds de gueules à trois pals de vair, au chef d'or. On y lit, en lettres gothiques, l'offrande de la Princeffe à la fainte Vierge, & à Jefus-Chrift fon fils.

QUARTIER DU LUXEMBOURG. 19. 81

Vous trouverez encore dans le grand Cloître, entre les Cellules du grand B & du grand C, une pierre incrustée dans le mur qui fait mémoire de la fondation de quatre Religieux qui doivent demeurer aux Cellules marquées C, D, F, G, fondés par Pierre de Navarre, Comte de Mortaing, mort le 29 Juillet 1412, dont le corps repose dans la Chapelle de la Sacristie, comme on l'a dit ci-dessus.

Le Réfectoire, qui étoit autrefois l'ancienne Eglise du Château, & qui a servi aux premiers Religieux, jusqu'à ce que l'Eglise d'aujourd'hui fut bâtie, est encore à voir : ils y mangent ensemble les Dimanches, les Fêtes, & les Octaves de Pâques, de la Pentecôte & de Noel, mangeant les autres jours dans leurs Cellules.

Le Chapitre est une très-belle Chapelle revêtue en 1770 d'une nouvelle menuiserie, simple, mais d'un bon goût & bien travaillée. L'Autel est au fond, d'une architecture de l'ordre ionique, dont la sculpture est assez belle. On a mis pour le tableau de l'Autel, l'admirable Crucifix peint par *Champagne* : c'étoit sa pièce favorite, qu'il a donnée par testament à ces Peres.

Vous y verrez aussi une Adoration des Rois-Mages, peinte par *Poussin* lorsqu'il étoit à Rome.

Ils ont encore un tableau qui représente l'Apparition de Jesus-Christ à la Madeleine, sous la figure d'un Jardinier. Cette pièce est très-estimée ; elle est de *le Sueur*.

Les appartemens des cours sont très-propres ; ils sont occupés par des Religieux qui sont chargés de la conduite du temporel, qui sortent avec une chape noire par-dessus l'habit de Chartreux. Il y a un clos, dont la grande étendue entoure ce Couvent.

Sortant des Chartreux, allez jusqu'au bout de la rue d'Enfer, pour voir L'Institution de l'Oratoire : c'est dans cette Maison où ceux qui entrent dans cette Congrégation, passent l'année d'épreuve, qu'on appelle le Noviciat dans les Communautés Religieuses.

Cette Maison est grande & belle, ainsi que le jardin.

L'Eglise est bâtie sous le titre de la Présentation de Notre-Seigneur au Temple. Elle est remarquable par la propreté qui y règne, & la distribution de ses parties. Les exercices du Chœur, ainsi que les Offices, s'y font avec beaucoup de dévotion. On y voit au-dessus de la tribune élevée sur le tambour de la porte, un grand morceau de peinture représentant Jesus-Christ devant Pilate, magnifique tableau de *Charles Coypel*, tant pour l'ordonnance, que pour l'exécution.

Dans une Chapelle, à gauche, est un petit monument érigé à la mémoire du Cardinal de Berulle, & dont l'urne de marbre noir renferme son bras droit avec la main. La figure de ce Cardinal, & tout le reste de l'ouvrage, est de *Sarrazin*.

Cette Maison, avec ses dépendances, a été construite par les bienfaits de M. Pinette, Trésorier de Gaston de France, Duc d'Orléans. Elle sert depuis longtems de retraite à plusieurs personnes de distinction, qui logent dans des bâtimens construits sur le terrein de ces Peres, & qui y vont finir leurs jours, en ne s'occupant que de leur salut. Tels on a vû M. le Comte de Pontchartrain, ancien Chancelier de France, M. le Comte Desalleurs, M. le Maréchal Duc de Biron, & plusieurs autres.

D'ici, passez sur les nouveaux Boulevards, pour jouir de la vûe de la campagne & de l'air; vous rentrerez ensuite par la rue de Vaugirard, où vous trouverez plusieurs beaux Hôtels nouveaux.

La rue de Notre-Dame des Champs, est à la droite de la rue de Vaugirard. Vous y verrez la Maison des Freres de l'Instruction, ou des Ecoles Chrétiennes. Ces Ecoles doivent leur institution au P. Nicolas Barré; il commença en 1678, par l'établissement des Ecoles des filles. Il continua par celles des garçons, & donna aux uns & aux autres des Réglemens qu'ils observent encore. Il y a aussi dans cette rue deux beaux Hôtels nouvellement construits, qui sont, l'Hôtel de Laval, & vis-à-vis l'Hôtel de Mailly.

Au milieu de la rue de Vaugirard, vous verrez LES CARMES DÉCHAUSSÉS. Le Pape Paul V, excité par les fruits de religion & de sainteté que goûtoit la Ville de Rome, édifié de la vie réglée des Carmes Déchaussés, dont l'Ordre avoit été rétabli en 1568 dans sa premiere vigueur, par sainte Thérèse, envoya en France en 1610 deux de ces Religieux, avec un Bref adressé au Roi Henri IV, pour leur procurer un établissement ; ce Prince ayant été tué pendant le voyage de ces Peres, le Cardinal de Joyeuse les présenta à Louis XIII, qui les admit dans son Royaume, & l'Evêque de Paris, dans son Diocèse.

Les fondemens de ce Monastere furent jettés en 1611, par Nicolas Vivian, Maître des Comptes, & Marie de Médicis y mit la première pierre en 1613. L'Eglise, dédiée à saint Joseph, est aujourd'hui des plus propres, & des mieux ornées de Paris. Le grand Autel, fait aux dépens du Chancelier Séguier, leur protecteur, est formé de colomnes de marbre noir d'ordre corinthien, avec les statues d'Elie & de sainte Thérése : le tableau du milieu est de *Varin*, Maître du célèbre Poussin ; c'est la Présentation de Notre-Seigneur au Temple : la balustrade de cet Autel & celle des Chapelles, sont de marbre choisi, & d'une grande beauté.

La Chapelle, près le dôme, à droite, du grand Autel, est dédiée à la sainte Vierge ; vous y verrez une excellente statue de cette sainte Mere de Jesus-Christ, faite à Rome en marbre blanc, par *Antonio Raggi*, dit le Lombard, sur un modèle du Cavalier Bernin : elle est représentée assise, & l'Enfant Jesus sur ses genoux ; elle est posée dans une niche, accompagnée de quatre colomnes de marbre veiné, & de plusieurs incrustations de marbre, le tout disposé en portique de Temple, d'un goût excellent.

La Chapelle vis-à-vis est dédiée à sainte Thérèse, qui y est représentée dans le tableau du milieu, peint par *Corneille*. Cette Chapelle correspond par ses ornemens, ainsi que les autres de cette Eglise, à celle de la sainte Vierge, dont je viens de parler.

Remarquez les peintures du dôme, où *Bertolet Flamael*, Chanoine de Liége, & très-habile Peintre, a représenté le Prophete Elie enlevé dans les Cieux sur un char de feu ; plus bas, sur une terrasse, Elisée son Disciple, tend les bras pour recevoir le manteau que son Maître lui laisse tomber.

Depuis quelques années, cette Eglise a été embellie d'une balustrade de fer doré qui règne sur la corniche, & qui fait tout le tour de cette Eglise ; elle a aussi été pavée à neuf, d'un marbre à compartimens & en carreaux, ce qui fait un bon effet. A l'entrée, il y a une tombe de cuivre, qui sert de clôture à la cave où l'on enterre les Religieux.

Malgré tout ce que je dis des embellissemens de cette Eglise, je conviens pourtant avec les Connoisseurs, que son architecture est très-irréguliere, sa construction peu solide, & sa coupe mal disposée en toute maniere. La Maison de ces Peres est très-belle & commode: la peinture blanche, luisante comme le marbre, dont ils ont le secret, y règne par-tout, & donne un grand air de propreté; les jardins sont grands, & en bon air. On ne sçauroit trop estimer ces Peres, tant pour leur piété singuliere, que pour l'exacte observance de l'austérité de leur Règle.

Un peu au-dessus des Carmes Déchaussés, & du même côté, sont LES RELIGIEUSES BERNARDINES, dites DU PRÉCIEUX SANG; elles s'établirent en ce lieu en 1656: elles étoient en 1636 dans la rue Pot-de-fer, sous le titre de sainte Cecile. Elles sont de la Congrégation de saint Bernard, & de la Mission de Grenoble.

Plus loin, de l'autre côté, LES FILLES DU CALVAIRE, dites DU LUXEMBOURG, à cause qu'elles en sont proche : ces Religieuses sont de l'Ordre de saint Benoît, fondées en 1621 par Marie de Médicis, cet Ordre est institué par le fameux Capucin Pere Joseph. L'Eglise & le Couvent, dont le terrein est fort resserré, n'ont rien de singulier; mais la figure de la Pitié qui est sculptée sur la porte, est de bon goût.

Au-delà, est LE PALAIS appellé LE PETIT LUXEMBOURG. Ce Palais a été magnifiquement bâti en très-peu de tems, par *Boffrand*, habile Architecte, pour feue Madame la Princesse ; l'intérieur est aussi riche, que les dehors en sont beaux ; il y a un jardin qui donne sur celui du Luxembourg. La Maison vis-à-vis ce Palais, appartenoit à cette même Princesse ; c'étoit le logement de ses Domestiques : les écuries & les cuisines communiquent par-dessous la rue, avec ce Palais.

Descendez ensuite par la rue Cassette, pour voir LES FILLES DU SAINT SACREMENT. Ces Religieuses sont de l'Ordre de saint Benoît, venues de Rambervilliers en Lorraine ; leur Maison a été fondée par Marguerite de Lorraine, seconde femme de Gaston de France, Duc d'Orléans, frere de Louis XIII. L'Eglise est petite, mais proprement ornée : les tableaux de saint Benoît, de sainte Scholastique, & le plafond, sont peints par *Montagne*.

De-là, passez par la rue de Mezieres qui est vis-à-vis ; vous vous rendrez dans la rue Pot-de-fer, où vous verrez la Maison qui servoit ci-devant de Noviciat aux Jésuites.

Cette

QUARTIER DU LUXEMBOURG. 89

Cette Maison doit sa première fondation à Madame de Sainte-Beuve, aussi Fondatrice des Ursulines du Fauxbourg saint Jacques, qui acheta en 1610 l'Hôtel de Mezières, dont elle fit cet établissement en très-peu de tems. L'Eglise, comme on la voit à présent, a été élevée par les libéralités de François Sublet des Noyers, Secrétaire d'Etat, dont les armes sont en plusieurs endroits; elle est dédiée sous le titre de saint François Xavier. Henri de Bourbon, Evêque de Metz, & Abbé de saint Germain des Prés, y mit la première pierre le 10 Avril 1630. Quoique cette Eglise soit petite, elle passe pour un chef-d'œuvre, ayant été conduite avec tout le succès possible, par le Frere *Martel Ange*, de cette Société, qui voulut, avant que d'en entreprendre la construction, être maître absolu de faire ce qu'il jugeroit à propos, en quoi il a très-bien réussi, car l'architecture est des plus régulières, & du meilleur goût.

Le portail est composé de colomnes d'ordre dorique, & d'un ionique au-dessus. Le dedans de cette Eglise a des beautés inséparables de la belle architecture, & les jours sur-tout y sont pris fort à propos: le grand Autel a été refait

Tome II. H

depuis quelques années, sur les desseins de *J. H. Mansard*, sous la conduite de *de Cotte*, premier Architecte du Roi ; il est tout de marbre de différentes couleurs, que Louis XIV leur a donné : les colomnes sont de marbre verd, les chapiteaux & les bases de marbre blanc ; les figures de saint Ignace & de saint François Xavier embellissent cet Autel : mais le principal ornement est l'excellent tableau de *Poussin*, où il a représenté saint François Xavier qui guérit une fille : ce tableau passe pour être un des meilleurs du Royaume, il est dommage qu'il ne soit pas dans un point de vûe avantageux.

Le Tabernacle du grand Autel est estimé, tant pour la beauté de l'ouvrage, que pour ses ornemens de bronze doré, les marbres & les bas-reliefs qui l'accompagnent : le devant d'Autel est de marbre verd d'Egypte ; & on y voit un saint Esprit aussi orné d'ouvrage de bronze doré, placé au milieu.

Les Chapelles des deux côtés ont aussi de bons tableaux, l'un, sçavoir, celui de la droite, est de *Simon Vouet*, il représente la sainte Vierge qui prend la Compagnie de Jesus sous sa protection. Celui de la gauche est de *Jacques Stella*, Lyon-

QUARTIER DU LUXEMBOURG. 19. 91
nois; il repréfente Notre-Seigneur enfei-
gnant les Docteurs.

Le grand Crucifix de bois que vous
pouvez voir auprès d'une Chapelle, fur
la gauche, a été fait par *Jacques Sarrazin*, dont vous avez déjà vû nombre
d'excellens ouvrages. Il y a dans l'intérieur de la Maifon une Chapelle, qui
étoit deftinée pour les Congréganiftes,
où vous verrez plufieurs beaux tableaux
de *Mignard*, & une Annonciation, par
Champagne.

Enfuite, dans la rue du vieux Colombier eft la Communauté DES FILLES
ORPHELINES, dites de la Mere de Dieu,
où il y a Chapelle & Ecole.

Plus loin, de l'autre côté, LES FILLES
DE LA MISÉRICORDE ; ce font des Religieufes Auguftines établies en 1651 ;
mais il n'y a rien de fingulier à y voir.

Le grand bâtiment que vous voyez
de l'autre côté, eft la Maifon DU SÉMI-
NAIRE DE SAINT SULPICE, établie en
1642 par Jacques Olier, ancien Curé de
faint Sulpice, dont l'Eglife eft plus loin :
ce Séminaire eft un des plus célèbres de
Paris, où il y a toujours quelques Evêques, & d'où l'on tire fouvent des Sémi-
nariftes pour les élever à la Prélature. Le
bâtiment en eft grand & bien conftruit ;

H ij

Alexandre le Ragois de Bretonvilliers, ancien Curé de faint Sulpice, en a fait lui feul les frais. Les cérémonies de l'Eglife & la dévotion y font enfeignées & pratiquées avec beaucoup de zèle: la Chapelle de ce Séminaire eft des plus magnifiques; le fameux *le Brun* a fait voir l'excellence de fon art, & donné des preuves de fon habileté, dans le plafond qui repréfente l'Affomption de la fainte Vierge, d'une compofition toute extraordinaire. On y voit fur les parties inférieures les Peres du Concile d'Ephefe, dans des attitudes de vénération très-remarquables : cet ouvrage a beaucoup contribué à la réputation qu'il s'eft acquife depuis. Le tableau de l'Autel, qui repréfente la Defcente du Saint Efprit fur les Apôtres, eft auffi de cet habile Maître, qui s'eft peint lui-même dans un coin de ce tableau, à l'imitation de quelques Peintres des plus célèbres, nommément de *Raphaël*.

Dans la même rue eft la Communauté DES FILLES DE L'INSTRUCTION, pour apprendre aux jeunes filles à travailler.

LE PETIT SÉMINAIRE DE SAINT SULPICE, eft rue Férou. Près la rue Férou, au deffus du grand Séminaire, vous verrez l'Eglife Paroiffiale de

QUARTIER DU LUXEMBOURG. 19. 93

SAINT SULPICE.

C'étoit anciennement la Chapelle des Domestiques de l'Abbaye saint Germain des Prés : elle a été érigée en Paroisse en 1200, rebâtie en différens tems, & notamment entreprise tout à neuf en 1645 ; mais s'étant trouvée trop petite, on recommença en 1655 ce grand édifice.

La Cure est à la nomination de l'Abbaye de saint Germain des Prés : mais depuis près d'un siécle, les Curés la résignent toujours à quelques-uns des Prêtres du Séminaire ou de la Paroisse. Elle est de toutes les Paroisses de Paris celle qui a le plus d'étendue, puisque tout le Fauxbourg saint Germain, qui est plus considérable que certaines Villes, en dépend tout entier. L'ancien bâtiment ne pouvoit pas suffire pour la douzième partie des Paroissiens, ce qui engagea la Fabrique de commencer ce nouveau, dont le dessein est si grand, & les dépenses ont été si considérables, que le fonds destiné n'étant pas suffisant, on a été obligé de le discontinuer en 1675, outre qu'une partie des deniers s'étant trouvée en mauvaises mains, a été dissipée ou perdue pour la Fabrique.

Enfin il falloit l'habileté & le zèle de M. Languet, illustre Pasteur de cette grande Paroisse, pour entreprendre un ouvrage aussi immense que celui-ci : quoiqu'il ait sçu se procurer des secours par une Loterie qui a produit pendant longtems de grosses sommes par mois, il s'en faut de beaucoup qu'ils puissent égaler la dépense d'un bâtiment aussi considérable, & dont les fondemens & les souterrains coûtent encore plus.

Cette magnifique Eglise fut commencée sur les desseins de *le Vau* en 1655, continuée par *Oppenord* en 1719, & achevée par *Servandoni*.

Remarquez d'abord le grand portail, sa partie inférieure présente un long portique formé par un double rang de très-grosses colomnes corinthiennes fort élevées. Au-dessus règnent deux ordres d'architecture dorique & ionique de soixante-huit colomnes. A droite & à gauche sont deux tours octogones de trente-cinq toises d'élévation : le tout forme un édifice des plus majestueux, mais qui demanderoit une place, au lieu qu'il est comme offusqué par le grand Séminaire. Les deux autres portails, qui sont aux parties collatérales de l'Eglise, ont aussi leur beauté ; les statues dont ils sont

QUARTIER DU LUXEMBOURG. 19. 95
ornés sont de *Dumont*. Le portail de
la croisée, à main gauche, est orné
de deux ordres d'architecture : le premier, de quatre colomnes corinthiennes ; & le second, de quatre autres
colomnes d'ordre composite avec un
fronton circulaire. Le portail opposé est
de deux ordres, dorique & ionique. Au-dedans de l'Eglise, près de cette porte,
il y a un Méridien qui mérite votre attention.

Remarquez les différentes parties de
l'intérieur de l'Eglise. 1°. Les grands
pilastres corinthiens cannelés, qui sont
entre les arcades, les grandes pièces de
marbre qui revêtissent tout le tour du bas
des pilastres en forme de lambris. 2°. La
Nef dont l'élévation a plus de quatre-vingt-huit pieds, & environnée de fenêtres ou vîtraux, qui ont les proportions
requises pour que l'Eglise reçoive le juste
dégré d'une douce lumiere.

Le Chœur a la figure d'un quarré
oblong, de quarante-deux pieds de large sur soixante-huit de long, terminé
au fond par un demi-cercle de vingt
pieds de rayon : il est percé dans son
pourtour de sept hautes arcades, y compris les trois du chevet, & les pieds
droits en sont ornés de pilastres corin-

thiens, qui foutiennent un grand entablement enrichi de tous les ornemens convenables. Depuis le pavé, jufqu'à la corniche, il a cinquante-fix pieds & demi de haut, & depuis l'entablement, jufqu'au milieu de la voûte, cinquante-cinq pieds fix pouces. Les bas-côtés qui règnent autour du Chœur, font ornés de pilaftres d'un ordre compofé, que *Gittard* avoit imaginé pour fervir de modèle d'un ordre d'architecture François: ces bas-côtés ont vingt-quatre pieds de large, fur quarante-fix pieds deux pouces de haut.

Le grand Autel élevé fur fept dégrés, eft conftruit à la Romaine, & en forme de tombeau. Le Tabernacle repréfentant l'Arche d'Alliance, eft enrichi de pierreries, & accompagnée de deux Anges dorés à chaque bout, & furmontée d'une Croix, de fix grands chandeliers, & de fix autres moindres; au-deffus eft un Baldaquin rond à fefton, tout doré.

Les quatre ftatues qui font aux premiers piliers du Chœur, & celles qui ont été pofées depuis peu aux autres piliers, les quatre tribunes dorées, la magnifique baluftrade de marbre du Sanctuaire, & toutes les autres parties de cette Eglife méritent votre attention.

La

QUARTIER DU LUXEMBOURG. 19. 97
La croisée a cent soixante pieds de long, sur quarante-deux de large.

Il y a plusieurs Chapelles qui méritent votre curiosité, entr'autres derrière le Chœur, la Chapelle de la sainte Vierge, bâtie en demi-dôme, ornée de quatre colomnes corinthiennes, & ci-devant d'un tableau peint par *Monier*, qui représente la sainte Vierge à genoux, environnée d'une gloire céleste, où un grand nombre d'Esprits bienheureux adorent le Verbe incarné dans cet instant. Au-dessus de l'Autel est la statue d'argent de la Vierge, du dessein de *Bouchardon*, & jettée en fonte par *de Villers*.

Toutes les autres Chapelles sont décorées avec beaucoup de magnificence, par les dorures & les sculptures, & autres ornemens.

Près du Chœur est une Chapelle où vous verrez la Naissance de Jesus Christ, peinte par *la Fosse* : c'est une pièce d'un grand mérite ; & dans celle qui suit, un beau tableau de *Halle*, qui représente l'Apparition de Notre-Seigneur à la Madeleine.

Le tombeau du célèbre M. Languet, Curé de cette Paroisse, mérite votre attention.

C'est un grand morceau de sculpture

Tome II. I

en marbre verd antique, dont le plan est en saillie dans son milieu. Du côté droit, on voit l'Immortalité représentée par une figure de marbre blanc : d'une main elle repousse la Mort prête à couvrir la figure de M. Languet : sous son bras, est le plan de l'Eglise tracé en or sur une feuille volante de bronze. Auprès est la figure de ce Pasteur, de grandeur naturelle, représenté à genoux, en surplis, en étole, les mains élevées vers le Ciel : la Mort derrière lui paroît renversée : on lui voit sa faux à la main, & ses aîles déployées. Au bas du tombeau, sont deux Génies en marbre blanc ; l'un, est celui de la Religion ; l'autre, de la Charité. Derrière ce monument est une grande pyramide, sur un fond de marbre blanc, qui couvre tout le mur de l'arcade du Mausolée. Sur le milieu du piédestal est une table en saillie, sur laquelle est gravée l'épitaphe de ce charitable Curé.

 Il y a encore plusieurs autres tombeaux dans cette Eglise, qui méritent d'arrêter vos regards, entr'autres celui de M. de Besanval de Meysonier ; celui du Maréchal de Lowendal ; celui de la Duchesse de Lauraguais, en petit & en demi-bosse, de *Bouchardon*, avec cette

QUARTIER DU LUXEMBOURG. 19. 99
inscription sur une urne : *Ut flos antè diem flebilis occidit* ; qui fait connoître que la mort l'avoit enlevée dans une grande jeunesse.

Enfin les Bénitiers en coquilles, & ceux en urnes sépulchrales, sont dignes de l'attention des Curieux.

Il y a dans cette Eglise plusieurs Confréries de l'un & de l'autre sexe ; tous les Dimanches & Fêtes, depuis onze heures jusqu'à midi, on y dispute sur la Controverse dans la Chapelle de la Communion, où un Docteur de Sorbonne, Prêtre du Séminaire, répond à tous ceux qui se présentent pour argumenter.

Les illustres enterrés dans cette Eglise, sont les sçavans Claude Dupuy, & l'Abbé de Marolle ; François Blondel, Mathématicien & grand Architecte ; & Jean Jouvenet, si connu par ses excellentes peintures.

Passant par la rue du petit Bourbon, vous pouvez voir LA FOIRE SAINT GERMAIN, qui a été toute renouvellée depuis l'incendie arrivé en 1763. Elle est ouverte, depuis le lendemain de la Chandeleur, jusqu'à la veille du Dimanche des Rameaux. L'ouverture s'en fait par le Lieutenant Général de Police, assisté

I ij

des Officiers du Châtelet. Elle fut établie par Louis XI en 1482, & donnée à l'Abbaye & aux Religieux de S. Germain des Prés. Ce lieu est rempli d'allées, qui rendent les unes aux autres, toutes garnies de boutiques, occupées par des Marchands & des Caffés, le tout offre un coup d'œil fort gracieux. Les Spectacles, les Jeux & les Danseurs de corde sont dans les rues voisines. On y joue tous les ans des pièces nouvelles, qui attirent beaucoup de monde aux représentations.

Sortant de la Foire par la grande porte, vous vous rendrez dans la rue de Tournon, qui fait face au Luxembourg; dans cette rue sont plusieurs beaux Hôtels, tels que celui de Nivernois, de Brancas, &c.

Passez par la rue du petit Lion; vous vous rendrez dans la rue de Condé, où vous verrez L'Hôtel de Condé, qui appartient à M. le Prince de Condé. Les dehors en sont très-simples : mais les appartemens ont tout ce qui peut rendre un Palais agréable & magnifique ; les peintures, les dorures, les glaces, les tapisseries & les riches meubles y sont en profusion.

Dans la rue de la Comédie, ou des Fossés saint Germain des Prés, vous

Quartier du Luxembourg. 19. 101 verrez l'Hôtel des Comédiens François, bâti en 1688 par d'*Orbai*, habile Architecte, pour repréſenter des Comédies Françoiſes : le balcon extérieur a été refait depuis peu ; le théâtre & les loges en ſont propres & bien bâties : le plafond a été peint par *Boulogne*. Les habits des Comédiens ſont d'une richeſſe achevée, ſur-tout ceux des Acteurs tragiques & des Actrices. On y joue fréquemment les Pièces de l'inimitable Molière, de Voltaire, & d'autres Auteurs bons ou mauvais, dont le ſiécle ne manque point. Les grandes Pièces ſont accompagnées de quelques autres petites : les Tragédies de Corneille & de Racine y ſont auſſi ſouvent repréſentées. On donne préſentement par place ſur le théâtre, aux premières loges & à l'amphithéâtre, ſix livres ; aux ſecondes loges trois livres ; aux troiſièmes loges quarante ſols, & vingt ſols au parterre.

Du Carrefour de la Porte de Buſſy, paſſez par la rue du Four, au bout de laquelle vous appercevrez, entre les rues de Cherche-Midi & de Séve, les Prémontrés dits de la Croix Rouge, dont le portail eſt du deſſein d'*Orbai*, cette Maiſon eſt occupée par des Chanoines Réguliers de l'Ordre des Prémontrés Réformés. L'Eglise fut commencée en 1661 par la Reine Anne d'Autriche, qui donna de quoi l'élever, & mit la première pierre : elle est dédiée sous le titre du très-saint Sacrement, & de l'Immaculée Conception de la sainte Vierge.

Dans la rue du Cherche Midi, à l'entrée de laquelle il y a plusieurs Hôtels, vous verrez aussi plusieurs Communautés Religieuses, qui sont LES FILLES DE NOTRE-DAME DE CONSOLATION, appellées LES RELIGIEUSES DU CHERCHE-MIDI : c'est un Prieuré conventuel & perpétuel de Religieuses Bénédictines, établies en 1669 en place d'un Prieuré de l'Ordre de saint Augustin qui y étoit avant, & qui s'y étoit établi en 1634 sous le nom de Religieuses de saint Joseph ; elles étoient de la Congrégation de Notre-Dame de Laon.

Au-dessus, & dans la rue du Regard, les Peres Carmes Déchaussés ont fait construire sur les extrêmités de leur jardin, plusieurs belles maisons qu'ils louent à vie, à des Seigneurs qui y sont parfaitement bien logés.

Plus avant, de l'autre côté de la rue du Cherche-Midi, est le BON PASTEUR,

Communauté où il y a des filles repenties qui ne subsistent que de charités : cette Maison a été établie en 1698 par M. de Combes, & des libéralités de plusieurs personnes de qualité, pour retirer *gratis*, les filles que la misere avoit engagées dans le libertinage.

Tournez à droite dans la petite rue du Bac; vous vous rendrez dans la grande rue de Séve, où vous verrez L'ABBAYE AUX BOIS, occupée par des Religieuses Bernardines, qui ont été transférées du Diocèse de Noyon en ce lieu; il y avoit auparavant des Annonciades : l'Eglise dédiée sous l'invocation de Notre-Dame, est simple ; l'Autel est orné d'une menuiserie de bon goût : le tableau représente une Descente de Croix peinte par *Canis*.

Dans cette même rue, au coin de la rue de la Chaise, vous verrez L'HÔPITAL DES PETITES MAISONS, fondé en 1557 pour le soulagement de quelques hommes, & nombre de femmes âgées, caduques, ou foibles d'esprit, qui ont été à l'aumône des Paroisses : cet Hôpital, qui étoit autrefois une Maladrerie, dépend du grand Bureau des Pauvres ; M. le Procureur Général en est le Directeur en Chef, & plusieurs Administrateurs particuliers en ont la direction sous lui. Les insensés y sont renfermés dans des loges séparées ; ils sont gouvernés par des Sœurs de la Charité.

De l'autre côté de la rue de Séve, est une Communauté, dite LES FILLES DE SAINT THOMAS DE VILLENEUVE, où il y a une Chapelle & une Ecole. Ce sont des Hospitalieres qui suivent la Règle de saint Augustin ; elles font des vœux simples, & en les prononçant on leur met un anneau d'argent au doigt. Leur Instituteur a été le Pere Ange le Proux, Augustin Réformé ; c'est dans dans cette Maison que demeure la Directrice générale. M. le Curé de saint Sulpice, est leur Supérieur.

Avancez dans la rue de Séve, vous trouverez L'HÔPITAL DES INCURABLES: il a été fondé en 1637, par le Cardinal de la Rochefoucault, pour le soulagement des malades incurables; ils y sont traités avec beaucoup de soin, & servis par des Sœurs de la Charité. Les lits sont dans des salles très-propres: distinguées pour les hommes & pour les femmes, séparées par la Chapelle dédiée à Notre-Dame, qui se trouve au milieu. Le tableau de l'Autel est une Annonciation peinte par *Perrier*, de même que celui de la Chapelle à droite : à la Chapelle vis-à-vis, c'est un Ange Gardien du célèbre *Champagne*. Observez au bas de l'Autel une tombe, qui marque que les entrailles du Cardinal de la Rochefoucault y furent mises en 1645, & à côté, celles de Pierre le Camus, Evêque de Bellai, si célèbre par son grand mérite & sa rare piété ; il y fut enterré au mois de Mai 1652. Il avoit été sacré par saint François de Sales, le 30 Décembre 1609. Les quatre bustes que vous verrez dans les angles, sont de saint Charles Borromée, & de saint François de Sales, par *Durand*; du Cardinal de la Rochefoucault, & de l'Evêque de Bellai, par *Buister*.

Au-delà de la barrière de la rue de Séve, est un vaste lieu appellé LE COMBAT DES TAUREAUX, où l'on voit ce spectacle avec toute sorte d'animaux.

Au bout de cette rue est le Couvent DE NOTRE-DAME DE LIESSE : ce sont des Religieuses Bénédictines établies en 1645, c'est un Prieuré conventuel & perpétuel. Ce Prieuré avoit d'abord été établi en 1631 à Réthel en Champagne, d'où la guerre les a fait se réfugier à Paris, rue du vieux Colombier, d'où elles ont été transferées en une autre maison du même Fauxbourg, appellée *le Jardin d'Olivet*, contenant deux arpens & demi de terre, que Marie Briçonnet, veuve du sieur le Tonnelier, Conseiller au Grand-Conseil, avoit légués à Geneviéve Poullain & Barbe Descoux, pour y bâtir une Chapelle & Maison, à dessein d'y instruire de jeunes filles, en attendant qu'il se trouvât moyen d'y construire un Monastere de Religieuses : l'occasion se présenta alors d'y mettre celles de Notre-Dame de Liesse. Barbe Descoux, qui, après la mort de Geneviéve Poullain fut Supérieure des filles associées avec elle, en demanda l'agrément au Roi, qui donna ses Lettres-Patentes au mois de Septembre 1645, par lesquelles le Roi approuve la translation des Religieuses de Notre-Dame de Liesse dans la Maison du Jardin d'Olivet, à condition de recevoir à l'habit & profession monastique, celles d'entre les filles séculieres de cette Maison qui le demanderoient, & d'y souffrir les autres en habit séculier pendant leur vie.

LE QUARTIER DE SAINT GERMAIN DES PRÉS.

X X.

CE dernier Quartier, qui prend son nom de la célèbre Abbaye de saint Germain, étoit autrefois séparé de la Ville par quatre Portes qui ont été abattues: il ne passoit alors que pour un des Fauxbourgs de Paris; mais il est aujourd'hui un Quartier d'autant plus considérable, qu'il égale une des plus grosses Villes du Royaume: le Fauxbourg saint Germain a toujours été regardé des Etrangers, comme le plus agréable pour leur séjour, l'air en étant plus sain & plus convenable à leur tempérament. Ils y trouvent non-seulement toutes les commodités possibles, mais aussi des avantages que pas un des autres Quartiers de la Ville ne possède, & qui leur sont très-utiles; tels sont les beaux

Hôtels garnis, & autres utilités.

Son étendue est bornée, à l'orient, par les rues Dauphine, de Buffy, du Four & de Seine exclusivement ; au septentrion, par la riviere, y compris le Pont Royal & l'Isle des Cignes ; à l'occident & au midi, par les extrémités du Fauxbourg, depuis la riviere, jusqu'à la rue de Séve. Vous ne pouvez mieux commencer à voir ce Quartier, que par la plus considérable Abbaye du Royaume qui lui donne son nom ; c'est

L'ABBAYE DE SAINT GERMAIN DES PRÉS.

Cette Abbaye a été bâtie, fondée & dotée l'an 557 par Childebert I, en l'honneur de saint Vincent, Diacre & Martyr, dont il avoit apporté des Reliques de Sarragosse, & en outre, une Croix d'or enrichie de pierreries renfermant une portion du Bois de la vraie Croix, qu'il y déposa, & en considération de laquelle ce Prince se détermina à faire bâtir l'Eglise en forme de Croix. Elle étoit soutenue de colomnes de marbre, & éclairée par de grandes fenêtres ; les lambris étoient dorés, les murailles ornées de peintures à fond d'or, le pavé étoit de marqueterie : ces dehors répondoient à la magnificence du dedans; & tout l'édifice étoit couvert de cuivre doré.

Ce Prince la dota d'amples revenus pour l'entretien des Moines qu'il pria faint Germain, Evêque de Paris, d'y établir ; & lui obtint l'exemption de l'Ordinaire ; du Pape Vigile. L'Eglife fut dédiée par faint Germain, accompagné de fix Evêques, le 23 Décembre de l'an 557.

Childebert y fut enterré en 558, & faint Germain en 576. Le grand nombre de miracles que Dieu accorda aux prieres des Fidèles au tombeau de ce faint Prélat, y attira beaucoup de monde, & fit changer dans la fuite le nom de faint Vincent en celui de faint Germain, auquel la fituation de cette Abbaye, au milieu des prairies, lui fit ajouter le nom, *des Prés*, ce qui la diftingue de deux autres Eglifes de Paris, qui font dédiées fous le titre de faint Germain.

Il n'eft refté de tous les bâtimens de la première fondation de cette Abbaye, que le portail de la principale entrée de l'Eglife, & la partie inférieure de la groffe tour, qui ne font eftimées que pour l'ancienneté, l'ouvrage en étant fort groſſier. Les Peres *Felibien* & *Lobineau* ne veulent point que cette tour ſoit le reſte d'un vieux Temple d'Iſis, comme pluſieurs autres le prétendent. L'on croit le portail conſtruit du tems de Childebert, ou de Chilperic. Au-deſſus de la porte, on voit comme une friſe repréſentant une ſainte Cène. Les deux côtés du portail ſont occupés chacun par quatre figures : la première, à gauche en entrant, repréſente un Evêque qui terraſſe un démon ; l'on croit que c'eſt ſaint Germain, ou ſaint Remi : la ſeconde, du même côté, paroît être Clovis, revêtu des ornemens Impériaux, avec le Bâton Conſulaire à la main droite : l'on croit que la troiſième eſt ſainte Clotilde, femme de Clovis : les cinq autres figures repréſentent les quatre fils de Clovis, & la Reine Ultrogote à côté de Childebert. Sept de ces figures ont chacune un nimbe ou cercle lumineux, ſur la tête, & il paroît que la huitième en auroit auſſi une, ſi l'injure du tems ne l'avoit pas fait tomber.

La tour ſemble avoir été bâtie, plutôt pour ſervir de défenſe contre les invaſions des Ennemis, que pour un clocher ; il y a cependant de groſſes cloches, qui font peut-être les seules au monde qui se fassent entendre avec le plus d'agrément.

Ce Monastere a été pillé & brûlé par les Normands trois fois consécutives, en 846, 858, & 887. Il fut dans la suite rétabli par les soins de Morard, son vingt-neuvième Abbé, & l'Eglise fut consacrée par le Pape Alexandre III, en 1163.

Quoique le bâtiment de cette Eglise soit simple, il a ses beautés. Le Chœur est des mieux disposés de Paris, la boiserie est d'un goût des plus exquis qu'il y ait en France : au-dessus de la Chaise de l'Abbé, placée au milieu du fond du Chœur, dont les stales sont d'une très-belle menuiserie, vous pouvez voir un tableau de la Nativité de Notre-Seigneur, peint par *Vanmol*. Le grand Autel est d'une magnificence achevée. Il est bâti à la Romaine ; c'est-à-dire, situé entre le Chœur & la Nef, de maniere que l'on peut officier des deux côtés : il est formé en ovale, sur les desseins de *Gilles-Marie Oppenor*, Architecte d'un très-bon goût : le Chœur des Religieux occupe l'enfoncement de l'Eglise, d'où ils voyent jusqu'au bas de la Nef ; ces Religieux font l'Office divin d'une régularité

& d'une dévotion qu'on ne sçauroit assez louer.

Ce grand Autel est formé de six grosses colomnes composites, d'un beau marbre verd antique & très-précieux : elles portent un entablement qui fait presque le tour, sur lequel s'éleve un baldaquin ou dais ; au-dessous est une couronne ovale soutenue par des consoles, d'où sortent des palmes qui se terminent en piramide, & au-dessus, des Anges qui portent un globe comblé d'une Croix. Tous ces ouvrages sont de bois doré d'un travail excellent : la suspension est portée par un Ange, accompagné de deux autres plus petits, ornés de guirlandes ; deux plus grands Anges de métail doré soutiennent la Châsse de saint Germain. Cette Châsse est de vermeil doré d'un travail admirable, quoique gothique, faite en forme d'Eglise, avec dix-huit figures autour ; elle est enrichie de cent soixante-huit pierres précieuses, & de deux cens perles : on y a employé vingt-sept marcs d'or, & deux cens cinquante marcs d'argent ; c'est un présent de Guillaume Lévêque, soixantiéme Abbé, qui la fit faire en 1408, à l'exception de l'or, qui étoit celui de l'ancienne Châsse, donné par le Roi Eudes.

Cet

Cet Autel, refait en 1704., est magnifiquement paré, principalement aux grandes Fêtes: la face, du côté de la Nef, est revêtue d'un bas-relief gothique qui sert de devant d'Autel; il est composé de figures qui représentent les douze Apôtres, saint Vincent & saint Germain, avec un Crucifix au milieu, au pied duquel est celle de Guillaume, Abbé de ce lieu, qui en a fait présent; le tout est de vermeil, & enrichi de pierreries d'un prix inestimable: en 1684 on fit la bordure, qui est de même matiere.

Sur les gros piliers, près de cet Autel, il y a deux tableaux de *Hallé*, habile Peintre, qui représentent le martyre de saint Vincent, & la translation de saint Germain. Il y a aussi plusieurs Châsses posées sur les corniches attachées aux quatre piliers les plus près de cet Autel, qui est ordinairement paré de riches pièces d'argenterie, & d'ornemens les plus somptueux.

Après cet Autel, les tombeaux sont ce qu'il y a de plus considérable dans ce Chœur: celui du Roi Childebert, fils de Clovis, & Fondateur de cette Abbaye, & celui de la Reine Ultrogote sa femme, sont au milieu; à leurs pieds, est le cœur du Duc de Verneuil, fils naturel d'Henri IV, il avoit été Evêque de Metz, & Abbé de saint Germain, avant que d'épouser la veuve du Duc de Sully : & auprès, est la sépulture de Louis-César de Bourbon, fils légitimé de Louis XIV. Ce Prince mourut en 1682, âgé de dix ans, six mois & vingt-deux jours.

Guillaume Lévêque, soixantiéme Abbé de saint Germain, qui a fait faire la Châsse & le devant d'Autel, étant mort en odeur de sainteté, fut enterré en 1418 sous une tombe de cuivre, qui étoit moitié dans le Chœur, & moitié dans la Nef. En 1656, lorsqu'on fouilla la terre pour la construction du nouvel Autel, on découvrit son tombeau, dont le corps fut trouvé tout entier, dans le même état qu'il y avoit été mis, à la réserve de ses habits qui étoient un peu pourris ; on le remit dans le même tombeau, avec d'autres habits.

Des deux côtés de cet Autel, il y a des tombeaux de Rois & de Reines de la première Race, qui sont ceux de Chilperic & de Frédegonde ; de Clotaire II, & de Bertrude ; de Childeric II, & de Blitilde sa femme : l'usage de ce tems-là étoit de les y enterrer. Un des plus considérables est celui d'un autre Chilperic, quoiqu'il ne renferme point les restes de ce Prince, parce qu'il fut enterré dans le préau du Cloître, entre le Chapitre & l'Eglise, pour éviter la fureur du peuple dont il n'étoit pas aimé : les restes furent trouvés dans un tombeau de pierre, il y a environ 70 ans, par quelques Ouvriers qui travailloient à abaisser la terre au niveau du Cloître ; on fut éclairci de ce fait, par ces inscriptions qu'on y trouva : *Hîc jacet Chilpericus* ; & dans le tombeau : *Precor ego Chilpericus, ne hinc auferantur ossa mea*. D'autres disent que ce Chilperic, dont il est parlé dans cette épitaphe, étoit seulement Prince du Sang Royal. Mais de tous ces tombeaux, le plus remarquable est celui de la Reine Frédegonde, parce que la figure de cette Reine, qui y est représentée en Mosaïque, a été faite peu de tems après sa mort, qui arriva à Paris l'an 601, ce qui le rend unique ; & que les formes de fleurs de lys qui s'y voyent sculptées, peuvent faire croire, contre l'opinion de plusieurs, que les Rois de la première Race les portoient pour leurs armes.

Des deux côtés du Chœur, il y a deux

Chapelles faites sur les desseins de *Bullet*, célèbre Architecte. Celle du côté droit, en entrant dans l'Eglise, est la Chapelle de sainte Marguerite, où l'on conserve la ceinture de cette Sainte, à laquelle les femmes enceintes ont une forte dévotion. Remarquez au fond de cette Chapelle l'ingénieux tombeau des Catelans fait par *Girardon*, & auprès celui du Comte de la Mark, neveu du Cardinal de Furstemberg, fait par *Coizevox*.

De l'autre côté, c'est la Chapelle de saint Casimir, qui y est représenté dans un excellent tableau peint par *Schultze* Peintre de Dantzic. Vous y verrez le magnifique tombeau où repose le cœur du feu Roi Jean-Casimir, fait par *de Marsy* : ce monument est de marbre noir, avec des bas-reliefs de bronze. Ce Prince, dont le corps est en Pologne, y est représenté en marbre blanc, à genoux, revêtu de ses habits Royaux, offrant à Dieu sa couronne & son sceptre : il mourut à Nevers en 1672, étant Abbé de cette Maison. Le bas-relief, avec deux captifs attachés à des trophées d'armes, est un bel ouvrage qui a été exécuté par le *Frere Thibaut*, Convers de ce Monastere.

QUARTIER DE S. GERMAIN. 20. 117.

Dans la Chapelle de saint Maur, on voit depuis quelques années le tombeau du Prince de Furstemberg, en stuc, de *Coizevox*. Un grand bas-relief représente saint Maur posé sur des nuages, morceau de *Pigale*.

Observez dans la seconde Chapelle, après celle de sainte Marguerite, les tombeaux de l'illustre Maison de Douglas, originaire d'Ecosse ; dans la Chapelle de saint Symphorien, qui est au bas de l'Eglise, l'épitaphe de saint Germain, qui y a été enterré : elle est de la composition du Roi Chilperic, qui avoit une singuliere vénération pour ce saint Evêque, qui l'avoit guéri d'une grande maladie. Le tableau de la Chapelle de saint Symphorien, qui représente le martyre de ce Saint, a été peint par *Hallé* le pere. L'Orgue qui est au-dessus de la principale porte de cette Eglise, passe pour très-excellent, & des plus estimés de Paris.

On voit dans la Nef de cette Eglise, des tableaux, dont les sujets sont tirés des Actes des Apôtres. Les huit premiers placés, représentent saint Paul dans l'Isle de Malthe, par *Verdot*.

Le Boiteux guéri par saint Pierre & saint Jean, par *Cazes*.

Saint Paul dans la prison de Lystre, dont les Portes s'ouvrirent miraculeusement, *par Hallé*.

Saint Paul & Saint Barnabé à Athènes, lorsqu'on veut leur offrir des sacrifices, par *Christophe*.

Ananie & Saphire mourans, par *le Clerc*.

Le Baptême de l'Eunuque de la Reine Candace, par *Bertin*.

L'imposition des mains sur l'Apôtre saint Paul par Ananie, de *Retout*.

La conversion de Sergius, & la punition de Barjesu, faux Prophête, par *le Moine*; & autres que l'on peut voir.

Auprès de l'ancienne Sacristie, il y en a une neuve, ornée de boiserie, dans laquelle vous verrez une assez bonne copie de la Transfiguration, par *Raphaël*; & les petits tableaux, qui sont les esquisses finis, sur lesquels on a fait les grands, dont on vient de parler. Vous verrez encore un ancien tableau qui représente l'Abbé Guillaume & sa mere, adorant Jesus-Christ; vous remarquerez dans l'éloignement de ce tableau, le Louvre, l'Abbaye de saint Germain, & autres édifices, tels qu'ils étoient en ce tems-là.

Entre le grand nombre de curiosités

que vous pourrez voir dans la Sacriſtie, les plus conſidérables, ſont une Croix d'argent doré enrichie de pierreries, où l'Empereur Adrien eſt repréſenté ſur un Saphir d'Orient ; une grande Croix d'or très-ancienne, à doubles traverſes, où eſt un morceau conſidérable du Bois de la vraie Croix : elle eſt enrichie de pierreries des plus précieuſes; & a appartenu à Manuel Comnene, Empereur de Conſtantinople, pluſieurs Chefs de Saints & Saintes, richement enchâſſés ; quelques tableaux anciens & curieux, & un grand nombre d'ornemens d'Egliſe, des plus riches & des mieux travaillés de Paris. On tient que le Réfectoire, le Dortoir, le Chapitre, & la Chapelle ou petite Egliſe intérieure de Notre-Dame, ont été bâtis par *Pierre de Montreau*, dans laquelle il eſt enterré, & où il étoit repréſenté tenant une règle & un compas.

Voyez enſuite la Maiſon de cette Abbaye, dont l'intérieur a de grandes beautés : les nouveaux Dortoirs & le grand eſcalier qui y conduit, ſont très-bien entendus; le Réfectoire eſt grand & très-propre : mais le plus curieux endroit eſt la fameuſe Bibliothéque, tant par le nombre, que par la qualité & le bon choix des Livres qui la composent, & par plus de neuf cens Manuscrits qui ont des huit ou neuf cens ans d'ancienneté. Vous y verrez le Pseautier dont saint Germain se servoit étant Evêque de Paris; il est écrit en lettres d'argent sur un vélin pourpre : les titres & mots de *Deus* & *Dominus* sont en lettres d'or; les Evangiles de saint Matthieu & de saint Marc écrits de la même façon : & quantité de Livres composés par les sçavans Bénédictins de cette illustre Maison, qui, plus qu'aucune autre Communauté, a toujours produit d'habiles Ecrivains. Ils ont rendu de si grands services à l'Eglise par leurs nouvelles éditions des Peres, & leurs excellens Ouvrages, que l'on peut dire que la science & les autres grandes qualités de ces Religieux, sont au-dessus de toute louange. Le Cabinet d'antiquités du célèbre Dom Bernard de Montfaucon, connu par ses grands Ouvrages, mérite votre attention.

La première Règle que saint Germain introduisit dans cette Maison, & que saint Doctrovés confirma, fut celle de saint Antoine & de saint Basile; celle de saint Benoît y fut jointe peu après, & prévalut dans la suite. La Réforme de la Congrégation de saint Maur y a été introduite

introduite en 1631, & s'y conserve avec beaucoup de fidélité. Il y a un Religieux de la Communauté qui fait toutes les fonctions curiales, tant pour les Domestiques de la Maison, que pour les Habitans qui sont logés dans l'enclos des cours & des rues de l'Abbaye, tant du côté du Cloître, que du côté du Palais Abbatial. Toutes les fonctions curiales se font dans la Chapelle dédiée sous l'invocation de saint Symphorien, au bas de la Nef.

LE PALAIS ABBATIAL, occupé par M. le Comte DE CLERMONT, qui en est Abbé Commendataire, est situé entre l'Eglise & la rue de Buffy, il a été réparé & embelli par le Cardinal de Furstemberg qui l'a long-tems occupé, & depuis, par le Cardinal de Bissi. Les rues de Furstemberg, Cardinale, Abbatiale & tout l'Enclos, jouissent de la franchise des lieux privilégiés. Les Religieux de saint Germain ont fait depuis plusieurs années élever des maisons dans l'enclos de leur Monastere, qui leur rapportent beaucoup, parce qu'elles jouissent de la même franchise : ainsi que le lieu appellé *la Cour du Dragon de sainte Margueritte*; c'est une nouvelle rue, qui traverse de la rue de l'Egoût, Carrefour de saint

122 LES CURIOSITÉS DE PARIS.
Benoît, à la rue rue du Sépulchre.

Sortant de l'Abbaye de saint Germain, passez par la rue sainte Marguerite, au bout de laquelle est le Marché de ce quartier, appellé le petit Marché, & auprès, la prison de l'Abbaye de saint Germain ; une partie de ce Marché a été transférée rue de Bussy, & dans l'ancien Préau de la Foire, où l'on a élevé une grande porte d'entrée. De cette rue, vous vous rendrez dans la grande rue de Taranne, où sont plusieurs Hôtels, & plus haut, la fontaine de la Charité.

Dans la rue des saints Peres, sont les Hôtels de Gamaches, de la Force, de Brissac, & autres. Cette rue est ainsi appellée par le Public ; cependant elle a pris son nom de saint Pere, (& non pas des saints Peres,) d'une Chapelle dédiée à saint Pere, qui étoit où est l'Eglise des Freres de la Charité. Elle rend, d'un bout, au quai Malaquais, & de l'autre, à la rue de Grenelle, à l'entrée de laquelle vous trouverez,

L'Abbaye des Religieuses de sainte Claire du Monastere de la Nativité de Jesus, autrement dites LES CORDELIERES ; ce sont des Religieuses de l'Ordre de saint François, qui occupent le grand & ancien Hôtel de Beauvais. Ces Reli-

QUARTIER DE S. GERMAIN, 20. 123
rue de Lourfine : elles ont une Adoration perpétuelle ; on les nomme aussi *les petites Cordelieres*. Elles furent établies en 1633, rue des Francs-Bourgeois, & transférées ici en 1687, leur Eglise est très-simple ; l'Autel, dont le Tabernacle est d'ébene garni d'argent, est décoré d'un tableau de la Nativité de Notre-Seigneur, peint par *Canis* : ce même sujet est représenté en pierre sculptée au-dessus de la porte de la rue.

Plus avant, du même côté, les Prévôts des Marchands & Echevins ont fait construire en 1739, la plus belle fontaine de Paris. Elle est composée d'un corps avancé, au-dessus duquel est une espece de portiques à plusieurs colomnes, au milieu desquelles est une grande table de marbre noir, avec une longue dédicace en lettres dorées ; le corps avancé renferme un réservoir, dont l'eau sort par quatre tuyaux qui servent de langues à autant de gros mufles, ou têtes de bronze.

Les trois statues de marbre sont remarquables. Celle du milieu représente la Ville de Paris assise, & portant sur sa tête une couronne de tour, telle que la Fable la donne à Cybele ; & les deux

L ij

qui sont à ses qui sont dans les niches & sur le fond circulaire de la façade, représentent les quatre Saisons sous la figure de jeunes hommes; le tout de belle pierre de Tonnerre, ainsi que les bas-reliefs, & exécuté par *Bouchardon*.

La première rue à gauche, dans la rue de Grenelle, est la rue de la Chaise, où il y a un Hôpital pour les enfans teigneux, qui dépend de celui des petites Maisons.

Passez par la rue de la Planche, où vous verrez deux ou trois beaux Hôtels; d'où vous entrerez dans la grande rue du Bac, qui commence depuis la rue de Sève vers les Incurables, & finit près le Pont Royal; mais il faut la quitter plusieurs fois, pour voir ce quartier avec plus de facilité.

La première chose à voir dans cette grande rue, est LE SEMINAIRE DES ETRANGERS, établi en 1663, qui fournit des Missionnaires, dont les fruits pour notre sainte Religion, s'étendent jusqu'au bout du monde, par les fréquens voyages que ces zélés Ecclésiastiques font dans les Indes pour la propagation de la foi.

Tout proche, du même côté, est L'Hô-

Quartier de S. Germain. 20. 125
pital des Convalescens, fondé pour le soulagement des Malades de l'Hôpital de la Charité des hommes, qu'on y envoye passer huit ou dix jours pour prendre l'air, & s'y rétablir.

Tournez par la rue de Varenne, qui est à main gauche, vous y verrez un grand nombre d'Hôtels où logent les grands Seigneurs. Un des plus remarquables est celui de M. le Duc de Biron, qui est à l'extrêmité de cette rue; & près les Invalides l'Hôtel du Maine, ou du Prince de Dombes & du Comte d'Eu. Tous ces Hôtels ont chacun leurs beautés particulieres, sur-tout l'Hôtel de Mezieres, occupé ci-devant par feu M. le Cardinal de Polignac : il y avoit rassemblé un grand nombre d'Antiquités Romaines, qu'il avoit fait amener de Rome. Voici l'état des principales.

Dans le Vestibule, trois statues de marbre blanc, bien plus grandes que le naturel, représentant Esculape avec son bâton entouré d'un serpent; Hygie sa fille, ayant le bras droit aussi entouré d'un serpent.

Une Dame Romaine, que l'on croit être Julie, fille d'Auguste, ou Octavie, sœur de cet Empereur, & femme de Marc-Antoine.

A côté du grand escalier, Apollon couronné de laurier. Sur le premier palier, Isis en marbre d'Egypte, faite du tems des Ptolomées, Rois d'Egypte.

Dans le sallon en face du jardin, dix Bustes antiques, & sur la table celui de Vitellius, dont la tête est de pierre de touche. Le Sommeil est représenté sur la cheminée. Dans les deux salles, à côté du vestibule, on voit des urnes antiques, des petits tombeaux, des bas-reliefs, des Bustes & des Têtes de Consuls, de Sénateurs, d'Empereurs & Impératrices, de Rois Grecs, de Philosophes, & de Poëtes anciens; entr'autres, Homère, Pirrhus, Socrate, Seneque, &c.

Dans la première salle, un grand bas-relief trouvé dans les ruines du Palais de Néron, représentant le mariage de Bacchus avec Ariane, accompagnés du Dieu Silvain & de Bacchantes. Dans les deux niches, Vénus comme celle de Médicis, & Atalante avec son carquois, tenant un arc & un dard.

Dans la seconde salle, un grand tombeau de marbre blanc découvert, tiré du Sépulchre de la Maison Impériale de Livie, à deux milles de Rome, *dans la Voye Appia*, en 1726.

Dans la salle, à gauche du vestibule,

onze statues de la Cour de Lycomede, Roi de Sciros, dont dix sur des piédestaux, comme présentes à l'arrivée d'Ulisse pour découvrir Achille. Ulisse déguisé en Marchand, a sur son bras gauche, une espèce de boëte; il reconnoît Achille déguisé en fille, à la lance & au bouclier qu'il a préféré aux ornemens de femmes.

La Reine de Sciros a un diadême & un sceptre; Pallas ayant Pirrhus, enfant, dans le pan de son corcet militaire : les autres, sont les filles de la Cour de la Reine; celle qui frappe le plus à la vûe, passe pour Déidamie, fille unique de Lycomede, dont Achille eut le jeune Pirrhus. Ces statues ont été déterrées dans un champ à treize ou quatorze milles de Rome, sur le chemin de Frascati, où étoit autrefois la maison de campagne de Marius : elles ornoient le sallon des bains.

Dans la salle qui suit le jardin, un jeune Bacchus, & un Marsyas. Dans la cheminée, quatre grands chenets de bronze antique très-singuliers, ornés de sculptures & de figures en relief, d'un grand mérite. On veut que ce soit les Landiers de la chambre du Palais de l'Empereur Néron. A l'opposite, une

Vénus en bronze. Dans les appartemens, beaucoup d'autres monumens dans ce goût, dont le détail nous meneroit trop loin.

Ensuite, passez par la rue Hillerin-Bertin, vous vous rendrez dans la grande rue de Grenelle, qui prend à la Croix-Rouge, & finit à la plaine des Invalides, où vous découvrirez ce fameux Hôtel Royal, dont je vous ferai connoître les beautés, après que vous aurez entierement parcouru ce Quartier, que vous continuerez à voir par LA COMMUNAUTÉ DES FILLES PÉNITENTES DE SAINTE VALERE, établie en faveur des Filles repenties l'an 1688, & par les bienfaits des personnes charitables. Ces filles ne payent point de pension : elles donnent seulement en entrant une somme de 60 livres, & apportent un petit trousseau de linge. On n'y reçoit que celles qui y viennent de leur propre gré, & on n'en retient aucune de force ; elles travaillent en commun à divers ouvrages, pour aider au soutien de la Maison. La Communauté est gouvernée par une Supérieure, au choix de M. l'Archevêque, & par trois ou quatre Officieres. Les Sœurs sont au nombre d'environ soixante. L'Eglise est simple, mais propre ;

QUARTIER DE S. GERMAIN. 20. 129
le rétable de l'Autel est orné de petites colomnes de porphire, qui font un fort bon effet : ces filles y chantent l'Office, selon l'usage de Paris, avec beaucoup d'intelligence & de régularité, & cette Eglise est très-fréquentée par tous les Habitans de ce quartier, à cause du grand éloignement où ils sont de la Paroisse de saint Sulpice.

Vis-à-vis de cette Eglise commencent les nouveaux Boulevards, qui font le tour de toute cette partie de la Ville, & vont aboutir au-delà de l'Hôpital Général, & près de la riviere.

Toute la longueur de la rue de Grenelle est remplie de beaux Hôtels, & entr'autres, l'Hôtel dit ci-devant de Mademoiselle de Sens, l'Hôtel de Villars, l'Hôtel d'Harcourt, &c.

Au-delà, du même côté, sont LES CARMELITES, qui étoient ci-devant établies rue du Bouloy en 1664, & ici en 1689. Ce Monastere de sainte Thérèse est grand, mais l'Eglise est très-petite & très-simple.

L'ABBAYE DE PANTEMONT, attenant de l'Hôtel de Villars, est occupée par des Religieuses Bernardines de l'Ordre de Cîteaux, établies à Paris en 1648. L'Eglise a été rebâtie depuis peu ; elle est ornée d'un dôme, & remarquable par son architecture & sa disposition singuliere.

Rentrez dans la rue du Bacq, & vous trouverez sur la gauche LE COUVENT DES FILLES DE LA VISITATION : ces Religieuses sont de l'Institution de saint François de Sales, établies rue Montorgueil en 1660, transférées en ce lieu en 1673. L'intérieur de ce Monastere est bien bâti, & très-commode.

De l'autre côté, à droite, vous verrez les ANNONCIADES, ci-devant appellées RÉCOLETTES, autrement dites LES FILLES DE L'IMMACULÉE CONCEPTION, fondées par la Reine Marie-Thérese d'Autriche, épouse de Louis XIV. L'Eglise n'a de singulier que le tableau de la Conception de la sainte Vierge, peint par *de la Fosse*, & qui fait l'ornement du grand Autel. Remarquez le tableau qui représente Notre-Seigneur lavant les pieds de ses Apôtres ; c'est un des meilleurs ouvrages *du Tintoret*, fameux Peintre Italien.

Passez ensuite dans la rue saint Dominique, qui traverse la rue du Bacq : vous y verrez LES JACOBINS, dits du Noviciat, fondés en 1631 par le Cardinal de Richelieu. L'Eglise a été bâtie par *Bullet* :

le grand Autel est formé de deux groupes, chacun de quatre colomnes de marbre, qui soutiennent un ceintre de bois doré, en forme de dais, sur lequel est une Résurrection de Jesus-Christ ; cet ouvrage est du dessein de *le Brun*, & exécuté par *Martin*, habile Sculpteur. Voyez derrière l'Autel les tombeaux du Maréchal de Navailles & de son épouse. Les tableaux, qui font le principal ornement de cette Eglise, sont presque tous du célèbre Frere *André*, de cette Maison, dont on peut distinguer les différentes manieres ; le saint Thomas d'Aquin & le saint Pie, sont deux morceaux excellens. Il y a plusieurs Chapelles fort propres dans cette Eglise, toutes ornées par les soins de cet artiste Frere. Les tableaux de la Sacristie sont encore de lui : remarquez-y la beauté de celui où saint Louis reçoit les Reliques qui sont au Trésor de la Sainte-Chapelle. Cette Eglise vient d'être entierement achevée tout récemment, & on y a élevé un très-beau portail, dont l'architecture est noble & réguliere. La Maison de ces Peres est bien bâtie & très-commode, & la Bibliothéque considérable. Le Cloître, refait à neuf, est estimé, & donne un air de grande propreté à cette Maison.

qui jouit encore d'un beau jardin.

A l'entrée de la rue saint Dominique, vous verrez l'Hôtel de Matignon, dont le jardin, du dessein de *la Quintinie*, a des beautés particulieres. Au-delà, est l'Hôtel de Luynes, bâti par *le Muet*, Architecte très-estimé; les appartemens en sont beaux, & le jardin fort grand. Rue saint Guillaume, sont les Hôtels de Créqui, du Duc de Villars-Brancas, & celui de Mortemar. Le Duc de Mortemar, le plus curieux Seigneur de ce siécle, y avoit ramassé un Cabinet digne de ses grandes connoissances, & de son bon goût.

Il y a dans la suite de cette rue un nombre de grands Hôtels qui méritent un Chapitre particulier, mais le détail en seroit trop long; tels sont les Hôtels de Molé, de Broglie, de Chatillon, de Rupelmonde, de Montmorency, de Conti, & deux de Broglie vis-à-vis l'un de l'autre.

Passez ensuite de la rue saint Dominique à la rue des saints Péres, pour voir L'HÔPITAL DE LA CHARITÉ DES HOMMES, desservi par les Freres de l'Ordre de saint Jean de Dieu. C'étoit autrefois une Chapelle, où l'on faisoit le Service pour les Bourgeois & Habitans du Bourg

QUARTIER DE S. GERMAIN. 20. 133
saint Germain, avant l'établissement de saint Sulpice; & dans les commencemens, le Curé de saint Sulpice s'étoit conservé le droit d'y faire toutes les fonctions curiales, jusqu'en 1658 qu'il en a transigé avec les Religieux ou Freres. Ils ont un grand soin des Malades, qu'ils traitent avec tout le zèle d'une parfaite charité, beaucoup de propreté & une bonté admirable. Cet Hôpital fut fondé en 1602, par Marie de Médicis, & transféré ici en 1607. Il y a deux cens cinq lits distribués en six salles, & dans ce nombre, il y en a environ soixante fondés : on n'y reçoit que des hommes de tout âge, & attaqués de maladies curables, mais non contagieuses, ni vénériennes. Le tableau, qui est dans la grande salle, représente saint Louis qui panse un malade : il est très-estimé, & peint par *Testelin*. L'Eglise est réguliere & assez belle; le tableau du Chœur est un Christ, peint par *Benoît*; à côté de l'Autel, c'est un saint Jean qui prêche dans le désert: celui de la Chapelle à gauche, est saint Jean de Dieu, par *Jouvenet*; & vis-à-vis, une femme qui représente la Charité jettant de l'eau sur une flamme, par *le Brun*; c'est un des premiers ouvrages de ce fameux Maître.

Le tombeau que vous voyez sur la droite, est celui de Claude Bernard, surnommé le pauvre Prêtre, mort en odeur de sainteté en 1641; ce tombeau est d'*Antoine Benoît*, qui l'a représenté au naturel: c'est un ouvrage de terre cuite fort estimé. Le portail de cette Eglise est remarquable.

Passez ensuite dans la rue de l'Université, où vous verrez plusieurs Hôtels de conséquence; cette rue est fort longue, & change trois fois de nom, qui sont, la rue du Colombier, la rue Jacob, & la rue de l'Université. Les Hôtels & Maisons les plus considérables de ces rues sont, d'un côté, ceux de Pomponne, de Pons, d'Harlai, à présent d'Aligre, de Maisons, de M. le Cardinal d'Auvergne, de Noailles & d'Aiguillon; & de l'autre, à l'extrêmité de cette rue, les Hôtels d'Etrées, d'Agenois, de Conti, le Palais Bourbon, qu'avoit fait construire feue Madame la Duchesse, & l'Hôtel ci-devant de Lassay; mais une partie de ces Hôtels ont changé de Maîtres. Tous ces Hôtels renferment tant de curiosités, qu'ils mériteroient chacun un détail particulier.

Le bout de la rue de l'Université rend au gros Caillou, vis-à-vis les Invalides;

en chemin, vous trouverez la rue de Bellechasse, en face de laquelle vous verrez le Couvent DE BELLECHASSE, qui donne son nom à ses environs: c'est un Prieuré perpétuel électif de Chanoinesses du saint Sépulchre, venues de Charleville, établies à Paris, en vertu de Lettres-Patentes de 1636, dans une maison qui leur a été donnée par un riche Partisan nommé Barbier; ces Religieuses, qui sont de l'Ordre de saint Augustin, ont environ douze mille livres de revenu. L'Ordre du saint Sépulchre a commencé en Palestine, dans le tems des Croisades; il y a peu de Religieuses de cet Ordre en France.

Il y a plusieurs Hôtels considérables auprès du Couvent de Bellechasse.

Achevez présentement de voir la rue saint Dominique, à l'extrémité de laquelle est la Communauté DES FILLES DE SAINT JOSEPH, Orphelines, dites DE L'ETANG, établie en 1641 par Marie Delpech de l'Etang. L'on y éleve nombre de jeunes filles qui y sont en pension, à qui l'on apprend à travailler à des ouvrages convenables à leur âge, & à leur sexe.

Pour continuer à voir ce quartier, dans un ordre à ne rien oublier, repassez du côté de la riviere, & commencez par le Quai de Conti, à l'entrée duquel étoit L'HÔTEL DE CONTI que l'on vient d'abattre, ainsi que les maisons des environs, pour y élever L'HÔTEL DE LA MONNOYE : la grande porte de cet Hôtel que l'on a conservée, passe pour un des meilleurs morceaux d'architecture; elle est effectivement une des plus belles portes de tous les édifices de Paris.

De-là, vous devez aller voir le Collége Mazarin.

LE COLLÉGE MAZARIN.

OU

DES QUATRE NATIONS.

Ce magnifique Collége a été fondé par le Cardinal Mazarin, pour élever & instruire dans les exercices convenables à leurs qualités, soixante Gentilshommes, (réduits présentement à trente,) de chacune de ces quatre Nations ; sçavoir, quinze de Pignerol, pour l'Italie : autant d'Alsace, pour l'Allemagne : vingt des Pays-Bas Catholiques, & dix du Roussillon. Cette fondation, qui fut faite en vûe de rendre la Noblesse des Pays

Tom. II. Page 186.

LE COLLEGE MAZARIN

QUARTIER DE S. GERMAIN. 20. 137
Pays conquis, autant Françoise de cœur que de Nation, éternisera le nom de ce Ministre. Il fut commencé aussi-tôt après la mort de ce Cardinal, qui avoit laissé deux millions pour ce sujet. Le Roi déclara en 1665, que ce Collége seroit réputé de fondation Royale. Les Exécuteurs du testament obtinrent l'agrément de l'Université, qui adopta ce Collége, sous la condition de garder ses Statuts; & il y fut ajouté, que les seuls François naturels, ou ayant obtenu des Lettres de naturalité, pourroient en remplir les Charges.

Vous verrez d'abord dans une place assez spacieuse, la façade de ce Collége, bâtie en demi-cercle, composée du portail de l'Eglise, & de deux ailes de bâtiment qui le joignent d'un côté, & qui de l'autre, ont chacune un pavillon quarré en tête; tous ces ouvrages sont chargés de vases & de balustrades posées sur la corniche qui règne autour, & font un bel effet. Ce portail est formé de quatre colomnes corinthiennes, & de deux pilastres qui soutiennent un fronton, où il y a un cadran; au-dessus vous verrez six groupes qui représentent les quatre Evangélistes, & les Perés de l'Eglise Grecque & Latine, avec cette

Tome II.　　　　　　　　M

inscription : *Jul. Mazarin. S. R. E. Card. Basilicam & Gymnasium fieri curavit. Amen. M. DC. LXI.*

Le dôme est couvert d'ardoises, taillées en forme d'écailles de poisson, & orné de larges bandes de plomb doré; il y a au-dessus une lanterne entourée d'un baluftre de fer, comblée d'un globe avec une Croix qui a double traverse. Tout ce bel édifice, qui est estimé des plus parfaits de Paris, a été conduit par d'*Orbai*, Architecte, dont vous avez vû plusieurs ouvrages d'un grand mérite.

L'Eglise, quoique simple, est fort propre : elle est de forme ronde en dehors, & ovale en dedans, d'ordre corinthien, & pavée de marbre noir, blanc & jaspé, disposé par compartimens avec des étoiles : ces mots sont écrits en lettres d'or sur la frise qui règne tout autour, au-dessous de la corniche du dôme, *Sededit sub umbraculo ejus in medio Nationum. Ezech. chap. 31, v. 18.*

Les huit figures de femmes en bas-reliefs placées dans les angles au-dessus des arcades, représentent les huit Béatitudes; elles sont de *Desjardins*, qui a fait aussi les douze Apôtres en médailles placées au-dessus des fenêtres supérieures.

Le principal Autel est en face, en entrant; il est fort simple, de même que que les deux autres de la Nef. Le tableau de ce premier Autel, est une Circoncision de Jesus-Christ, par *Alexandre Veronese*. Les autres petits tableaux qui sont dans les ronds, ont été peints par *Jouvenet*.

Le tombeau du Cardinal Mazarin est auprès du principal Autel, du côté de l'Epître; c'est un excellent ouvrage de *Coizevox*, qui prouve son habileté par la perfection de son travail: ce Cardinal y est représenté en marbre blanc, à genoux, sur un tombeau de marbre noir. Les statues de bronze qui l'accompagnent représentent des Vertus: elles sont de grandeur naturelle, & paroissent moins grandes, parce qu'elles sont assises; l'ouvrage en est très-estimé. Le Cardinal Mazarin mourut à Vincennes, le 9 Mars 1661, âgé de cinquante-un ans. Son corps resta en dépôt dans la Chapelle de ce Château, (où sont ses entrailles,) jusqu'au 6 Septembre 1684, que le Duc de Mazarin le fit transporter ici.

Les appartemens de ce Collége sont séparés par trois cours, dont la première a deux portiques d'ordre corinthien, l'un sur la droite, & l'autre sur la gauche, qui sont élevés sur plusieurs dégrés : celui de la main droite conduit à l'Eglise, & c'est par où les Ecoliers vont tous les jours de classe entendre la Messe dans l'Eglise de ce Collége ; celui de la gauche conduit aux principaux appartemens, & à la Bibliothéque qui est placée dans le pavillon du côté de l'Hôtel de Conti : elle est des plus curieuses & nombreuses, composée d'environ cinquante mille Volumes. C'est celle du Cardinal Mazarin, qu'il avoit assemblée avec beaucoup de dépense & de crédit, à laquelle on en a ajouté deux autres particulieres : elle est ouverte au Public deux jours la semaine, qui sont, les Lundis & les Jeudis.

Dans la seconde cour, vous verrez toutes les classes, qui sont grandes & propres : le tiers de la troisième cour est séparé par un petit jardin.

Ce Collége est gouverné, sous l'inspection de la Maison de Sorbonne, par un Grand-Maître, & dix Professeurs ou Régens : c'est un des Colléges de Paris, où il y a le plus d'Ecoliers externes ; ils y sont attirés par la situation du lieu, qui est beaucoup plus près des plus grands quartiers de Paris, que ne le sont les autres Colléges.

QUARTIER DE S. GERMAIN. 20. 141

Dans la rue de Seine, vous trouverez l'Hôtel de la Reine Marguerite, à feu M. Gilbert de Voisins, Greffier en Chef du Parlement : ses jardins s'étendoient jusqu'aux Freres de la Charité ; & plus avant, l'Hôtel de la Rochefoucault.

Passez ensuite sur le Quai Malaquais ; ce Quai commence au Collége des quatre Nations, & finit au Pont Royal. Il a été bâti & revêtu de pierres de tailles, en 1670.

Dans la rue des petits Augustins, est LE MONASTERE DES PETITS AUGUSTINS, fondés en 1613 par la Reine Marguerite de Valois : ils suivent la Règle de saint Augustin de la Réforme de Bourges. Elle y avoit établi auparavant des Augustins Déchaussés, qu'elle en délogea en 1612, pour mettre ceux-ci. L'Eglise est dédiée à saint Nicolas de Tolentin ; le grand Autel est orné de statues de Saints & Saintes de cet Ordre ; plusieurs Chapelles & la voûte de l'Eglise sont remplies d'une grande quantité de peintures : il y a aussi beaucoup de tableaux & de tapisseries de l'Histoire de saint Nicolas. Marguerite de Valois, leur Fondatrice, sœur d'Henri III, & première femme d'Henri IV, Porbus, excellent Peintre, & le fameux Nicolas Mignard, Peintre du Roi, y sont aussi enterrés.

Sur le Quai Malaquais, ou des Théatins, vous verrez d'abord l'Hôtel cidevant de la Roche-sur-Yon, & aujourd'hui de Mazois, dont les dehors ont été renouvellés, & les dedans fort embellis: l'Hôtel de Bouillon, bâti par *François Mansard*, qui est des plus beaux & des plus richement meublés de Paris: du côté du jardin il y a un cabinet, peint par *le Brun*, où le Mont Parnasse est représenté en perfection, avec tous ses accompagnemens: il y a aussi un plafond qui représente la Pandore; & un autre dans la grande salle, où il a représenté les neuf Muses. On y voit aussi une magnifique galerie, remplie de tableaux d'une grande beauté. Les autres Hôtels sont ceux de Mazarin, de Tessé, de Choiseul, & autres.

Plus avant, vous verrez L'EGLISE DES THÉATINS, bâtie en partie depuis peu, sur un dessein assez singulier, dont le goût a été pris sur celui de *Boromini*, Romain; c'est la seule Maison que ces Religieux ayent en France: ils y ont été établis en 1644 par le Cardinal Mazarin, qui étoit fort affectionné à leur Ordre. Il les fit venir d'Italie, où ils sont en grand nombre; & il leur donna cent mille écus pour

QUARTIER DE S. GERMAIN. 20. 143
bâtir ce Couvent, dans lequel ils sont entrés le 27 Juillet 1648, veille de sainte Anne, à qui l'Eglise est dédiée. Le cœur du Cardinal Mazarin y repose.

L'Hôtel de Mailly est au-dessus des Théatins; l'exposition en est des plus charmantes de Paris: il est situé près du Pont Royal, bâti pour la communication de ce quartier avec le Louvre, & ses environs.

Entre la rue de Beaune & la grande rue du Bacq, est L'HÔTEL DES MOUSQUETAIRES, où loge la première Compagnie des Mousquetaires: il est appellé l'Hôtel des Mousquetaires Gris, parce qu'ils ont tous des chevaux gris ou blancs; ce qui les distingue de la seconde Compagnie, qui en a de noirs ou bruns; ils sont aussi distingués par des galons différens. Cette grande rue du Bacq prend au Pont Royal, auprès duquel on a commencé LE QUAI D'ORSAI, ou de la Grenouilliere, que l'on doit continuer jusqu'aux Invalides: il est nommé Quai d'Orsai, du nom d'un Prévôt des Marchands qui y a mis la première pierre en 1707; il sera continué en ligne droite, jusqu'à la rue de Poitiers. Le quartier de la Grenouilliere est rempli de chantiers de bois flotté, qui descend tous les jours la riviere par trein, & en quantité; outre ce bois de chauffage, il y en a aussi à bâtir, & des planches de débris de bateaux.

Il ne vous reste plus rien de curieux à voir, d'ici aux Invalides, que les faces de derrière de quelques Hôtels qui jouissent de la plus charmante vûe du monde, sur le jardin des Thuileries, les Quais, la riviere, le Cours Royal, & la campagne; mais les derniers, qui sont plus avancés que les autres, ôtent à ceux-ci une partie de la vûe, & font un mauvais effet par l'irrégularité de leur situation. Le premier fut élevé en très-peu de tems, par *Boffrand*, qui l'a vendu depuis au Marquis de Torci. Celui d'après a été bâti par de *de Cotte*, pour Madame la Princesse DE CONTI, mere du Prince de ce nom; & le dernier qui est détaché, appartient au Duc d'Humieres. Vous en avez vû les entrées à l'extrémité de la rue de l'Université: l'un des plus singuliers de ces Hôtels, est celui du Marquis de Belle-Isle, un des plus beaux Hôtels de Paris: il a une très-belle terrasse en face du Pont Royal & de celle des Thuileries, ce qui procure à cet Hôtel une vûe des plus gracieuses.

Tous

QUARTIER DE S. GERMAIN. 20. 145
Tous ces quartiers sont terminés par l'Hôtel de feue Madame la Duchesse DE BOURBON, mere, & par l'Hôtel Royal des Invalides. Ce premier Hôtel, appellé PALAIS DE BOURBON, est le seul à Paris qui soit de ce goût: il est bâti à la Romaine, & ne paroît avoir qu'un rez-de-chauffée ; c'est peut-être le plus solide bâtiment qui ait été fait de nos jours. Il y a autant de logement sous le rez-de-chauffée, que dans le Palais même ; le goût excellent de son architecture, la distribution des appartemens & des ornemens, la richesse & la magnificence des meubles le font admirer.

Nous ne ferons point la description de ce Palais, parce que dans l'état où sont les choses, & depuis que M. le Prince DE CONDÉ en a fait l'acquisition, ainsi que de l'Hôtel de Brancas, ci-devant de Lassay, en un mot, de tout ce grand terrein jusqu'à la barriere, S. A. S. y a fait au-devant, & sur les côtés, des bâtimens immenses qui ne sont point encore achevés, & qu'ainsi nous ne pourrions rien dire que d'incertain, vû les grands changemens que ce Prince s'est proposé de faire.

Enfin vous n'avez plus rien de remarquable que le superbe bâtiment qui se préfente, & qui brille à vos yeux de fort loin, c'eſt

L'EGLISE ET L'HOSTEL ROYAL

Des Invalides.

Cet Edifice eſt, ſans contredit, le plus éclatant & le plus admirable qu'il y ait, non-ſeulement dans Paris, mais même dans tout l'Univers, au moins en ce genre. La magnificence & la grandeur de Louis XIV, s'y fait voir de tous côtés, tant par la ſomptuoſité & l'excellence de l'architecture, que par la nobleſſe & la ſolidité du ſujet de ſa fondation. Cet incomparable Hôtel eſt ſitué près de la riviere de Seine, dans la plaine de Grenelle, & vis-à-vis du Cours Royal, dans la plus belle expoſition du monde.

Le deſſein de cet établiſſement a été d'aſſurer une heureuſe retraite aux Officiers & Soldats qui deviennent eſtropiés au ſervice du Roi dans ſes Armées de terre : ils y ſont entretenus, nourris & logés juſqu'au nombre de trois mille, avec beaucoup de propreté, d'ordre & de ſoin ; ce qui monte à une dépenſe preſqu'incroyable.

Les fondemens de cet Hôtel furent

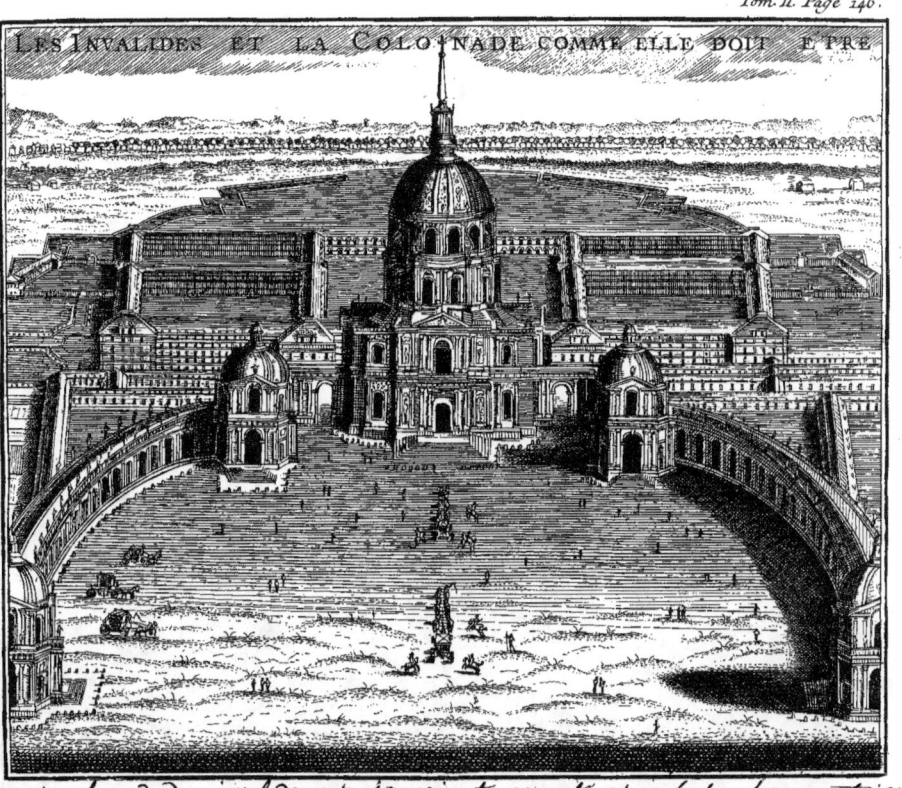

LES INVALIDES ET LA COLONNADE COMME ELLE DOIT ETRE

cette colonade du invalides n'a jamais ete executé et ne le sera surement jamais
La cour de cet hotel est toute differente de ce qu'elle est ici

jettés en 1671 fur feize arpens en quarré, fur lefquels on a élevé cet admirable monument de la grandeur d'ame & de la piété de Louis XIV. Le bâtiment eft féparé par plufieurs cours, entourées de logemens bien bâtis, uniformes & à quatre étages, avec des manfardes au-deffus. Les trois faces extérieures font percées de plus de cinq cens croifées: elles font entourées d'un large foffé revêtu de pierres, avec des parapets folides, aux extrêmités defquels il y a des guerites, où l'on fait garde jour & nuit, comme dans les plus fortes Places de guerre.

Toute la grande efplanade qui eft en face de cet Hôtel, eft plantée d'arbres depuis quelques années, & forme une promenade jufqu'à la riviere.

La façade du milieu eft un grand corps de bâtiment d'une belle fymétrie, avec deux pavillons aux extrêmités. Il y a une Porte Royale, au-deffus de laquelle on a placé depuis peu une grande Statue équeftre de Louis XIV. De-là, vous entrerez dans une grande cour entourée de quatre corps de logis, fur le devant defquels font deux rangs d'arcades l'un fur l'autre, qui forment des corridors ou galeries qui règnent tout autour : le milieu de chaque face est accompagné d'une espèce de corps avancé, avec un fronton ; les combles sont ornés de tous côtés. Toute cette belle architecture est du dessein de *Liberal Bruant*, fameux Architecte, qui a imité en quelque chose le Palais du Pape à *Montecavallo*. Les appartemens, qui ont quatre étages, sont commodément disposés : les chambres des Officiers servent pour trois ou quatre ; celles des Soldats sont garnies pour un plus grand nombre.

Depuis quelques années, & sous le ministere de M. le Comte d'Argenson, on a élevé un très-vaste bâtiment sur une des cours qui est du côté de la plaine de Grenelle, dans lequel on a construit des petits appartemens très-commodes, pour loger convenablement les Officiers qui sont dans les hauts grades de la Guerre, ainsi que pour servir à divers magasins pour les besoins de la Maison.

Les plus curieux endroits de cet Hôtel, sont, la Chambre du Conseil, que l'on y tient tous les Jeudis, où le Chef du Conseil de la Guerre règle les affaires de cet Hôtel, avec les Officiers qui en ont la direction & le gouvernement. Après, ce sont les quatre Réfectoires, deux de chaque côté de la cour au rez-de chauffée, dans lesquels vous verrez peints à fresque les siéges & les batailles des dernieres guerres : les Infirmeries, composées de plusieurs grandes salles garnies de lits ; il y a des Autels, que les Malades peuvent voir de tous côtés : vous serez charmé de la propreté qui y règne dans toute sa perfection, par les soins des Sœurs de la Charité qui en ont la direction, de même que l'Apothicairerie & la Lingerie, qui sont des endroits à voir.

Mais l'Eglise mérite particulierement votre attention ; elle est comme séparée en deux, dont l'une est intérieure, & à l'usage de ceux de l'Hôtel, l'autre est extérieure & nouvelle. Le portique, qui est en face de la grande cour par où vous êtes entré, conduit à l'Eglise intérieure : il est composé de deux différens corps d'architecture, de huit colomnes chacun, accompagné d'ornemens & d'un cadran ; cette Eglise, destinée à ceux de l'Hôtel, est une espèce de Nef de trente-deux toises de longueur, & de soixante-six de hauteur, sur soixante-douze pieds de largeur, en y comprenant les bas-côtés : elle est ornée d'une architecture d'ordre corinthien, avec dix-huit arcades, revêtues de vingt pilastres du même ordre, qui soutiennent une galerie ou corridor de chaque côté, les Officiers & les personnes de dehors s'y placent pendant le Service divin : ces arcades forment des aîles, ou bas-côtés, dans lesquels les Soldats qui occupent aussi la Nef, ont chacun leur place & leur siége. Cette Eglise est éclairée par cinquante-quatre fenêtres, vingt-sept de chaque côté ; il y a une fort grande Tribune au-dessus de l'entrée, où est un Orgue d'une grande beauté : la Chaire du Prédicateur est d'une menuiserie toute dorée sur un fond blanc ; le dais est comblé d'une Couronne de France soutenue par des Chérubins : tous ces ouvrages sont entierement couverts d'or.

L'Autel de cette Eglise, qui joint celui de la nouvelle par deux petits dégrés de marbre, est d'un excellent dessein, & orné de marbre & de bronze ; les Peres de la Mission de saint Lazare qui desservent cette Eglise, ont le soin spirituel de ceux qui demeurent dans cet Hôtel : on ne les sçauroit assez louer sur l'Office divin, qu'ils font avec une régularité, & une dévotion toute édifiante.

LA NOUVELLE EGLISE.

C'est ici que vous devez redoubler votre attention, pour examiner le sujet le plus digne de votre curiosité ; je veux dire, ce magnifique Temple, qui semble n'être achevé que depuis quelques années, & qui fait l'admiration de tous ceux qui ont vû les plus belles Eglises, même d'Italie, & d'ailleurs. Je vous avertis que l'on n'y entre qu'à dix heures du matin, ou à trois heures après-midi les jours ouvrables, & à quatre heures les Dimanches & les Fêtes, immédiatement après les Vêpres & le Sermon : souvenez-vous que les Dames n'entrent dans cet Hôtel qu'en carrosse ; si vous y êtes avant ce tems-là, occupez-vous à voir les beautés de la face extérieure de cette Eglise & celle du dôme, dont voici l'explication.

L'entrée principale de cet admirable Temple est exposée au midi, & directement opposée à celle de l'Eglise intérieure ; c'est pourquoi il faut aller du côté de la campagne, où il termine. Un magnifique portail décore l'entrée de cette Eglise, ou Dôme : c'est l'objet le plus capable de vous satisfaire. Les ouvrages de ce fameux édifice ont été faits sur les desseins de *Jules Hardouin Mansard*, Surintendant des Bâtimens du Roi : son projet étoit de joindre à cette belle façade une grande colonade, avec quatre pavillons plus élevés, deux desquels sont attachés à l'Eglise, & les deux autres font tête au-devant d'un large fossé qui ferme la place ; cette colonade est modelée dans le goût de celle de saint Pierre, à Rome, ce qui auroit eu un air somptueux & des plus magnifiques. C'est ainsi qu'elle est représentée dans la figure ci-à-côté, dont le peu d'étendue n'a pas permis de faire voir une très-large allée, dite l'Allée de Breteuil, laquelle est en face de cette Eglise, & qui s'étend jusques sur le chemin de Vaugirard.

La façade de cette Eglise, dont le portail est élevé sur un perron formé de plusieurs dégrés, a trente toises d'étendue & cinquante d'élévation, depuis le rez-de-chaussée, jusqu'au plus haut du dôme : elle est composée d'un ordre dorique, d'un corinthien & d'un attique au-dessus; le tout orné de colomnes & de pilastres, accompagnés de statues, dont les principales sont, celle de saint Louis, à qui cette Eglise est dédiée, modelée par *Girardon*, & faite en marbre par *Cofloux* l'aîné, & celle de faint Charlemagne, faite aussi en marbre par *Coizevox* ; elles ont près de onze pieds de hauteur : les autres statues représentent la Justice, la Tempérance, la Prudence & la Force. Les groupes posés sur la balustrade, sont les huit Peres des Eglises Grecque & Latine ; sçavoir, saint Basile & saint Ambroise, faits par *Poulletier*; saint Jean Chrysostome & saint Grégoire le Grand, par *Mazeline* ; saint Grégoire de Naziance & saint Athanase, par *Coizevox* ; saint Jerôme & saint Augustin, par *Hurtrel*. Le fronton est orné des armes de France : il est comblé d'une Croix, & de deux statues qui représentent la Foi & la Charité ; celles des côtés, sont la Constance, l'Humilité, la Confiance & la Magnanimité.

LE DOME.

Après avoir observé la grandeur & la beauté de cette façade, examinez, avant que d'entrer, la magnificence du DÔME bâti sur le milieu de cette admirable Eglise ; c'est un ouvrage qui n'a point de semblable en France, tant par son élévation, qui est de trois cens pieds du rez-de-chauffée, jusqu'à la Croix, que par la solidité & l'excellence de sa construction. Il est formé d'un corps d'architecture d'ordre composite, accompagné de quarante colomnes du même ordre, derrière lesquelles le gros de l'ouvrage est presque caché. Douze grandes fenêtres fournissent un fort beau jour dans l'Eglise : ces colomnes soutiennent un attique percé aussi de douze autres fenêtres ceintrées, qui ne sont pas ouvertes intérieurement.

Ce Dôme, dont la dorure & celle des autres ouvrages extérieurs a coûté cinquante mille écus, a beaucoup d'ornemens dans ses dehors. Remarquez seize Statues de pierre, posées deux à deux sur les piédestaux d'une balustrade qui règne tout autour : ce sont les douze Apôtres, saint Paul, saint Barnabé, saint Jean-Baptiste & le Prophète Elie ; tous ouvrages faits par d'habiles Sculpteurs. Sur la corniche de l'attique, il y a douze Vases ardens, ou torchères enflammées, qui font un bel accompagnement. La couverture de ce Dôme est revêtue de douze espèces de grandes côtes de plomb dorées tout autour, dont les espaces sont remplis de guirlandes, de casques & de trophées aussi tous chargés de dorures: il eſt comblé d'une lanterne ouverte par quatre arcades, avec douze colomnes, & quatre ſtatues de plomb doré, qui repréſentent des Vertus. Elle eſt entourée d'une baluſtrade de fer, & chargée d'un obéliſque fort élevé, terminé par un globe ſurmonté d'une Croix, le tout entierement couvert d'or; ce qui lui donne un grand éclat.

Au milieu de cette belle façade, vous verrez une grande porte dorée, dont la ſculpture, la ferrure & la dorure ſont également parfaites: vous devez examiner par le dedans de l'Egliſe, la perfection de la ferrurerie, qui eſt d'un fer poli comme de l'argent, & d'un travail encore plus eſtimable; les gonds de cette porte ſont faits en charniere continuée du haut en bas, dont on ne voit point de pareils.

Mais pour voir l'intérieur de ce Dôme, il faut rentrer dans l'ancienne Egliſe, & paſſer par un corridor qui eſt à la tête du bas-côté de la gauche: il vous conduira dans la nouvelle Egliſe, dont le pavé eſt comparti de différens marbres très-précieux & excellemment employés; étant entremêlé de fleurs de lys & de chiffres, avec les armes de France dans le milieu.

& les Colliers des Ordres du Roi près du grand Autel.

En entrant dans cette nouvelle Eglise, la vûe qui pénétre jusqu'au fond de l'Eglise intérieure, se trouve tout d'un coup si remplie d'objets admirables, qu'elle est en même tems charmée & embarrassée. Il faut cependant la fixer à un seul sujet, qui, naturellement doit être

LE SANCTUAIRE

ET

LE GRAND AUTEL.

Le Sanctuaire, qui a cinquante-quatre pieds de large, trente-six de long, & soixante-douze de haut, unit, en quelque façon, les deux Eglises. Ce riche Autel, fait dans le goût de celui de saint Pierre de Rome, est élevé sur six dégrés de marbre blanc, où posent les piédestaux fort bas, de six grosses colomnes torses de bois doré, chargées d'épis de bled & de feuilles de vigne, trois d'un côté, & trois de l'autre. Elles supportent un entablement sur lequel sont trois Anges, dont deux, de chaque côté, soutiennent des faisceaux de palmes, avec des rosés & des fleurs de lys qui descendent d'un petit dais ou baldaquin fait en rondeur, & orné de campanes: la Suspension est sous ce dais. Tous ces excellens ouvrages de bois, sont entierement couverts de dorures, & accompagnés de plusieurs figures d'Anges, dont un posé sur un globe au-dessus du dais, éleve une Croix que les autres semblent adorer. Ces différens ouvrages sont aussi tout brillans de dorures. Cet Autel communique à celui de l'Eglise intérieure, par deux petits escaliers de marbre de dix marches; & ces deux Autels sont joints, de maniere que l'on peut dire la Messe à tous les deux en même tems.

Les peintures de la voûte du Sanctuaire représentent le Mystère de la Sainte Trinité, que *Noël Coypel* a peint dans son meilleur goût. Ce grand Mystère est accompagné, au-dessus de l'arcade qui joint les deux Eglises, de l'Assomption de la sainte Vierge, que les Esprits bienheureux contemplent comme la Mere de Dieu; leurs attitudes sont aussi justes qu'elles sont différentes: cet ouvrage est du même Maître. Toutes ces peintures sont renfermées par des ceintres, d'une largeur extraordinaire : les dorures dont ils sont entierement couverts, jointes à la vivacité des couleurs, rendent cet endroit des plus éclatans. Dans les embrasures des fenêtres, les deux *Boulogne* ont peint plusieurs groupes d'Anges, qui forment des concerts de musique ; les figures de femmes assises sur les bandeaux de chaque fenêtre, sont la Foi, l'Espérance, la Charité & la Libéralité chrétienne.

Après le Sanctuaire, c'est l'intérieur DE LA COUPE ou DÔME qu'il faut examiner. Les peintures de cette coupe, qui a cinquante pieds de diamètre, représentent la gloire du Paradis, & la félicité dont les Saints jouissent dans le Ciel, & plusieurs Anges qui adorent Jesus-Christ : d'autres lui présentent les instrumens de sa Passion ; plusieurs font des concerts ; d'autres enfin semblent recevoir saint Louis dans ce séjour bienheureux. Ce saint Roi est placé au plus bas, à genoux, offrant son épée & sa couronne : toute cette admirable coupe a été peinte par *Charles de la Fosse*.

Ensuite, observez au-dessus de cette grande voûte, entre les fenêtres, douze tableaux de trente pieds de hauteur chacun, sur onze de large par le bas,

QUARTIER DE S. GERMAIN. 20. 159
& huit par le haut : ils ont été peints à frefque par *Jean Jouvenet* ; & repréfentent les Apôtres, accompagnés de groupes d'Anges, avec les marques ordinaires qui les diftinguent ; ces figures ont quatorze pieds de hauteur. Le premier, au-deffus de l'entrée du Sanctuaire, eft faint Pierre ; de fuite, par le côté de la Chapelle de la Vierge, faint Paul, faint André, faint Jacques le Majeur, faint Jean, faint Thomas, faint Philippe, faint Jacques le Mineur, faint Barthelemi, faint Mathias, faint Simon le Cananéen, & faint Jude Thadée.

Autour du Dôme, vous verrez douze grandes médailles rondes ou portraits de douze Rois de France, qui font, Charlemagne, Louis le Débonnaire, Charles le Chauve, Philippe Augufte, faint Louis, Louis XII, Henri IV, Louis XIII & Louis XIV, faites par d'habiles Sculpteurs.

Plus bas, fur les maffifs qui fupportent le Dôme, il y a quatre grands tableaux triangulaires, où les quatre Evangéliftes font peints par le même *de la Foffe*. Saint Mathieu eft entre le Sanctuaire & la Chapelle de la Vierge ; faint Marc vis-à-vis ; faint Luc près la porte, & faint Jean de l'autre côté.

Cette Eglise est ornée d'une excellente architecture en colomnes & pilastres d'ordre corinthien, distribués avec tant de goût, qu'il n'y a rien au-dessus de la riche simplicité qui y règne par-tout. Le plan a la forme d'une Croix Grecque; le Sanctuaire est à la téte, deux grandes Chapelles aux extrémités de la croisée, & le bas sert d'entrée. Il y a d'autres Chapelles rondes aux côtés des grandes, & au-dessus de leurs principales entrées, des tribunes avec des balcons de fer doré, soutenues chacune par deux colomnes fort élevées. Pour bien sentir l'excellence & le mérite de tous ces ouvrages, placez-vous sur le point de vûe qui est marqué sous le Dôme par un rond de marbre: c'est de cet endroit que l'on fit remarquer au feu Roi, qui y vint au mois d'Août 1708, que l'on peut voir distinctement sept Prêtres commencer ensemble la Messe aux sept Autels.

Voyez ensuite chaque Chapelle en particulier. Celle de LA SAINTE VIERGE, située sur la gauche, en entrant, est remarquable par sa statue de marbre blanc, faite par *Vancléve:* elle est au milieu, sur un Tabernacle tout doré, accompagné de deux Anges de bronze. L'Autel & les Anges sont aussi magnifiquement dorés;

que

que la perfection de l'ouvrage est considérable : les deux figures de femmes en bas-relief, sont la Prudence & la Tempérance.

L'autre grande Chapelle vis-à-vis celle-ci, est LA CHAPELLE DE SAINTE THÉRÈSE, qui est représentée en marbre, par *Maniere*, sur un Tabernacle aussi riche que celui que vous venez de voir. Les deux Anges sont aussi de bronze doré : les figures de femmes sont, la Force & la Justice.

Il vous reste à voir les quatre petites Chapelles en dôme : elles sont ornées chacune de huit colomnes corinthiennes, de trois statues & de bas reliefs ; leur voûte est partagée en six tableaux, & deux fenêtres. La première, du côté de l'Evangile, entre le Sanctuaire & la Chapelle de la Vierge, est dédiée à SAINT GRÉGOIRE LE GRAND, dont la statue qui est au milieu de l'Autel, a été faite par *Barois*, & les peintures par *Michel Corneille* : les autres statues sont sainte Emiliane, tante de saint Grégoire, par *le Lorrain* ; & sainte Silvie, mere de ce Saint, par *Fremin*. Les principales actions de ce grand Pontife, sont représentées dans les six tableaux du tour de la coupole. Dans le premier, au-dessus de sainte Emiliane,

Tome II. O

saint Grégoire diſtribue aux Pauvres l'argent de ſon bien qu'il vendit exprès, après avoir fondé pluſieurs Monaſteres. Au ſecond, l'Hérétique Eutichès brûle lui-même ſes Livres en préſence de l'Empereur Théodoſe le jeune. Le troiſième, eſt la Proceſſion faite à Rome du tems de la peſte, à laquelle apparut l'Archange ſaint Michel ſur le Château qui a depuis porté ſon nom. Dans le quatrième, un Ange l'aſſure d'avoir reçu quatre fois l'aumône de ſes mains. Le cinquième, eſt une Apparition de Notre-Seigneur à ce ſaint Pape. Le ſixième, la Tranſlation des Reliques de ſaint Grégoire; & dans la coupole, il eſt repréſenté en chemin de jouir de la félicité éternelle : ce ſaint Pape eſt accompagné d'Anges, qui portent les différentes marques de la Papauté.

De l'autre côté, entre la Chapelle de la Vierge & la grande porte, c'eſt LA CHAPELLE DE SAINT JERÔME, peinte par *Boulogne* l'aîné. Vous y verrez la ſtatue de ce Saint, faite par *Théodon*; les deux ſtatues des côtés ſont ſainte Paule, par *Graniere*; & ſainte Euſtochie ſa fille, par *de Dieu*. Les ſujets des tableaux ſont, dans le premier, il viſite les Corps ſaints dans les Catacombes de Rome. Le ſecond, est son Baptême à Rome. Au troisième, il est fait Prêtre. Le quatrième, est la préférence qu'il donne aux Livres sacrés sur les profanes. Dans le cinquième, il travaille sur les saintes Ecritures dans le désert. Au sixième, il se rend à Bethléem; & dans la coupole, c'est son bonheur éternel.

Entre le grand Autel & la Chapelle de sainte Thérèse, c'est LA CHAPELLE DE SAINT AMBROISE, peinte par *Boulogne* l'aîné. La statue de saint Ambroise est faite par *Slods* : les autres statues sont, saint Satire, par *Bertrand*, & sainte Marceline, par *le Pautre* ; ils étoient frere & sœur de saint Ambroise. Les sujets des tableaux sont, le premier, l'élévation du Saint à la dignité d'Archevêque de Milan, dont il étoit Gouverneur. Dans le second, il défend l'entrée de l'Eglise à l'Empereur Théodose. Le troisième, représente la conversion d'un célèbre Arien. Le quatrième, l'Invention du corps de saint Nazaire. Dans le cinquième, il chasse un démon du corps d'un possédé. Le sixième, est sa mort; & dans la coupole, son élévation dans le Ciel.

La derniere Chapelle est celle DE SAINT AUGUSTIN, peinte par *Boulogne* le jeune.

Les statues sont saint Alipe, par *Maziere*; & sainte Monique, par *François*. Les sujets sont, le premier, sa conversion. Le second, son Baptême par saint Ambroise. Le troisième, sa Prédication à Hyppone devant l'Evêque Valere son Prédécesseur. Le quatrième, son Sacre Episcopal. Le cinquième, la Conférence de Carthage, où il confondit les Donatistes & les Monothélites. Au sixième, étant prêt de mourir, il guérit un jeune homme; & dans la coupole, il s'éleve vers le Ciel.

Enfin la magnificence du bâtiment, les excellentes peintures, le brillant de l'or, & la beauté du marbre, régnent avec tant d'abondance & d'éclat dans cette Eglise, qu'il n'est pas facile d'en expliquer toutes les perfections & les merveilles, à moins que d'y employer deux Volumes entiers, comme a fait *J. F. Felibien*, auquel ceux qui souhaitent en avoir la description dans toute son étendue, peuvent avoir recours.

Il y a un Bac auprès des Invalides: il est d'une grande commodité pour passer au petit Cours, qui est vis-à-vis. Le lieu appellé le gros Caillou, est un Bourg habité de plusieurs Jardiniers & Marelchers, où est aussi la boucherie des

QUARTIER DE S. GERMAIN. 20.
Invalides près de la riviere. Depuis plusieurs années ce lieu s'est si rempli de nouvelles Maisons bourgeoises & de cabarets, qu'on y a construit une Eglise qui sert de Paroisse aux Habitans; mais qui releve de la Paroisse saint Sulpice, dont elle est une Succursale. L'Isle de Maft ou de Querelle, appellée l'Isle Maquerelle, & aussi l'Isle des Cignes, est plus avant. Le Pré aux Clercs s'étendoit autrefois depuis le Quai d'Orsai, jusqu'aux Invalides.

Après la vûe de la campagne, qui est des plus étendues & agréables en cet endroit, il vous reste à aller voir

L'ÉCOLE ROYALE MILITAIRE.

Nouvel établissement que le Roi Louis XV a fait en faveur de la jeune Noblesse, & dont l'emplacement est dans la Plaine de Grenelle. Ces jeunes gens y apprennent la Langue Latine, &c. les Principes de la Guerre, & les connoissances qui ont rapport à cette Science.

Les bâtimens de cette Ecole Royale, sont remarquables par la beauté de leur construction, & la distribution intelligente des diverses parties pour la fin à laquelle il est destiné.

Après l'Ecole Royale Militaire, il ne vous reste plus rien à voir de remarquable que LE CHAMP DE MARS, fait tout récemment par ordre du Roi.

On appelle de ce nom un très-grand emplacement dans la Plaine de Grenelle, du côté de la riviere, destiné pour y faire les revûes des Troupes de la Maison du Roi, en présence de SA MAJESTÉ. Ce Champ est un très-grand espace de terrein que l'on a applani & égalisé, qui forme un quarré long : ce terrein est renfermé par de larges fossés revêtus d'une belle maçonnerie. Pour y donner accès, on a pratiqué aux deux extrêmités & dans le milieu de chaque côté, cinq ponts de pierres sur lesquels on passe le fossé, & autant de grilles de fer qui sont d'un très-grand extérieur, & d'un travail somptueux. On croit que cet espace est capable de contenir dix mille hommes en bataille. On y a aussi construit, du côté de la principale entrée, un bâtiment pour servir de halte au Roi, & à sa suite, & y être à l'abri, en cas de mauvais tems.

Il y a encore dans cette Plaine le Château de Grenelle ; on tient que c'est l'ancien Hôtel de Craon. Il y a haute, moyenne & basse Justice, relevante de l'Abbaye de

QUARTIER DE S. GERMAIN. 20. 167
fainte Geneviéve du Mont: on y dit la Meſſe tous les Dimanches & Fêtes ; & cet endroit, ainſi que toutes les maiſon qui en dépendent, ſont de la Paroiſſe ſaint Etienne du Mont.

De la Plaine de Grenelle, vous découvrirez, d'un côté, Chaillot à la tête du Cours de la Reine ; enſuite Paſſy, Auteüil, Boulogne & ſaint Cloud ; de l'autre côté, Vaugirard, Iſſy, Vanvres & Meudon. Vous en trouverez une explication exacte & ſuccincte après celle de Verſailles, de Marly, de Vincennes, & des autres Environs, dont je vais vous détailler les curioſités qui ſont à voir, & qui méritent d'autant plus votre attention, qu'elles vous donneront toute la ſatisfaction que peut en attendre le Voyageur le plus curieux.

LES CURIOSITES

LES
CURIOSITÉS
DE VERSAILLES,
MARLY,
VINCENNES,
SAINT CLOUD,
ET LES ENVIRONS.

Tome II.

LES
CURIOSITÉS
DE
VERSAILLES.

ERSAILLES est une Ville à quatre lieues de Paris, renommée à cause du superbe Château où LOUIS XV fait sa résidence ordinaire. Ce Château Royal est l'objet le plus digne de votre curiosité. Tout ce que la nature & l'art ont de plus éclatant, & ce que les Anciens & les Modernes ont inventé de plus parfait, ou qu'ils ont travaillé de plus achevé, & qui mérite mieux l'admiration des hommes, y brille de toutes parts.

P ij

Vous pouvez aller de Paris à Versailles pour vingt-cinq sols, par le coche que vous prendrez au Bureau des Voitures de la Cour, qui est à l'entrée du Quai d'Orsay, au bas du Pont Royal : il part deux fois par jour. Il y a aussi des chaises & des carrosses à quatre, pour quatre livres par place, & des chaises à deux. On paye trois livres dix sols par place, & on donne l'étrenne au Cocher, c'est-à-dire, six à douze sols.

Ceux qui veulent épargner, vont par eau pour cinq sols jusqu'à Séve, qui est la moitié du chemin, soit par les Galliottes de Séve ou de saint Cloud, qu'on trouve près du Pont Royal ; elles partent à huit heures du matin, ou par de petits bateaux qui partent à toute heure, pour le même prix.

On alloit autrefois à Versailles par le haut des montagnes de Passy, de saint Cloud, de Villedavrai, & de Picardie. On a fait depuis des chemins plus faciles des deux côtés de la riviere de Seine, l'un, par la Plaine de Grenelle, & l'autre, par le côté d'Auteuil, où il a fallu faire des levées de terre d'un travail considérable ; ces deux chemins rendent au Pont de Séve : on peut cependant passer, de la la Plaine de Grenelle, sur la hauteur

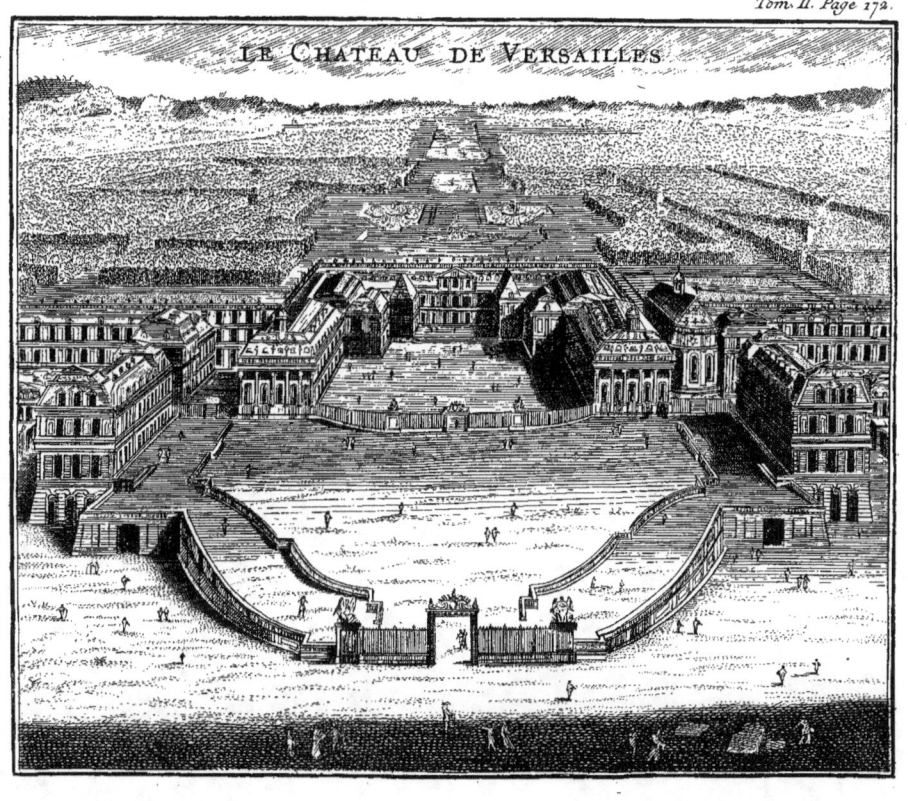

de Meudon. De Séve, une grande route conduit par une chauffée, ou par les hauteurs de Viroflé, dans la grande avenue de Versailles. Près de la chauffée vous trouverez le Village de Montreuil, où vous devez remarquer un aqueduc conftruit avec beaucoup de folidité: il a cinq cens toifes de longueur, & foixante dix-huit pieds dans fa plus grande hauteur, fur une épaiffeur de dix-huit pieds par le bas, & huit par le haut, dont quatre pieds font occupés par le canal où l'eau paffe; cet aqueduc a quatre grandes arcades, qui fervent de paffages à autant de différens chemins.

De toutes les Maifons Royales, celle de Verfailles ayant plû davantage au feu Roi Louis XIV, Sa Majefté commença en 1661 à y faire travailler, pour la rendre plus grande & plus logeable. Le Château, que Louis XIII avoit fait bâtir, n'étoit alors compofé que d'un corps de logis fimple, de deux aîles, & de quatre pavillons; de forte que pour fuffire à une Cour auffi nombreufe & auffi brillante qu'étoit celle de Louis le Grand, ce Prince l'a fait augmenter dans l'état où vous le verrez, & qui vous doit enchanter, puifqu'il fait l'admiration de tout l'Univers. Ce Château, dont la dépense monte à trois cens millions, est à présent le plus grand & le plus magnifique Palais du monde : les beaux arts y ont réparé, non-seulement les défauts que la nature y avoit laissés, mais ils l'ont aussi enrichi de tout ce qu'il y a de plus rare & de plus exquis dans toutes les Maisons Royales. Enfin, il n'y a point de véritables Connoisseurs, & d'Etrangers défentêtés de leur Patrie, qui n'avouent sincerement & avec raison, que Versailles est aujourd'hui la huitième merveille du monde. C'est le célèbre *Jules-Hardouin Mansard*, qui y a donné ce beau lustre, ayant conduit tous les ouvrages qui y ont été faits depuis quarante ans.

On arrive à Versailles par trois avenues différentes, formées de quatre rangées d'ormes, d'où l'on découvre le Château : celle du milieu, appellée l'Avenue de Paris, a vingt-cinq toises de largeur : celle sur la droite, en arrivant, est l'Avenue de saint Cloud, & sur la gauche, celle de Seaux, qui ont chacune dix toises de largeur : ces trois Avenues se terminent à la grande Place d'armes, vis-à-vis le Château.

Dans l'Avenue de Paris, vous verrez,

à main droite, LE CHENI, où logent les principaux Officiers de la Vénerie, & où l'on tient les équipages & les chiens de chasse.

Le logement du Cheni est séparé par trois grandes cours, qui en ont quatre autres de chaque côté, où sont huit corps de logis, outre celui du grand Veneur. Cet édifice a un portique orné de colomnes & de pilastres d'ordre dorique, avec douze fenêtres de même symètrie : les combles sont terminés par des vases, à la maniere des plus beaux Palais d'Italie ; les appartemens sont fort commodes.

De l'autre côté de la grande Avenue, est L'HÔTEL DES GENDARMES DE LA GARDE : il y a un jardin qui se trouve plus haut que les cours.

LA PLACE D'ARMES, est aussi nommée la Place Royale : elle a cent quatre-vingt toises de large, & se trouve environnée de Pavillons que les Princes & Seigneurs de la Cour y ont fait bâtir ; & de maisons particulieres qui font partie de cette nouvelle Ville.

De la grande Place d'Armes, vous verrez entierement le Château en face ; observez en même-tems LES ECURIES qui sont entre les trois Avenues : elles sont un effet des plus riches, & méritent votre attention particuliere. La grande écurie est du côté de la Chapelle, & la petite, de l'autre côté : les bâtimens sont uniformes, & d'égale beauté. Elles sont du dessein de *Jules Hardouin Mansard* : on ne voit rien ailleurs en ce genre, ni de ce goût, ni de cette magnificence ; elles sont fermées par des grilles terminées en pointes dorées avec d'autres ornemens, & par deux pavillons ornés de trophées. Le groupe de la petite écurie représente un Cocher du Cirque Romain, qui conduit trois Coursiers ; il est de *le Comte* : il y a aussi deux beaux manéges, dont l'un est couvert, & l'autre découvert.

D'ici, remarquez que LE CHATEAU a la représentation d'un magnifique Théâtre, à cause de l'élévation du terrein en glacis, & de la diminution de la largeur des cours, de la hauteur & grandeur des bâtimens, qui sont plus petits & plus resserrés, à mesure qu'ils s'éloignent de l'entrée ; ce qui forme une charmante perspective.

Renouvellez cette observation, lorsque vous serez au haut de l'avant-cour ; c'est l'endroit le plus avantageux pour remarquer l'agrément de cette perspec-

DE VERSAILLES. 177
tive. Votre vûe paſſant par le milieu de la grande cour & de la petite cour de marbre, perce au travers des arcades de la face, & s'étend dans les jardins où elle ſe perd. Par un demi-tour à droite, ou à gauche, ſi vous voulez, joignez-y une ſeconde obſervation ſur les écuries, & les trois avenues qui les accompagnent ; vous avouerez ſans doute n'avoir jamais rien vû de plus capable de contenter la vûe.

La Grille dorée qui ſépare la Place Royale d'avec l'avant-cour, a douze pieds de hauteur ; elle eſt élevée ſur un ſoubaſſement de pierres de cinq pieds, & terminée par deux guérites : elles ſoutiennent deux groupes qui repréſentent les victoires de la France ſur l'Empire & ſur l'Eſpagne ; le premier, fait par *de Maſſy*, & l'autre, par *Girardon*.

L'Avant-Cour, formée en demi-lune, s'éleve en glacis vers le Château ; elle a quatre-vingt-cinq toiſes de long, & aux quatre coins, quatre grands pavillons qui ſont occupés par les Miniſtres & Sécretaires d'Etat. En entrant dans l'avant-cour, on voit à droite & à gauche de la demi-lune, deux rampes de huit toiſes de large : elles occupent le deſſus de pluſieurs Corps-de-gardes voûtés, qui s'étendent sous les pavillons. Elles sont séparées du reste de l'avant-cour par des balustrades, ou appuis de pierres, accompagnées de deux fontaines. Les Soldats des Gardes Françoises & Suisses sont sous les armes dans cette avant-cour, rangés en haie près leurs Corps-de-gardes : les Suisses, du côté de la Chapelle; & les François, de l'autre côté.

Avant que d'entrer dans la cour, faites l'expérience de l'observation dont je vous ai parlé. Remarquez ensuite, à droite, la rue des Réservoirs, où est le Château d'eau & plusieurs Hôtels considérables; à gauche, la rue de la Surintendance, à l'entrée de laquelle est un grand pavillon sur la droite, sur la gauche, le grand Commun, & au bout, la Surintendance.

LA GRANDE COUR est séparée de l'avant-cour par une autre grille très-magnifique de fer doré par les extrêmités, terminées en piques avec de grosses houpes, de douze pieds de haut. La porte du milieu a douze pieds de largeur, sur dix-huit de hauteur : elle est accompagnée de deux groupes qui représentent la paix, par *Tubi*, & l'abondance, par *Coizevox*. Il y a deux grands corps de bâtimens fur ſes aîles, qui ont chacun un pavillon, avec des balcons de dix toiſes, ſoutenus par ſix colomnes, & ornés de ſix ſtatues chacun; ce ſont les Offices de la Bouche, du Gobelet, de la Panneterie, de la Fruiterie, & autres, au-deſſus deſquels ſont les ſtatues ſymboliques des élémens, qui produiſent les alimens dont on fait la conſommation dans les Offices. Celles de la droite, ſont Iris, *de Hauzeau*; Junon, *de Desjardins*, & Zéphire, *de Roger*, qui repréſentent l'Air; Vulcain, *d'Errard*, & deux Cyclopes, Sterops & Bronte, *de Maniero* & *de Drouilly*, qui repréſentent le Feu. Celles de la gauche, ſont Cérès, *de Tuby*; Pomone, *de Mazeline*; Flore, *de Maſſou*, qui repréſentent la Terre; Neptune, *de Buiſter*; Thémis, *de le Hongre*, & Galathée, *de Hauzeau*, qui repréſentent l'Eau.

La face & les aîles du vieux Château ſont de pierres de taille & de briques, remplies de Buſtes antiques de marbre blanc, ſur des conſoles de même matiere. La grande façade a un balcon ſoutenu de huit colomnes d'ordre dorique, de marbre d'un rouge jaſpé de blanc & de bleu: les baſes & chapiteaux ſont de marbre blanc. Hercule, *de Girardon*;

& Mars, *de Marsy*, accompagnent le fronton.

Il y a dix-huit statues de huit pieds de haut, sur la balustrade de la façade & des aîles de ce Château : les neuf de la droite, sont la Victoire, *de l'Espingola*; l'Afrique, *de le Hongre*; l'Amérique & la Gloire, *de Renaudin*; l'Autorité & la Richesse, *de le Hongre*; la Générosité, *de le Gros*; la Force, *de Coizevox*; & l'Abondance, *de Marsy*. Celles de la gauche, ou du côté de la Chapelle, sont la Renommée, par *le Comte*; l'Asie, *de Massou*; l'Europe, *de le Gros*; la Paix, *de Renaudin*; la Diligence, *de Raon*; la Prudence, *de Massou*; Pallas, *de Girardon*; la Justice, *de Coizevox*, & la Richesse, par *de Marsy*.

Les couvertures de la grande façade, des aîles & des pavillons, sont enrichies de dorures & d'ornemens qui donnent à ce Château un air de grandeur & de magnificence, qui ne se trouve point ailleurs.

D'ailleurs deux corps de logis doubles joignent ces deux aîles, & attachent le Château neuf au vieux : ils rétrécissent la grande cour, & se terminent avec beaucoup de grace à la petite cour, qui est plus élevée.

Avant que d'entrer dans la petite cour, qui vous engageroit à voir de suite l'intérieur du Château, il faut satisfaire votre impatiente curiosité, qui, sans doute, vous presse de voir l'objet le plus éclatant, c'est

LA CHAPELLE.

Son architecture, d'ordre corinthien, est formé de pierres de liais belles comme le marbre: vous y verrez trois ordres de fenêtres, les unes sur les autres, dont les vitres sont de grandes glaces. Cette Chapelle a vingt-deux toises de longueur, près de douze de largeur, & environ quatorze de hauteur. On voit sur le comble une belle balustrade, où sont vingt-huit statues qui représentent les douze Apôtres, les Peres de l'Eglise, & des Vertus chrétiennes; accompagné d'un clocher en lanternin, de consoles, de festons, & d'autres ornemens tous brillans de dorures. Quoique ces dehors soient si éclatans, vous avouerez bientôt que les dedans sont encore plus admirables. Pour voir ces ouvrages avec un peu d'ordre, vous commencerez par examiner les portes, qui sont extrêmement chargées de dorures & de sculptures;

d'une grande perfection; ensuite considérez le pavé fait de carreaux de marbre à compartimens. Le grand Autel de cette Chapelle est d'un marbre très-précieux: on y voit au-dessus une Gloire en bronze doré, & deux Anges en adoration. Les Autels des petites Chapelles ont des bas reliefs aussi en bronze, & nouvellement exécutés par les plus grands Maîtres. Il y a quelques autres Autels qui ont chacun leur beauté. La Chapelle du saint Sacrement est peinte par *Sylvestre*, qui y a représenté la sainte Cène au tableau du milieu. La Chapelle de saint Louis, où ce saint Roi est représenté sur le champ de bataille soulageant les malades, a été peinte par *Jouvenet*. Les Confessionnaux dorés, & les deux tribunes qui sont aux extrémités des bas-côtés, font un bel ornement. La Sacristie est revêtue d'une boiserie d'un bon goût, & d'une grande propreté.

On monte aux tribunes par deux escaliers garnis d'une riche rampe de fer doré: celle du Roi, est en face du grand Autel, au-dessus de la grande porte; elle a treize pieds & demi de large: les deux lanternes dorées sont de très-bon goût, avec des glaces d'une grande beauté. Celle de la droite est destinée pour la Reine.

Les travées ou tribunes du pourtour, ont neuf pieds & un quart de large, avec seize colomnes & quelques pilastres d'ordre corinthien : la balustrade est très-riche, les appuis sont d'un marbre gris-blanc très-rare, avec des balustrades de bronze ciselées & dorées au feu.

Dans le pourtour des travées, les Vertus sont peintes sur les archivoltes de chaque vitreau : elles représentent la Charité, la Religion, la Prudence, la Justice, le Secret, la Patience, l'Humilité, la Sagesse, la Modération, la Mortification, la Libéralité, le Zèle, la Clémence, la Miséricorde, la Vigilance, l'Eternité, l'Adoration, la Piété, l'Obéissance, la Modestie, la Pureté, la Tempérance, la Force, l'Espérance & la Foi.

Remarquez dans la première voûte, qui est à main droite en entrant, saint Barnabé ; dans la seconde, saint Jude ; dans la troisième, saint Barthelemi ; dans la quatrième, saint Jacques le Mineur, & saint Jacques le Majeur dans la cinquième. Tous ces Tableaux sont peints en huile, par *Boulogne* le jeune, & *Boulogne* l'aîné a représenté dans la sixième voûte le Ravissement de saint Paul. Au-dessus de l'Orgue, on a peint un concert de musique en trois groupes. Ce bel Orgue est accompagné de bancs pour la Musique du Roi ; il est placé au-dessus du grand Autel, & vis-à-vis la Tribune de Sa Majesté. Ensuite, c'est le tableau de saint Pierre, celui de saint André, la Vocation de saint Philippe à l'Apostolat, saint Simon, saint Mathias & saint Thomas ; tous ces tableaux sont de *Boulogne* l'aîné.

Antoine-Coipel, qui étoit premier Peintre du Roi, a peint le Pere Eternel dans sa gloire, au milieu de la principale voûte de cette Chapelle. Dieu promet d'envoyer son Fils pour racheter le monde. Douze Prophétes qui sont peints sur les trumeaux, le predisent par des passages. Les quatre Evangélistes, en autant de bas-reliefs, l'annoncent à toute la terre, & les Puissances le reconnoissent. Saint Charlemagne & saint Louis sont peints aux deux extrêmités de cette voûte.

La Fosse a représenté la Résurrection de Jesus-Christ, dans la voûte du chevet, & la Descente du Saint-Esprit, peinte par *Jouvenet*, occupe toute la voûte au-dessus de la Tribune du Roi : c'est de cet endroit que vous devez regarder toutes ces admirables peintures. Dans le petit dôme de la Chapelle de la sainte Vierge, est son Assomption,

Assomption, & sur l'Autel, l'Annonciation; le rétable représente la Visitation. Toutes ces peintures sont de *Bon Boulogne*. La Chapelle de sainte Thérèse, peinte par *Santerre*, est très-estimée.

De la Tribune du Roi, & après avoir traversé la grande pièce qui sert de Vestibule à cette Tribune, vous devez voir le SALLON, dit D'HERCULE, par où l'on entre dans les appartemens.

Ce superbe Sallon, que le Roi LOUIS XV a fait mettre dans l'état où il est, frappe les yeux par la grandeur & la richesse des peintures. Le plafond représente l'Apothéose d'Hercule, ouvrage admirable de *le Moine*; c'est un des plus beaux monumens de peinture du Règne de LOUIS XV. Après quatre années de travail, il fut découvert le 26 Septembre 1736, à la satisfaction du Roi, de toute la Cour & du Public.

Tout ce magnifique ouvrage roule sur cette pensée : » l'amour de la Vertu éleve » l'homme au-dessus de lui-même, & le » rend supérieur aux travaux les plus dif- » ficiles & les plus périlleux. Les obsta- » cles s'évanouissent à la vûe des intérêts » de son Roi, & de sa Patrie; il arrive, » par ses actions, à l'immortalité. »

L'Apothéose d'Hercule paroît bien

Tome II. Q

propre à développer cette pensée. Hercule, préfenté à Jupiter par l'Amour, eft tiré dans un Char par les Graces de l'Amour : les Monftres & les Vices domptés par la valeur d'Hercule, font renverfés, & fe précipitent en faifant d'inutiles efforts pour lui porter des coups funeftes. Jupiter lui préfente Hébé, Déeffe de la Jeuneffe, conduite par l'Hymen.

Du côté oppofé, Apollon invite les neuf Sœurs à célébrer les hauts faits & l'Apothéofe du nouveau Dieu. Le temple de Vénus eft derrière Apollon.

Au-deffus de la corniche règne au pourtour un Attique, qui enferme le fujet avec les principaux travaux d'Hercule, faits en marbre blanc : dans les angles, font la Force, la Conftance, la Valeur & la Juftice. Ce plafond a foixante-quatre pieds de long, fur cinquante-huit de large, & huit & demi de renfoncement de fa fuperficie de la corniche au fommet. Les figures de l'Attique ont dix à onze pieds de proportion. On compte dans tout l'ouvrage jufqu'à cent quarante-deux figures, & d'un coup d'œil, en découvrant le principal groupe, on en voit foixante-deux.

Cette corniche eft appuyée fur vingt

pilaſtres couplés, du plus beau marbre de France : l'éclat de la dorure qui brille de toutes parts, accompagne magnifiquement l'excellence de la peinture.

Deux fameux tableaux de *Paul Véroneſe*, ornent infiniment ce Sallon. Le premier repréſente le Feſtin chez le Phariſien ; il a trente pieds de large ſur dix-neuf de haut : le ſecond, c'eſt Eléazar qui demande Rebecca en mariage, de onze pieds de haut ſur huit de large ; il eſt placé ſur la ſuperbe cheminée : l'autre eſt vis-à-vis.

Sortant de ce Sallon, deſcendez dans LA PETITE COUR, toute pavée de marbre noir & blanc, avec cinq marches de même matiere, pour y voir les magnificences intérieures du Château. Ceci eſt L'ANCIEN CHATEAU, que Louis XIV a trouvé bâti par Louis XIII ſon pere ; duquel, par vénération pour ſa mémoire, il n'a rien fait abattre, quoiqu'il l'ait fait augmenter & embellir.

Le Château neuf eſt du côté du Parc : il eſt compoſé de divers corps de bâtimens de même ſymètrie, que Louis XIV a fait conſtruire, pour donner à tout ce Château une grande étendue, & une magnificence digne de ce Prince qui l'occupoit.

Avant que de monter aux grands appartemens, voyez entre les bas, celui des BAINS, la chambre & le cabinet deftinés à cet ufage. Ils font ornés de colomnes de marbre de Rance, de peintures & d'autres ornemens ineftimables; il y a une grande Baignoire de marbre, digne de la magnificence des anciens Romains. Le marbre, l'or & les peintures y brillent de tous côtés. Les Ambaffadeurs montent aux appartemens, par les trois grandes arcades fermées de grilles dorées, qui donnent entrée aux grand efcalier.

L'ESCALIER, dit DES AMBASSADEURS, eft entierement de marbre. Sa beauté efface tout ce que la Grèce & l'Italie ont jamais eu de plus admirable; car, outre que l'or & l'azur y éclatent par-tout, le prix de l'ouvrage y furpaffe celui de la matiere. Le fameux *le Brun* y a peint dans la voûte une merveilleufe frefque, où les Nations des quatre parties du monde admirent les beautés de Verfailles. On y voit les Mufes & les Arts occupés à célébrer les actions & les vertus de ce grand Roi. Au bas, eft un baffin de marbre foutenu par deux Dauphins. Silène y eft représenté emporté par un Centaure marin; & au-deffus, on voit le Bufte de Louis XIV, fait par *Coizevox*.

DE VERSAILLES. 189

Du grand escalier, vous entrerez dans les grands appartemens du Roi, qui sont remplis d'un nombre infini de tableaux excellens, ornés de peintures, de dorures, & d'autres embellissemens qui vous charmeront.

D'abord, on passe dans LA SALLE DE L'ABONDANCE, qui est peinte dans le plafond, avec la Liberalité & d'autres sujets convenables; ces ouvrages sont d'*Houasse*: vous y verrez un nombre d'excellens tableaux, dont le détail seroit trop long.

LE CABINET DES ANTIQUES est après: il rassemble tout ce que l'Antiquité & le Moderne ont de plus précieux en médailles, bijoux & autres curiosités d'un prix infini; entr'autres, plus de neuf cens pierres antiques gravées, comme Cornalines, Agates, Onix, &c. Vous y verrez aussi un nombre de tableaux excellens: le plafond est d'*Houasse*.

Repassez par la Salle de l'Abondance, pour voir celle DE VÉNUS, qui y est représentée dans le plafond. Cette Déesse est accompagnée des Dieux & des Héros, dont la Fable & l'Histoire nous rapportent les grandes actions. Vous y verrez aussi plusieurs tableaux d'un grand prix.

La Salle de Diane ou du Billard, eſt enſuite. La Lune, ſous la figure de Diane, eſt repréſentée dans le plafond : cette ſalle eſt ornée de pluſieurs tableaux de *Blanchard*, & autres ; & d'un Buſte de Louis XIV, fait par *le Chevalier Bernin*.

La Pièce d'après eſt La Salle de Mars. Ce Dieu y eſt repréſenté dans le plafond, ſur un char tiré par des Loups. Cette ſalle eſt auſſi ornée de quantité de tableaux admirables, entr'autres, celui qui repréſente la famille de Darius aux pieds d'Alexandre ; c'eſt une des meilleures pièces du fameux *le Brun*, & qui mérite une grande attention. Dans cette Pièce on voit le Portrait en pied du Roi Louis XV, de la main de *Rigaud*, & celui de la Reine, de *Carle-Vanloo* ; les Pélerins d'Emmaüs, de *Paul Véroneſe*.

Paſſez enſuite dans La Salle de Mercure, peinte par *Champagne*. Mercure eſt peint dans le plafond, tiré ſur ſon char par des Cocqs. Vous y verrez pluſieurs tableaux de cet habile Maître, de *Raphaël d'Urbin*, du *Titien*, & d'autres fameux Peintres.

Après, c'eſt La Salle d'Apollon, repréſenté ſur un char tiré par quatre

DE VERSAILLES. 191

Courfiers ; les quatre Saifons, & d'autres fujets, font peints par *la Foſſe :* il y a plufieurs tableaux du *Guide.* Remarquez fur la cheminée, un grand portrait de Louis XIV en pied, peint dans toute fa perfection, par *Rigault* ; c'eſt le dernier qui ait été tiré fur ce Prince.

Entrez dans LE SALLON DE LA GUERRE, où vous verrez d'excellentes peintures qui repréſentent la France & Bellone, avec des ornemens & des trophées d'armes, des foudres, des boucliers, & quelques actions du règne de Louis XIV; par *le Brun.* Du Sallon de la Guerre, vous entrez dans

LA GRANDE GALERIE.

C'eſt la plus belle qui foit dans le monde; elle a été bâtie par *Manfard,* & a trente-fept toifes de long, & cinq de large. Elle eſt éclairée par dix-fept grandes fenêtres, avec autant d'arcades remplies de grandes glaces. Ces fenêtres font fi ingénieufement percées, que les différens fujets du Parc fe viennent répéter dans les glaces des arcades ; ce qui fait un charmant effet. L'Hiſtoire de Louis XIV, depuis 1659, juſqu'en 1678, y eſt peinte dans la voûte, par le fameux *le*

Brun, sous des figures allégoriques, repréfentées en neuf grands tableaux & dix-huits petits, dont vous sçaurez l'explication par les infcriptions qui font ci-après. Outre l'éclat des peintures, des dorures & des glaces, cette admirable galerie eft ornée de Statues antiques, qu'on a ramaffée en divers tems de Rome, & d'ailleurs. Il y en a huit, fçavoir, à l'entrée, la Vénus d'Arles & un Bacchus ; au milieu, une Vénus & Germanicus, une Diane & une Prêtreffe ; & à l'extrêmité, Uranie & une Veftale ; toutes pièces d'un fort grand mérite. Cette galerie eft encore décorée de buftes, de vafes, de girandoles très-riches, de tables de porphire & d'albâtre, & d'une infinité d'autres pièces curieufes, plus faciles à voir qu'à décrire. Vous pouvez découvrir de cette galerie, la vûe du monde la plus enchantée, qui règne fur toute l'étendue du Parc, & beaucoup au-delà.

La Galerie de Verfailles, a, comme je vous l'ai déjà dit, trente-fept toifes de longueur au-dedans, fur cinq de largeur, fans comprendre les deux fallons, qui font aux extrêmités, & avec lefquels elle occupe toute la grande façade de l'avant-corps du Château neuf qui donne fur le jardin. Elle eft d'ordre compofite François,

çois, avec des Cocqs, des Soleils, & des Fleurs de Lys dans les chapiteaux; des Couronnes de France, & des Colliers des Ordres de saint Michel & du Saint-Esprit dans la corniche.

L'ordonnance de l'architecture est réglée par dix-sept grandes fenêtres ceintrées, qui répondent à autant d'arcades de la même grandeur, remplies de glaces, de miroirs, les unes & les autres séparées de chaque côté par vingt-quatre pilastres, & ornées de deux Statues antiques placées dans des niches. Les deux fonds des extrêmités sont composés chacun d'une grande arcade, accompagnée de deux colomnes, de six pilastres, & de deux Statues antiques posées sur des piédestaux en saillies. L'une de ces arcades sert d'entrée au Sallon de la Guerre, qui est du côté des grands Appartemens du Roi, & l'autre, au Sallon de la Paix, vers les Appartemens de la Reine.

Toute cette architecture est de marbre de différentes couleurs, à l'exception des bases & des chapiteaux, qui sont de bronze doré, aussi-bien que les trophées, les peaux de lions, les festons de lauriers & de fleurs, les Soleils Rhodiens, & les roses qui ornent les

Tome II. R

arcades & les entre-deux des pilastres.

Au-dessus de l'entablement, il y a des cartouches & des trophées de différentes figures, servans de couronnemens aux arcades. Ces cartouches sont remplis d'inscriptions, au-dessus des grands tableaux de la voûte & accompagnés de deux Griphons, ou de deux Sphinx. Les trophées sont soutenus par deux enfans qui tiennent des guirlandes : ces ornemens sont de stuc doré, aussi-bien que l'entablement.

Toute la galerie est voûtée d'un berceau en plein ceintre, enrichi d'une composition d'architecture en perspective de divers marbres, avec des compartimens d'or ; c'est-là que l'inimitable *le Brun*, premier Peintre de Louis XIV, a représenté par des emblêmes héroïques, en neuf grands tableaux, & en dix-huit petits, une partie de l'Histoire de ce grand Monarque. Sept grands tableaux de différentes formes, partagent la longueur de la galerie ; & deux dans les fonds, se communiquent à une portion de la voûte, par des draperies & par des nuages.

Sous les deux tableaux des extrémités, on a peint vers le Sallon de la Guerre, dans les ouvertures d'une architecture feinte, de grands tapis de velours, où sont tissus les trophées des premières Campagnes de Louis XIV. que des Victoires & des Satyres détachent, comme pour faire place aux trophées de ses dernieres conquêtes. Du côté du Sallon de la Paix, les tapis ne paroissent plus, & les Victoires y ont déjà placé des trophées que de jeunes Amours attachent avec des festons de fleurs, tandis que d'autres Victoires élevent des étendards, & tracent des inscriptions sur l'airain. Les bordures de tous ces tableaux sont de stuc doré, avec des ornemens qui ont rapport aux sujets.

EXPLICATION DES TABLEAUX.

Peints par LE BRUN, *dans la grande Galérie.*

Les neuf grands tableaux représentent; sçavoir,

Le Ier tableau, qui est aussi le plus grand,

(*Inscription de la première partie.*)

LE ROI PREND LUI-MÊME LA CONDUITE

196 LES CURIOSITÉS
DE SES ÉTATS, & SE DONNE TOUT
ENTIER AUX AFFAIRES. 1661.

(*Inscription de la seconde partie.*)

L'ANCIEN ORGUEIL DES PUISSANCES
VOISINES DE LA FRANCE.

Ce tableau, en deux parties, est au milieu de la voûte.

II. Tableau.

LA RÉSOLUTION PRISE CONTRE LES
HOLLANDOIS. 1671.

Il est à côté gauche du grand tableau, du côté des fenêtres.

III. Tableau.

LE ROI ARME SUR MER & SUR TERRE.
1672.

Il est à côté droit du grand tableau, au-dessus des fenêtres.

IV. Tableau.

LE ROI DONNE SES ORDRES POUR
ATTAQUER EN MÊME TEMS QUATRE
DES PLUS FORTES PLACES DE LA
HOLLANDE. 1672.

Il est à côté gauche du grand tableau au-dessus des miroirs.

V. Tableau.

LE PASSAGE DU RHIN EN PRÉSENCE DES ENNEMIS. 1672.

Il occupe toute la voûte, comme celui qui est au milieu de la Galerie.

VI. Tableau.

LA LIGUE DE L'ALLEMAGNE & DE L'ESPAGNE AVEC LA HOLLANDE. 1672.

Il est au-dessus de l'arcade du Sallon de la Guerre.

VII. Tableau.

LA FRANCHE-COMTÉ CONQUISE POUR LA SECONDE FOIS. 1674.

Il est à côté du grand tableau, au-dessus des miroirs.

VIII. Tableau.

LA PRISE DE LA VILLE & DE LA CITADELLE DE GAND, EN SIX JOURS, 1678.

Il occupe toute la voûte.

IX. Tableau.

LA HOLLANDE ACCEPTE LA PAIX, &

SE DÉTACHE DE L'ALLEMAGNE &
DE L'ESPAGNE. 1678.

Il eſt au fond de la Galerie, ſur l'arcade du Sallon de la Paix.

SUJETS DES PETITS TABLEAUX

DE LA MÊME GALERIE.

La plûpart des ſujets de ces tableaux ſont tirés des grandes choſes que Louis XIV fit au-dedans de ſon Royaume, depuis qu'il en eut pris en main le gouvernement. On les a rangés entre les grands tableaux dans l'architecture feinte ; ſix au bandeau de la voûte, peints de couleur de lapis à fond d'or, en maniere de bas-reliefs, dans des bordures à huit pans : les douze autres ſont ſur les retombées ; chacun entre deux Termes de bronze réhauſſé d'or, qui portent un fronton enrichi d'enfans, de maſques, de feſtons, & de corbeilles de fleurs & de fruits. Ces derniers ſont ovales, de différentes grandeurs, & ont auſſi leurs inſcriptions ; les uns au-deſſus, dans des cartouches ; les autres au-deſſous, dans des boucliers attachés avec des feſtons au piédeſtal. L'allégorie, que l'on vient de voir ſi ingénieusement employée dans les grands tableaux, règne encore dans tous ceux-ci; & on a suivi, en cela, l'exemple des Anciens, qui, pour jetter plus de merveilleux dans la Poësie & dans la Peinture, n'ont point trouvé de meilleur moyen, que d'y mêler par-tout des personnages allégoriques.

I. Tableau.

LE SOULAGEMENT DU PEUPLE PENDANT LA FAMINE. 1662.

Il est à la clef de la voûte.

II. Tableau.

LA HOLLANDE SECOURUE CONTRE L'EVÊQUE DE MUNSTER. 1665.

Il est du côté des miroirs.

III. Tableau.

LA RÉPARATION DE L'ATTENTAT DES CORSES. 1664.

Il est du côté des fenêtres.

IV. Tableau.

LA FUREUR DES DUELS ARRÊTÉE. 1661.

Il est à la clef de la voûte.

V. Tableau.

LA DÉFAITE DES TURCS EN HONGRIE, PAR LES TROUPES DU ROI. 1664.

Il est du côté des miroirs.

VI. Tableau.

LA PRÉÉMINENCE DE LA FRANCE RECONNUE PAR L'ESPAGNE. 1662.

Il est du côté des fenêtres.

VII. Tableau.

LA GUERRE CONTRE L'ESPAGNE POUR LES DROITS DE LA REINE. 1667.

Il est à la clef de la voûte.

VIII. Tableau.

LE RÉTABLISSEMENT DE LA NAVIGATION. 1663.

Il est du côté des miroirs.

IX. Tableau.

LA RÉFORMATION DE LA JUSTICE. 1667.

Il est du côté des fenêtres.

X. Tableau.

LA PAIX FAITE A AIX-LA-CHAPELLE.
1668.

Il est à la clef de la voûte.

XI. Tableau.

L'ORDRE RÉTABLI DANS LES FINANCES.
1662.

Il est du côté des miroirs.

XII. Tableau.

LA PROTECTION ACCORDÉE AUX BEAUX
ARTS. 1663.

Il est du côté des fenêtres.

XIII. Tableau.

L'ACQUISITION DE DUNKERQUE.
1662.

Il est à la clef de la voûte.

XIV. Tableau.

L'ÉTABLISSEMENT DE L'HÔTEL ROYAL
DES INVALIDES. 1674.

Il est du côté des miroirs.

XV. Tableau.

LES AMBASSADES ENVOYÉES DES EXTRÉ-MITÉS DE LA TERRE.

Il est du côté des fenêtres.

XVI. Tableau.

LA POLICE ET LA SURETÉ RÉTABLIES DANS PARIS. 1665.

Il est à la clef de la voûte.

XVII. Tableau.

LE RENOUVELLEMENT D'ALLIANCE AVEC LES SUISSES. 1663.

Il est du côté des miroirs.

XVIII. Tableau.

LA JONCTION DES DEUX MERS,

Commencée en 1666, & achevée en 1680.

Il est du côté des fenêtres.

Ensuite, c'est LE SALLON DE LA PAIX, peint par *le Brun*. La France y est représentée assise sur un globe dans un char soutenu par des nuées, accompagnée d'oliviers, d'épis de bled, & de couronnes de fleurs, avec plusieurs tableaux convenables à la Paix.

On peut entrer de suite, de la grande Galerie, dans l'Appartement de la Reine, les peintures sont de *Seve* l'aîné. On y voit la France rendant graces au Ciel de la guérison du Roi Louis XV, après sa grande maladie de Metz en 1744.

Passant sur le palier du grand escalier de marbre, vous entrerez dans L'Appartement du Roi, distingué en plusieurs pièces, de cette maniere: la premiere est

La Salle des Gardes, où les Gardes du Corps de Sa Majesté font leur service ordinaire : elle n'a de remarquable que le tableau de la cheminée, qui représente une action soutenue par ces Officiers. Ensuite, c'est la Salle où le Roi mange à son grand couvert : il y a quelques peintures de différentes batailles.

De-là, on passe dans L'Anti-Chambre du Roi. On y voit tous les tableaux de *Paul Veronese*. Ensuite, on entre dans La Chambre de Sa Majesté, où est le lit de parade. Ce lit est de velours cramoisi, d'une broderie d'or également belle & riche, (quelquefois de damas ou de drap d'or, suivant la saison,) placé dans une alcove, enfermée d'une balustrade dorée. On y voit des tableaux les plus exquis, & du plus grand prix; & entr'autres, un tableau représentant le Roi David, du *Dominicain*; un saint Jean en l'Isle de Pathmos, de *Raphaël*; & les quatre Evangélistes, de *Valentin*. La sculpture de cette Chambre est toute dorée, sur un fond blanc; les meubles, les glaces, &c. y sont merveilleux; entr'autres, un grand lustre de cristal à quatre branches, est un ouvrage admirable.

Dans LA SALLE DU CONSEIL, vous verrez trois excellens tableaux du fameux *Poussin*; un de *Lanfranc*, & autres.

Après la Salle du Conseil, il faut voir de suite LE CABINET DU BILLARD, où vous en verrez un des plus grands, auquel Louis XIV s'exerçoit souvent. La beauté de ce Cabinet consiste en un grand nombre de tableaux excellens; entr'autres, l'Elévation de Jesus-Christ en Croix, de *le Brun*: c'est une de ses plus belles pièces; plusieurs de *Mignard*, du *Poussin*, du *Carrache*, du *Guide*, de l'*Albane*, & autres fameux Peintres. On a placé dans ce Cabinet une horloge ou pendule fort curieuse ; quand l'heure veut sonner, le Coq chante, & la Statue du Roi paroît. Hercule sort d'un côté ; il assomme un Hydre qui paroît de l'autre. La Victoire ou la Renommée descend, & couronne le Roi ; pendant ces différens mouvemens il y a un concert, après quoi l'heure sonne, & tout se retire. Ce Cabinet est suivi de plusieurs chambres pareillement décorées d'excellens tableaux, & dans une desquelles vous verrez une sphère, dont le mouvement de ses cercles suit celui des Cieux ; cet ouvrage des sieurs *Lure* & *Pigeon*, Ingénieurs Mathématiciens, est très-estimé.

La petite Galerie est la derniere pièce de l'Appartement du Roi : la voûte & celle des deux sallons qui l'accompagnent, sont peintes par *Pierre Mignard*. Dans la voûte du premier sallon, le Soleil est représenté accompagné des heures & d'autres ornemens. Vous y verrez encore beaucoup de tableaux des plus fameux Peintres.

LA PETITE GALERIE a des beautés singulieres : Apollon & Minerve sont peints dans la voûte par le même *Mignard*, avec plusieurs figures allégoriques, qui marquent la protection que Louis XIV a toujours accordée aux Arts & aux Sciences, qui ont toujours été portés à leur perfection sous son règne. La corniche de cette Galerie est accompagnée de huit figures de bronze, qui représentent la Science, la Paix, la Justice, la Vertu héroïque, la Renommée, l'Histoire, l'Eloquence & la Perfection. Cette Gallerie est aussi remplie de tableaux des plus rares & des plus curieux, du *Carrache*, de l'*Albane*, du *Guide*, de *Raphaël*, du *Titien*, du *Dominicain*, de *Mignard*, & d'autres Peintres du premier rang.

Dans le second SALLON, Jupiter est représenté assemblant les Divinités de la Fable, pour perfectionner l'ouvrage de Vulcain. Junon & Vénus sont à ses côtés, avec quantité d'accompagnemens, aussi peints par *Mignard*, dont les ouvrages sont très-beaux & parfaits.

Vous devez voir l'Appartement DE MONSEIGNEUR LE DAUPHIN & DE MADAME LA DAUPHINE : ils offrent des tableaux dignes de l'attention des Curieux. Les principaux représentent des objets tirés de l'Histoire fabuleuse de Psiché, de *Restout* : les autres sont tirés des

Fables de *la Fontaine*, de M. *Oudri*.

Il ne vous reste plus à voir que les Appartemens DES ENFANS DE FRANCE, qui consistent en chambres, cabinets, salles, &c. distribués avec beaucoup d'art, pour les rendre plus commodes.

LES PETITS APPARTEMENS DU ROI.

Ils méritent d'être vûs, si vous en avez la facilité. Ils règnent au-dessus de ceux qui environnent la Cour de Marbre: ils sont composés de plusieurs petites pièces. La première est une salle de jeu, dont la boiserie est un fond bleu & blanc. Les deux suivantes sont une salle à manger, où l'on voit deux tableaux, dont l'un représente un déjeûné d'huîtres, par *de Troy*, & l'autre une collation. L'autre pièce est une galerie ornée de glaces, & revêtue d'une boiserie de verd clair, dans laquelle sont encadrés des tableaux, qui représentent divers genres de chasses en usage dans les Pays étrangers; ouvrages de *Boucher*, de *Carle-Vanloo*, de *de Troy*. Au-dessous de ces pièces, est un petit appartement pour les Bains, & un Cabinet de Livres. Les armoires de ce dernier sont fermées par des glaces.

A la suite de ces piéces, est un corridor garni de Tables Chronologiques, & de Cartes Géographiques roulées, & qui étant tirées remontent au moyen d'un ſtor. Toutes ces pièces ſont éclairées par des fenêtres, & par quatre petits dômes à quatre faces, dont les vitraux des uns & des autres ſont en glaces. Au-deſſus, ſont des cuiſines, & un petit jardin qui va en tournant ſur le toît; une Voliere & un Laboratoire.

Il faut enſuite conſidérer la beauté & la magnificence du Château de Verſailles, du côté des jardins; c'eſt ce qu'on appelle

LE CHASTEAU NEUF.

De l'ancien Château, vous entrerez dans le Parc, par le milieu d'un veſtibule qui a ſeize colomnes de marbre, ou par le paſſage de la droite, d'où vous vous rendrez ſur la grande terraſſe, pour y admirer l'étendue de ce ſurprenant & incomparable Château neuf, qui a plus de trois cens toiſes de long, en y comprenant les aîles. Le comble eſt orné de ſtatues, de trophées & de vaſes, & de tous les ornemens que la Sculpture peut imaginer, poſés ſur la baluſtrade qui règne ſur toute cette merveilleuſe façade.

L'architecture

L'architecture du milieu attire principalement les regards, par ses trois avant-corps ornés d'un grand nombre de colomnes & de statues.

Celles du premier représentent Novembre, Décembre, Janvier & Février; sur celui du milieu, Juillet, Août, Septembre, Octobre, Diane & Apollon; sur le troisième, Mars, Avril, Mai, Juin; les autres statues sont l'Art & la Nature, Cérès, Bacchus, Comus, & le Dieu de la bonne chere. Les figures des niches, sont Hébé & Ganimede: les autres, sont Echo, Narcisse, Thétis & Galathée; Flore, Zéphire, Hyacinthe & Clitie, Thalie, Momus & le Dieu Pan, la Musique & la Danse, Pomone, Vertumne, une des Hespérides, & la Nymphe Amalthée. L'aîle des Princes est ornée de trente-deux statues de Divinités & Vertus; il y en a autant sur l'aîle neuve, du côté de la Chapelle, qui représentent les Arts.

Les Jardins du Château de Versailles se distinguent en grand & petit Parcs, qui ont ensemble 19 lieues de circuit.

LE PETIT PARC.

Le petit Parc remplit l'étendue, depuis le grand Canal jusqu'au Château.

Tome II.   S A

par où vous commencerez à le voir. Tout y est rempli d'objets aussi excellens que curieux, qui y sont placés avec tant d'abondance, que la vûe se trouve aussi embarrassée à se fixer, que charmée de tant de beautés rassemblées.

D'abord ce qui se présente, est le parterre d'eau; mais avant que d'y aller, examinez les statues & autres ornemens qui vous environnent, sur la droite, c'est Diane, de *Roger*, & sur la gauche, Apollon, de *Raon*. Sur le grand perron, il y a quatre statues de bronze fondues par les *Kellers*, adossées au Château, qui sont Silene, Antinoüs, Apollon & Bacchus, avec des vases de marbre blanc d'une grande beauté : autour du perron, il y a des Amours de bronze à cheval sur des Sphinx de marbre, dont l'excellence est remarquable.

Descendez ce perron, pour examiner les pièces suivantes ; premièrement, LE PARTERRE D'EAU : vous y verrez deux grands bassins, qui ont chacun plusieurs jets d'eau, & une gerbe de trente pieds de haut. Remarquez huit groupes de bronze fondus par les *Kellers*, qui représentent des fleuves & des rivieres de France : ils sont appuyés sur des urnes, un aviron en main, & entourés de Nymphes. A droite, c'est la Garonne, la Dordogne, la Seine & la Marne. A gauche, le Rhône, la Saone, la Loire & une Nymphe. Les autres petits groupes sont des Amours & des Nymphes; les pourtours sont ornés de vases de marbre & de bronze fort estimés.

Il y a aussi deux bassins de marbre d'un grand mérite, en face des deux angles; leurs jets d'eau se changent en nappes d'une beauté admirable : ils sont ornés de groupes de bronze & de combats d'animaux. A droite, c'est un Lion contre un Loup, par *Vancléve*; & un Lion contre un Sanglier, de *Raon*. A gauche, un Tigre contre un Ours, & un Limier contre un Cerf, fondus par les *Kellers*, sur les modèles de *Houzeau*.

Plus bas, dans une demi-lune, c'est LE BASSIN DE LATONE, dans lequel vous verrez un groupe de marbre fait par *de Marsy*, qui représente Latone, Apollon, & Diane ses enfans. Ce Bassin, qui a deux gerbes de trente pieds de haut, est accompagné de Paysans changés en Grenouilles, qui jettent de l'eau de tous côtés, les environs sont ornés de quatorze beaux vases, copiés sur les Antiques par d'excellens Sculpteurs.

Il y a encore auprès deux autres Bassins, dont les gerbes ont trente pieds, &

S ij

quatorze vafes de marbre dans les pourtours : les groupes repréſentent les Payſans de Lycie métamorphoſés.

Comme il eſt difficile de voir dans une ſeule courſe toutes les charmantes curioſités de ce lieu, il faut prendre ici votre parti pour en faire le tour. Le plus facile m'a paru de ſuivre la grande allée du Tapis verd qui ſe préſente en face, pour en voir les ſtatues, & revenir enſuite au Parterre des fleurs, & à l'Orangerie près le Château.

La liſte ſuivante a été dreſſée de la même maniere que ces ſtatues ſont rangées, pour vous les mettre devant les yeux, dans le même ordre qu'elles ſont placées les unes vis-à-vis des autres. Mais avant que de les examiner, faites attention à l'endroit où vous vous trouvez ; car, ſi vous êtes au Baſſin de Latone, il faut commencer par les deux dernieres de cette liſte, qui ſont ci-après, page 218, & continuer de lire toujours en remontant, pour les trouver de ſuite. Par exemple, ſur votre gauche, vous verrez Cléopatre, *de Vancléve* ; enſuite l'Eau, *de le Gros* ; le Printems, *de Maniere* ; l'Aurore, *de Marſy* ; & de même, du côté de la droite, en commençant par l'Hyver, *de Girardon* ; l'Eté, *d'Hutinot* ;

ainsi vous finirez par un Sénateur antique, sur la gauche, un Titus antique, sur la droite, qui sont les deux dernieres statues de la demie-lune qui termine la grande allée, & les deux premières de cette liste, dont vous pouvez vous servir de suite, lorsque vous vous trouverez au Bassin d'Apollon : en ce cas, souvenez-vous de prendre ce qui est marqué dans cette liste à la droite, pour la gauche, & à la gauche pour la droite.

Vous pouvez encore vous servir utilement de cette liste, en vous déterminant à faire le tour du Tapis verd, pour voir à loisir ces beaux ouvrages ; vous commencerez la visite de ces statues, par celles qui sont placées le long de la palissade de la droite du Château, dont la première & la plus éloignée est l'Hyver, *de Girardon* ; & continuant ainsi de suite le long de la droite de la grande allée, vous finirez par celle de *Titus*. Alors, après avoir traversé la grande allée au Bassin d'Apollon, la première statue que vous trouverez sera *un Sénateur* antique, aussi premier de la liste ci-dessous, page 214, laquelle vous conduira de suite, jusqu'à celle de *Cléopatre*, qui est couchée à l'angle de la balustrade du Parterre des fleurs.

214 LES CURIOSITÉS

LES STATUES DE LA GAUCHE SONT :

Statues.
Un Sénateur,	Antique.
Agrippine,	Antique.
Junon,	Antique.
La Victoire,	Antique.
Titus,	Antique.
Hercule,	Antique.

Séparation de la demie-lune, par une allée de chaque côté.

Brutus, statue, Antique.

QUATRE THERMES.

Thermes.
1. Pomone, de le Hongre.
2. Bacchus, de Raon.
3. Le Printems, d'Arcis & Maziere.
4. Le Dieu Pan, de Mariere.

Ino & Melicene, Groupe, de Graniere.

— Dans la grande Allée. —

Statues & Vases.
Un Vase,	de Hardy.
Achille reconnu par	de Vigier.
Ulisse,	de Buret.
Une Amazone,	de Joly.
Un Vase,	de Slodz.
Un Vase,	de Pouletier.
Didon,	de Flaman.
Un Faune,	de Melo.
Un Vase,	de Rayol.
Vénus sortant du bain,	de Clairion.
La Fidélité,	de le Fevre.
Un Vase,	de Pouletier.

Dans la demi-lune du Bassin d'Apollon.

Dans la grande Allée.

DE VERSAILLES. 215
LES STATUES DE LA DROITE SONT:

Titus,	Antique.
Antinoüs,	Antique.
L'Abondance,	Antique.
Apollon,	Antique.
Orphée,	de Francqueville.
Auguste,	Antique.

Statues.

Séparation de la demie-lune.

Un Senateur Romain, statue, *Antique.*

QUATRE THERMES.

1. Vertumne,   de le Hongre.
2. Junon,   de Clairion.
3. Jupiter,   du même.
4. Sirinx,   de Maziere.

Thermes.

Prothée qu'on lie,
   Groupe,   de Slodtz.

Dans la grande Allée.

Un Vase,	de Hardi.
Artemise,	de le Fevre.
Cyparisse caressant un Cerf,	de Flaman.
Un Vase,	d'Arcis.
Un Vase, (cis,	de Legeret.
La Vénus de Médi-	de Frémeri.
L'Emp. Commode,	de Jouvenet.
Un Vase,	de Drouilli.
Un Vase,	de Barois.
Jupiter,	de Graniere.
La Fourberie,	de le Comte.
Un Vase,	d'Herpin.

Statues & Vases.

Dans la demi-lune du Bassin d'Apollon.

Dans la grande Allée.

LES CURIOSITÉS

SUITE DES STATUES DE LA GAUCHE.

Milon de Crotone,
  Groupe,   *de Puget.*
Un Vase,   *de Herpin.*
Castor & Pollux, Gr   *de Coizevox.*

CINQ THERMES.

1. Le Fleuve Achelöus, sous la figure d'un Taureau,   *par Maziere.*
2. Pandore,   *de le Gros.*
3. Mercure,   *de Vancléve.*
4. Platon,   *de Rayol.*
5. Circé,   *de Maniere.*

Un Gladiateur mourant, appellé le Mirmillon,   *de Monier.*

Suivant la rampe la plus proche.

Apollon Pithien,   *de Mazeline.*
Uranie,   *de Carlier.*
Mercure,   *de Melo.*
Antinoüs,   *de le Gros.*
Silene tenant Bacchus,   *de Maziere.*
La Vénus aux belles fesses,   *de Clairion.*
Tiridate, Roi des Parthes,   *d'André.*
Le Feu,   *de Dozier.*
Le Poëme Lyrique,   *de Tubi.*

Au long de la Palissade de la grande Allée.

Au long de la Palissade, du côté de l'Orangerie.

SUITE

DE VERSAILLES. 217
SUITE DES STATUES DE LA DROITE.

Andromede & Persée, Gr. de Puget,
Un Vase,   d'Herpin.
Cinna & sa femme,
   Groupe,   de l'Espingola.

CINQ THERMES.

1. Hercule,   de le Comte.
2. Une Bacchante, de de Dieu.
3. Un Faune,   de Houzeau.
4. Diogene,   de l'Espagnandel.
5. Cérès,   de Pouletier.

La Nymphe à la
   Coquille,   de Coizevox.
Jupiter & Ganimede, de Laviron.
Uranie,   de Fremery.
Comode,   de Coustoux.
Faustine,   de Renaudin.
Bacchus,   de Graniere.
Un Faune,   d'Hurtrel.
Tigrane, Roi des
   Daces,   de l'Espagnandel.
Antinoüs,   de la Croix.
Le Mélancolique, de la Perdrix.
L'Air,   de le Hongre.
Le Soir,   de Desjardins.
Le Midi,   de Marsy.
L'Europe,   de Mazeline.
L'Afrique,   de Guerin.
La Nuit,   de Raon.
La Terre,   de Massou.
Le Poëme Pastoral, de Graniere.

Au long de la Palissade près la grande Allée.

Thermes.

Statues.

Le long des Palissades de la droite du Château.

Tome II.   T

LES CURIOSITÉS

SUITE DES STATUES DE LA GAUCHE.

Au long des Palissades, du côté de l'Orangerie.

L'Aurore,	de Marsy.
Le Printems,	de Maniere.
L'Eau,	de le Gros.

Sur l'angle de la balustrade qui règne le long du Parterre des fleurs, est une figure couchée ; c'est

Cléopatre,	de Vancléve.

SUITE DES STATUES DE LA DROITE.

Le long des Palissades de la droite du Château.

CINQ THERMES.

1. Appollonius,	de Melo.
2. Isocrate,	de Graniere.
3. Théophraste,	d'Hurtrel.
4. Lysias,	de de Dieu.
5. Ulisse,	de Maniere.
L'Automne,	de Renaudin.
L'Amérique,	de Cornu.
L'Eté,	d'Hutinot.
L'Hyver,	de Girardon.

Thermes & Statues.

Les autres statues, d'ici au Château, sont placées auprès la Cascade de l'allée d'eau, page 233.

Après avoir vû les statues des deux côtés de la grande allée, ou Tapis verd, voyez LE PARTERRE DES FLEURS. Il est fait à l'Angloise, orné de plates-bandes & d'enroulemens de gazon, avec des broderies d'un grand goût, & du dessein d'*André le Nostre*.

Pour tout voir dans un ordre à ne rien manquer, vous commencerez par le côté gauche, où est l'endroit du monde le plus délicieux & le plus charmant ; c'est L'ORANGERIE; le plus beau morceau d'architecture Toscan qui soit dans Versailles, & qui cependant a été fait en deux ans, par *J. H. Mansard*, sur les desseins de *le Maistre*, Architecte des Bâtimens du Roi, & revû par le même Mansard, qui lui a donné plus d'élégance & de beauté, que de solidité. On y descend par deux rampes de fer doré de dix toises de largeur, qui sont d'une grande beauté. L'Orangerie est une grande galerie de quatre-vingt toises de long, accompagnée de deux autres galeries placées en aîles autour, qui ont soixante toises : les faces & les combles sont embellis d'ornemens d'un goût excellent.

T ij

Remarquez au milieu la Statue de Louis XIV, en marbre blanc ; elle a dix pieds de haut : ce Prince est vêtu à la Romaine, avec un Manteau Royal, & un Bâton de Commandant en main. Le Maréchal de la Feuillade, qui la fit faire par *Desjardins*, pour la Place des Victoires à Paris, l'a donnée au Roi. Voyez aussi dans l'angle de la gauche, une statue de pierre de touche de huit pieds ; elle représente une Divinité Egyptienne : c'est une pièce très-belle & très-rare. Le Parterre de l'Orangerie est composé de six grandes pièces de gazon à compartimens, remplies de quantité de figures & de vases de marbre blanc, avec un grand bassin au milieu, dont la gerbe a quarante pieds d'élévation. Les deux groupes représentent Cibele enlevée par Saturne ou le Tems, par *Renaudin* ; & Orithie enlevée par le Vent Borée, par *Flamen*.

 Rien n'est plus agréable que de voir ce Parterre dans la belle saison : on peut dire que c'est une forêt d'Orangers, de Lauriers, de Mirthes, & d'autres arbres aussi précieux que rares, d'une grosseur & d'une beauté surprenante. Ce Parterre est du dessein de *la Quintinie*, le plus excellent Fleuriste de son tems.

Le Lac que vous voyez au-delà de l'Orangerie est appellé LA PIÈCE DES SUISSES. C'est une grande pièce d'eau de trois cens cinquante toises de longueur sur cent vingt de largeur, au bout de laquelle on a placé un morceau de sculpture du Cavalier *Bernin* : c'est une Statue équestre de Louis XIV, qui ne s'étant pas trouvée assez parfaite, on en a changé les traits du visage : les roseaux & les joncs qui étoient sous le ventre du cheval, ont été changés en flammes. Elle représente présentement Marcus Curtius, généreux Romain, qui sacrifia sa vie pour le bien de la République. On appelle cette pièce, la Pièce des Suisses, parce qu'ils y ont travaillé lorsqu'on l'a faite.

Sur la droite de la Pièce des Suisses, vous appercevrez LE MAIL, un des plus beaux du Royaume, où les Princes prenoient autrefois le plaisir de ce jeu.

Pour voir les Bosquets du Parc avec ordre, il faut entrer dans une grande allée qui est vis-à-vis de votre droite. Ces Bosquets sont situés à droite & à gauche des allées, & les bassins au milieu. Le premier, dans cette allée, sur votre gauche, est LE LABIRINTE, du dessein de *le Nostre*, & formé de quantité d'allées si bien entrelassées, qu'il est facile de s'y égarer: vous verrez à l'entrée, la figure d'Esope, d'un côté, & de l'autre, celle de l'Amour. A chaque détour d'allée, il y a une fontaine avec un bassin de rocailles, où l'on a représenté une Fable d'Esope, dont l'explication est contenue dans un Rondeau de quatre Vers faits par Benserade; ils sont gravés en lettres d'or, sur une lame de bronze. Les trente-neuf Fables représentées, sont:

FABLES DU LABIRINTE.

A la première Fontaine, c'est celle du Duc & des Oiseaux.

La II. les Cocqs & la Perdrix.
La III. le Cocq & le Renard.
La IV. le Cocq & le Diamant.
La V. le Chat pendu & les Rats.
La VI. l'Aigle & le Renard.
La VII. le Geay & le Paon.
La VIII. le Cocq & le Cocq d'Inde.
La IX. le Paon & la Pie.
La X. le Serpent, l'Enclume & la Lime.
La XI. le Singe & ses Petits.
La XII. le Combat des Animaux.
La XIII. le Renard & la Grue.

La XIV. la Grue & le Renard.
La XV. la Poule & les Poussins.
La XVI. le Pan & le Rossignol.
La XVII. le Perroquet & le Singe.
La XVIII. le Singe Juge.
La XIX. le Rat & la Grenouille.
La XX. le Liévre & la Tortue.
La XXI. le Loup & la Grue.
La XXII. le Milan & les Oiseaux.
La XXIII. le Singe Roi.
La XXIV. le Renard & le Bouc.
La XXV. le Conseil des Rats.
La XXVI. les Grenouilles & Jupiter.
La XXVII. le Singe & le Chat.
La XXVIII. le Renard & les Raisins.
La XXIX. l'Aigle, le Lapin & l'Escarbot.
La XXX. le Loup & le Porc-Epic.
La XXXI. le Serpent à plusieurs têtes.
La XXXII. la Souris, le Chat & le Cochet.
La XXXIII. le Milan & les Colombes.
La XXXIV. le Dauphin & le Singe.
La XXXV. le Renard & le Corbeau.
La XXXVI. le Cigne & la Grue.
La XXXVII. le Loup & la Tête.
La XXXVIII. le Serpent & le Hérisson.
La XXXIX. les Canes & le petit Barbet, ou le Gouffre.

T iiij

Sur la droite, & de l'autre côté du Labirinte, eſt LA SALLE DU BAL, à quoi elle a quelquefois ſervi : c'eſt un grand Boſquet entouré de treillages, dont le milieu, qui eſt ſablé, a ſervi à danſer quand Louis XIV a donné quelque fête. D'un côté, il y a une belle caſcade formée de baſſins de coquillages, embellis de vaſes & de girandoles de métail, & d'autres ornemens. De l'autre, eſt un amphithéâtre formé de ſiéges de gazon, orné de vaſes & de girandoles, avec des accompagemens de marbre rouge & blanc, qui, comme ceux de la caſcade, font un fort bel effet.

Continuant la même allée, où vous trouverez pluſieurs boſquets, à droite & à gauche, vous verrez au milieu LE BASSIN DE BACCHUS. Ce Dieu eſt repréſenté dans un baſſin octogone, avec de petits Satyres : cette fontaine, dont la gerbe a 19 pieds de haut, repréſente l'Automne ; elle a été faite par *de Marſy*.

A quelques pas de-là, à droite, eſt LE BOSQUET DE LA GIRANDOLE, où il y a un Faune, copie antique: Les Thermes qui ornent les environs de ce Boſquet, ſont Morphée, une Femme, Pomone, un jeune Homme, Flore, Hercule & l'Hyver.

Le Bassin de Saturne est au-dessus de celui de Bacchus : Saturne y est représenté entouré de petits enfans. Ce Bassin, dont la gerbe a quinze pieds de haut, représente l'Hyver ou le Tems, par *Girardon*.

Auprès de ce bassin, vous trouverez, sur la gauche, le bosquet nommé l'Isle Royale, parce qu'il y en avoit ci-devant une au milieu de cette grande pièce d'eau, qui a cent trente toises de long, & soixante de large, avec trois gerbes, dont la grande s'éleve à quarante-cinq pieds, & les deux autres à quarante : elle est présentement séparée en deux pièces d'eau. Ce lieu est orné de plusieurs belles statues ; les deux plus grandes, sont Hercule, de *Cornu*, & Flore, de *Raon* ; les autres, Julie, Messa, Vénus sortant du bain, Jupiter, Stator, Julia Domna & des vases. Les charmilles de ce grand bosquet sont taillées en fenêtres, avec des appuis d'un goût singulier, & qui font un très-bel effet.

Rentrez dans la même allée ; à droite, vous trouverez la Salle des Maroniers, dont elle est formée : vous y verrez deux statues, copies d'antiques, qui sont Antinoüs & Méléagre, & huit Bustes en marbre blanc faits sur antique, qui repréfentent Hercule, Dejanire, Alexandre, Cléopatre, Céfar, Numa, Marc-Aurele & Verus. Il y a deux baffins fort propres, qui font aux deux extrêmités.

La Colonade eft tout auprès : c'eft un périftille ou cercle de trente-deux colomnes de marbre, appuyées d'autant de pilaftres d'ordre ionique de marbre de différentes couleurs, defquelles douze font rouges, douze autres bleues, & huit violettes, avec des bafes & des chapiteaux de marbre blanc : le comble eft rempli de beaux ornemens, & de bas-reliefs, auffi de marbre blanc. Remarquez au milieu un bel ouvrage de *Girardon;* c'eft un grand groupe qui repréfente Proferpine enlevée par Pluton. Il y a autour trente-un baffins, dont les jets s'élevent à feize pieds, & fe terminent en napes.

Au bout de la grande allée, ou Tapis verd, eft le magnifique Bassin d'Apollon, qui a foixante toifes de large & quarante-cinq de long : il a trois gerbes ; celle du milieu a cinquante-cinq pieds de haut, les deux autres quarante-cinq. Le groupe, qui eft de métal, repréfente Apollon affis fur fon char, tiré par quatre Courfiers : ce Dieu eft entouré

Tom.II. Page 226.

Tom. II. Page 227.

VUE DE LA GRANDE ALLEE

de Tritons, de Dauphins & de Baleines. C'est un excellent ouvrage de *Tubi*.

LE GRAND PARC.

La pièce d'eau que vous voyez, est LE GRAND CANAL. Il porte ce nom à bon titre, puisqu'il a huit cens toises de longueur sur trente-deux de largeur : il est croisé d'une traverse de cinq cens toises de long, aux deux bouts de laquelle sont Trianon, sur la droite, & la Ménagerie, sur la gauche. A la tête de ce Canal, est une grande pièce d'eau octogone de soixante-dix toises de diamètre, où vous verrez dans les angles des Tritons sur des chevaux marins, faits par *Tubi*.

Ce Canal est quelquefois rempli de plusieurs petits bâtimens qui servent à voguer sur les eaux, & à faire le voyage de la Ménagerie & de Trianon.

Au bout de la croisée gauche, vous trouverez

LA MÉNAGERIE.

C'est un petit Château bâti sur les desseins de *J. H. Manfard*, pour y prendre les plaisirs de la vie champêtre & de la solitude, où feüe Madame la Dauphine de Bourgogne étoit fort souvent. On y renferme une quantité d'oiseaux & d'animaux curieux, & de toutes espèces les plus rares.

D'abord, vous vous rendrez, d'une première cour dans une seconde, où vous verrez un petit bâtiment en dôme de figure octogone, dont l'escalier conduit dans un sallon magnifique, aux deux côtés duquel sont deux appartemens que cette défunte Princesse occupoit par sémestre.

Ce sallon est octogone, tout doré, & rempli de glaces & de belles peintures : il y a autour un balcon de fer doré, d'où vous verrez les cours & les environs. Chaque appartement est composé de cinq pièces ; celui d'Eté, qui est à droite, est orné de peintures d'une grande beauté, & d'un grand nombre de petits tableaux excellens. Celui d'Hyver est à gauche, peint & orné de même. Descendez pour voir le dessous, c'est une fort belle grotte ; mais gardez-vous d'un jet-d'eau tournant qui est au milieu, aussi-bien que des sources qui donnent de l'eau jusques dessus les montées : il vaut mieux rire aux dépens d'autrui, qu'aux vôtres.

Après avoir vû les appartemens, examinez la cour octogone : remarquez qu'elle eſt remplie d'un grand nombre de petits tuyaux ſouterreins : lorſque l'on les fait jouer, ils forment une eſpèce de parterre de jets d'eau, qui donne le plaiſir de voir mouiller copieuſement ceux qui ne s'en méfient pas.

Au bout de cette cour, vous en devez voir ſept autres ſéparées par de grandes grilles : chacune de ces cours renferme différentes eſpèces d'animaux, & ce qui leur eſt néceſſaire. Depuis la mort de Louis XIV, les environs de ce lieu ont bien changé ; les terres, quoique dans le grand Parc, ſont labourées & enſemencées.

La voliére de la Ménagerie eſt la plus belle & la plus magnifique de France, elle eſt toujours remplie d'oiſeaux d'une ſingularité & d'une rareté extraordinaire.

De la Ménagerie, il y a pluſieurs allées qui conduiſent à

L'ABBAYE ROYALE DE S. CIR.

Saint Cyr eſt un village ſitué à une petite lieue de Verſailles, & dans le Parc, où eſt une Abbaye de Filles de l'Ordre de ſaint Benoît. Louis XIV. y a fondé en 1686 une Communauté de

Religieuses, sous le titre de saint Louis Ordre de saint Augustin, à laquelle il a assigné quarante mille écus de rente pour l'entretien & l'éducation de deux cens cinquante jeunes Filles nobles. Il y a aussi en 1693 fait unir la manse Abbatial de l'Abbaye Royale de saint Denis en France, qui est de cent mille livres de rente. Cette Communauté est particulierement établie pour y élever les jeunes Demoiselles, dont les peres ont vieilli ou sont morts au service du Roi.

Le nombre des Religieuses est fixé à cinquante Dames professes, & à trente-six Sœurs converses. Lorsqu'une d'elles meurt, sa place ne peut être remplie que par l'une des deux cent cinquante Demoiselles, âgée au moins de dix huit ans. Ces Dames font les trois Vœux ordinaires de Religion, & au quatrième, qui est de consacrer leur vie à l'éducation & à l'instruction des Demoiselles dont le Roi s'est réservé la nomination. Celles-ci doivent faire preuve de quatre degrés de noblesse du côté paternel. Aucune n'y peut entrer avant l'âge de sept ans, ni après celui de douze : celles qu'on y reçoit, n'ont la liberté d'y demeurer que jusqu'à l'âge de vingt ans & trois mois.

Ces jeunes perfonnes font divifées en quatre claffes ou âges; la premiere claffe porte un ruban bleu; la feconde, un jaune; la troifième, un verd; & la quatrième, un rouge. Le bâtiment du Monaftere eft du célébre *François Manfard*, & fut achevé en 1686. Ce magnifique édifice confifte en un grand corps de cent huit toifes de longueur, qui forme trois corps de front, féparés par les deux aîles de cette maifon; le long de chacune defquelles il y a en dehors une cour & deux parterres. L'Eglife eft au bout de la plus grande longueur du bâtiment : elle eft deffervie par les Peres de la Miffion de faint Lazare.

La difpofition du plan de cette Abbaye confifte en corridors, réfectoirs & autres piéces néceffaires pour l'ufage d'une nombreufe Communauté. Il y a dans l'étage de deffus, de grandes chambres où les jeunes Demoifelles travaillent, des chambres particulieres pour les Dames, & plufieurs autres pieces communes. Le jardin eft un ancien bois qu'on a confervé; & l'on y a fait un potager fuffifant pour la commodité de cette maifon.

Tout le refte eft le parc, à l'extrêmité

duquel il y a une grande piéce d'eau de deux cens toiſes de long, ſur cent de large, qui ſe trouve au bou du grand canal; on en peut faire le tour par la pointe de Galie, pour rendre à l'autre bout de la croiſée oppoſée à la Ménagerie, afin de voir

LE CHATEAU DE TRIANON.

Trianon eſt un Palais, où la magnificence, les richeſſes & le bon goût regnent de tous côtés; il eſt ſitué à l'entrée d'un bois qui lui donne tout l'agrément imaginable; il a été bâti ſur les deſſeins de *J. H. Manſard*.

Vous entrerez par une porte de fer doré dans une grande cour, où vous verrez un periſtile de colomnes de marbre d'ordre ionique, dont il y en a quatorze de rouges & huit de vertes, avec des pilaſtres qui font un fort bel effet.

La face de ce Château, qui a ſoixante quatre toiſes d'étendue, eſt accompagnée de deux aîles finies par deux pavillons. Le comble eſt orné d'une baluſtrade remplie de ſtatues, d'urnes & d'autres ſculptures. L'aîle droite contient la Salle de la Comédie & les appartemens

temens des grands Officiers, & l'aîle gauche, la salle des Gardes & les logemens des Officiers.

Entrant dans le grand sallon, vous y verrez sur la cheminée l'enlevement d'Orithie; & vis-à vis Junon, tous deux de *Verdier*. Du sallon passez dans l'appartement du Roi, après l'antichambre vous verrez quatre tableaux de fleurs, de fruits & de vases peints par *Fontenay*; dans la chambre, huit tableaux de vases d'or & de porphire du même *Fontenay* & de *Baptiste*; & dans la derniere piece, six tableaux de mêmes sujets & des mêmes Peintres. Dans la seconde salle, il y a deux petits tableaux de Nymphes, de *Blanchard*. Dans la troisième, remarquez sur la cheminée, Venus à sa toilette avec Mercure, par *Boulogne* l'aîné. Vis-à-vis, est le portrait de feu M. le Comte de Toulouse, peint par *Mignard*, sous la figure de l'amour qui dort; & auprès, le jugement de Midas, peint par *Corneille* l'aîné : au dessus des portes, Venus & Adonis, Venus & des Amours, par *Boulogne* le jeune, l'Art & la nature, de *Boulogne* l'aîné. Dans la quatrième, sur la cheminée, Morphé éveillé à l'approche d'Iris au-dessus des portes, Diane, Endimion & Mercure qui endort Argus, tous trois

Tome II. V

de *Houasse*; Junon qui menace Ino, & Mercure qui coupe la tête à Argus, de *Verdier*; un Hercule seul; Hercule & Junon, de *Noël Coipel*.

Dans le sallon suivant, les tableaux représentent Zéphire & Flore, de *Jouvenet*, la vue de Versailles & du Château, celle de l'orangerie, des écuries & du bassin de Neptune, par *Martin* l'aîné.

De ce sallon, remarquez un petit bois tout charmant : il est si couvert, que le soleil n'y entre qu'à peine dans les plus grandes chaleurs de l'été ; encore n'est-ce que pour tempérer fort à propos la fraîcheur des eaux qui y coulent.

Ce sallon rend dans un appartement, où vous verrez dans la premiere piece, Narcisse, Cyane, Alphée & Aréthuse, de *Houasse* dans la seconde, Thétis & Flore, d'*Antoine Coipel*; Junon & Flore de *Boulogne* l'aîné : au-dessus des portes, le matin, le midi, le soir & la nuit, par *Martin* l'aîné; & un vase d'or très-estimé, de *Fontenay* : dans la troisième, six tableaux, dont les sujets sont tirés de la fable d'Apollon, peints par *Noël Coipel*, *Jouvenet* & *Boulogne* le jeune. Regardez de cet appartement le petit parterre Royal qui a un bassin au milieu : ce beau lieu est rempli de fleurs des plus rares &

des plus belles dans toutes les saisons.

Voyez ensuite la galerie richement ornée, dans laquelle sont peintes les plus belles vues du Château & du petit Parc de Versailles & de ce lieu ci ; la plupart sont de *Cottel.* Au bout de cette galerie, vous entrerez dans un sallon, où vous verrez un jeu de Portique, & des vues de Versailles, d'*Allegrin.* Ensuite c'est le sallon du Billard, orné de tableaux de *Houasse*, qui représentent quelques sujets de Minerve.

Sortant du Sallon du billard, vous devez voir Trianon-sur-Bois. C'est une suite d'appartemens, dont les vues sont sur ce bois charmant : ils sont remplis de riches meubles & d'excellens tableaux.

L'appartement appellé de Monseigneur, est sur la gauche en entrant. Vous y verrez sur la cheminée de la premiere piece saint Luc, par de *la Fosse* ; dans l'anti-chambre, saint Mathieu, de *Mignard* ; & vis à vis saint Marc, du même de *la Fosse* : la Chapelle du Château est auprès. Dans la chambre ornée de glaces, vous verrez une belle & précieuse table de porphire : mais vous devez surtout remarquer l'excellent tableau de saint Jean l'Evangeliste dans l'Isle de Pathmos ; c'est une des bonnes piéces de *le Brun*:

V ij

les quatre payſages ſont de *le Lorrain*, & les tableaux de fleurs & de fruits, de *Fontenay*. Voyez auſſi au bout de cet appartement un cabinet rempli de meubles précieux & de grandes glaces.

Enſuite il faut voir les jardins qui ſont d'une beauté merveilleuſe, & ornés de tout ce qui peut y convenir de plus magnifique & de plus excellent : ils ſurpaſſent tout ce que l'on en peut dire ou s'imaginer. D'abord, vous deſcendez dans le parterre haut, où il y a des baſſins, avec des groupes d'enfans de plomb doré, faits par *Girardon*. Vous verrez dans l'autre parterre un baſſin octogone bordé de marbre rouge, avec des enfans & des vaſes de marbre blanc. Voyez enſuite le jardin des Maronniers rempli de baſſins & de ſtatues : le groupe admirable, eſt Laocoon & ſes enfans, copiés ſur l'antique, par *Tuby* : la caſcade, le bois des ſources, le jeu de l'Anneau, & pluſieurs ſalles de charmilles, ornées de ſtatues & de vaſes d'un grand mérite. Il vous reſte à voir encore LE PETIT TRIANON. C'eſt une eſpece de petit Palais, environné de boſquets & de petits jardins que le Roi LOUIS XV. a fait conſtruire depuis quelques années à une des extrêmités du parc de Trianon, & dont le deſſein vous plaira infiniment par son ingénieuse singularité. On y voit d'abord une double galerie, formée par de beaux treillages avec des orangers dans les arcades. 2°. La salle à manger couverte de treillages. 3°. Le parterre à l'Angloise, terminé par un portique & des volieres. 4°. La basse-cour, le jardin fruitier; le jardin où sont des serres vitrées pour des plantes curieuses ou des primeurs. 5°. Le jardin des fleurs, dont les murs sont revêtus de jasmins & de jonquilles, & dont les plates-bandes sont garnies de petits orangers, qui semblent plantés en pleine terre. Ce magnifique jardin est terminé par une grande piéce d'eau, où il y a des vases & des dragons de plomb doré, qui, de même que tout ce qui embellit cet agréable lieu, sont d'une excellence & d'une perfection achevée. La satisfaction que vous aurez de les avoir vûs, vous récompensera suffisamment de vos peines.

Suite du petit Parc.

Sortant de Trianon pour voir les bosquets de la droite, il faut gagner le grand canal, & entrer dans l'allée directement opposée à celle que vous avez suivie du côté gauche. La premiere chose remarquable dans cette allée, eſt le boſquat nommé L'ENCELADE; il eſt à main droite en entrant dans cette allée. C'eſt un baſſin octogone, bordé de gazon, où vous verrez ce Géant accablé ſous les montagnes qu'il avoit aſſemblées pour eſcalader le Ciel. On ne peut rien de plus beau que ce groupe. Le jet d'eau qui ſort de la bouche de l'Encelade, a ſoixante-dix-huit pieds de hauteur.

A quelques pas au-deſſus, ſur votre droite, eſt le boſquet des DÔMES. Ce lieu eſt tout charmant : vous y verrez deux petits Temples de marbre blanc, qui ont chacun huit colomnes de marbre rouge brun, couronnés d'un grand fronton aux armes de France, avec des ornemens de bronze doré, de même que les dômes qui ſont terminés par des groupes d'enfans. Au milieu il y a un baſſin dont le bouillon a ſoixante-dix pieds de haut : ce baſſin eſt entouré d'une baluſtrade de marbre d'un rouge mêlé, avec des pilaſtres de marbre blanc, ſur laquelle regne un petit canal, dont il ſort une quantité de petits jets d'eau. La terraſſe a une autre baluſtrade de marbre blanc, à pilaſtres de marbre rouge, ce qui fait une agréable diverſité avec les bas reliefs. Les ſtatues qui ornent ce boſquet, ſont le point du jour, de *le*

Gros : Ino, de *Rayol* : le berger Acis, par *Tuby* : Flore, par *Maniere* : une Nimphe de Diane, de *Flaman* : Galathée, par *Tuby* : Amphitrite, de *Michel Anguiere*, & Arion par *Roon*.

Voyez sur la gauche LA MONTAGNE D'EAU : ce bosquet a eu trois noms différens ; la Salle des festins, l'Obélisque & la Montagne d'eau, dont il a la forme. Vous y verrez quand les eaux jouent un obélisque qui a soixante-quinze pieds de hauteur, & aux quatre faces autant de cascades qui font un bel effet.

Sortant de ce bosquet, vous verrez dans l'allée que vous suivez, LE BASSIN DE FLORE : cette Déesse qui représente le printems, y est à demi couchée, accompagnée de plusieurs petits Amours qui jouent avec des fleurs ; ce bassin, dont l'ouvrage est de *Tuby*, a huit gros jets d'eau, & beaucoup d'autres, qui forment ensemble une gerbe de vingt pieds.

Continuez cette allée, vous trouverez à gauche le bosquet appellé L'ETOILE, à cause de six allées qui y rendent, & qui forment une étoile. Il y avoit autrefois une fontaine qui ne s'y voit plus : les figures sont un buste d'Alexandre ; Ganimede & Jupiter métamorphosé en aigle ; Venus, Livie femme d'Auguste : les statues du milieu font la Comédie, une Baccante, Uranie & une Inconnue.

Plus loin fur la droite, vous verrez le bofquet du DAUPHIN, qui fimétrife avec celui de la Girandole: il y avoit auparavant un Dauphin; les Thermes de ce bofquet font l'Abondance, Cerès, Bacchus, un Satire, Flore & l'Eté.

Sortant du bofquet du Dauphin, remarquez LE BASSIN DE CERE's. Cette Déeffe y eft repréfentée fur des gerbes dans un baffin octogone, où font des enfans qui jouent avec des fleurs. La gerbe a vingt pieds de haut; cette fontaine qui repréfente l'été, eft l'ouvrage de *Renaudin*.

Continuant cette allée, vous trouverez fur la droite un fujet digne de toute votre admiration, appellé LES BAINS D'APOLLON. C'eft un bofquet magnifique, qui renferme trois groupes couverts de baldaquins ou dais de métail doré. Le groupe du milieu eft un excellent ouvrage de *Girardon*: il repréfente Apollon chez Thétis, fervi par les Nymphes de cette Déeffe. Cette piéce eft un chef-d'œuvre admirable: les groupes des deux côtés font voir les courfiers ou chevaux de ce Dieu abreuvé, par des Tritons: ils ont été faits par *de Marfi* & *Guérin*.

La moitié de ce bofquet étoit autrefois
occupée

occupée par un marais qui avoit un chêne de fer au milieu, dont les branches jettoient de l'eau de tous côtés : on l'appelloit le chêne verd.

Sortant des bains d'Apollon, vous verrez sur la gauche LE THEATRE D'EAU, ainsi nommé, à cause qu'il est formé en théatre, dans une place de vingt toises de diamètre, dont les charmilles sont taillées en pans. Vous verrez au milieu de ce bassin, dont le bouillon a quarante-six pieds de haut, une petite Isle où sont six enfans qui jouent & qui se baignent. Vis-à-vis ce théâtre, est un amphitéâtre élevé sur des marches de gazon : l'espace d'entre le théâtre & l'amphitéâtre sert de parterre. Il y a quatre fontaines avec quatre groupes de métal : un des groupes des allées représente le Satire Marsias, qui enseigne Olympe à se servir du siflet à sept tuyaux.

Du théâtre d'eau, il faut voir LES TROIS FONTAINES; c'est un bosquet champêtre où il y a trois fontaines, dont les nappes & le murmure ont beaucoup d'agrément & de force d'eau.

Vous devez ensuite vous approcher du Château, pour voir plus facilement LE PARTERRE DU NORD, dans lequel vous descendrez par un escalier de marbre blanc. Au bout de cet escalier il y a deux statues copiées de l'antique, qui méritent votre attention ; celle de la gauche est Vénus, surnommée l'Accroupie ou la Pudique, à cause de son attitude modeste : elle est de *Coizevox*. L'autre, appellée *le Rotator*, représente Milicus, Affranchi de Sevinus, qui aiguise un couteau : il fut appellé le Sauveur, pour avoir révélé le secret de la conspiration de Pison contre l'Empereur Néron : cette pièce est de *Fremeri*. Ce Parterre est orné de vases de marbre blanc : la Fontaine qui se présente en face est appellée

La Fontaine de la Piramide, dont elle a la forme : ce lieu est aussi appellé le Parterre de la Piramide. Ce sont quatre bassins les uns sur les autres : ceux d'en-bas, sont accompagnés de quatre Tritons qui se jouent ; les deux autres bassins ont aussi des Tritons & des Syrennes, par *Tubi* & *le Hongre* : la Fontaine est de *Girardon*, & exécutée en bronze. Les vases des côtés sont très-beaux, & ont été faits à Rome : l'un, représente un Mariage antique, & l'autre, une Baccanale.

Derrière la Fontaine de la Piramide, remarquez La Cascade de l'Allée d'Eau : c'est un quarré avec une nappe d'eau, où sont des Nymphes qui se baignent dans les Bains de Diane; il y a des Masques qui jettent l'eau dans le quarré : le tout a été fait par *Girardon*; mais les fleuves sont de *le Hongre* & de *le Gros*.

Les statues de ce Parterre, le long des palissades, sont, en commençant près le Château, le Poëme Héroïque, de *Drouilli* : le Flegmatique, de *l'Espandel* : l'Asie, de *Roger* : & le Poëme Satyrique, de *Buister* : ensuite le Sanguin, de *Jouvenet*, & le Colerique, de *Houzeau*.

L'ALLÉE D'EAU est comme partagée en deux : vous verrez, de chaque côté, sept groupes de trois Enfans, chacun au milieu d'un bassin, avec un jet d'eau qui s'éleve d'un plus petit bassin de marbre rouge, que ces Enfans soutiennent.

Au bout de l'allée d'Eau, vous appercevrez LA FONTAINE DU DRAGON : vous y verrez, au milieu du bassin, un groupe de plomb doré, fait par de *Marsy*, représentant un Dragon qui jette l'eau par plusieurs endroits, dont le gros a ordinairement trente-trois pieds de haut, mais quatre-vingt-cinq lorsque le Roi est présent ; quatre Dauphins & quatre Cignes, qui, portant des Amours, nagent autour du Dragon. Cette pièce, avec le

Baſſin de Neptune que vous allez voir, ſont une des belles curioſités du Parc.

LE BASSIN DE NEPTUNE eſt au-delà de la Fontaine du Dragon; c'eſt une grande pièce d'eau du deſſein de *le Noſtre*, au bout de laquelle ſont vingt-deux vaſes de métal, d'où ſortent des jets d'eau qui tombent dans un conduit, d'où ſortent encore d'autres jets d'eau entre chaque vaſe, qui font en tout ſoixante-trois jets d'eau, d'un effet admirable: au-delà, ſont un groupe & deux ſtatues qui repréſentent, ſçavoir, le groupe fait par *Dominique Geudy*, Diſciple du fameux Algardi, la Renommée qui écrit la vie du Roi: les ſtatues ſont Fauſtine, de *Fremeri*; & Berenice, de *l'Eſpingola*.

Le 20 Novembre 1739, on plaça au milieu de ce baſſin un magnifique ouvrage de fonte, exécuté par *Adam* l'aîné, Sculpteur du Roi. Il repréſente le triomphe de Neptune & d'Amphitrite, groupé dans une coquille de vingt-ſept pieds d'étendue ſur quatorze de hauteur, richement varié de rocailles & d'ornemens: on y voit une tête de Baleine qui ſert de couronne; il ſort de ſa gueule un torrent d'eau de quatre pieds de large. Neptune paroît lancer ſon Trident, Amphitrite eſt aſſiſe à ſa gauche. Les autres figures, ſont un Triton fur un cheval marin, qui, de fa bouche, jette une lame d'eau de quarante pieds; à l'oppofite eft une Vache marine qui jette la même quantité d'eau, & auffi loin, ainfi que les Néréides, les Tritons & les Dauphins qui les accompagnent. Les rochers qui fervent de bafe font percés de trois antres, dont il paroît fortir des Monftres marins qui lancent aufli beaucoup d'eau. Ce fuperbe ouvrage a mérité une approbation univerfelle.

Enfin, la dernière pièce curieufe eft L'ARC DE TRIOMPHE, au bas duquel vous verrez trois fontaines d'une admirable beauté; & fur la hauteur, un très-bel Arc de Triomphe. Remarquez d'abord LA FONTAINE DE LA FRANCE TRIOMPHANTE, affife fur un char : elle eft accompagnée de deux Efclaves, dont l'un eft monté fur un Aigle; il repréfente l'Empire, & l'autre l'Efpagne; il eft appuyé fur un Lion : ces ouvrages font de plomb doré, avec des trophées d'armes & beaucoup d'ornemens. L'architecture eft de marbre de différentes couleurs : les figures font de *Tubi*, & de *Coizevox*. Au bas, eft un Dragon à trois têtes, qui repréfente la triple Alliance.

Plus près de l'Arc, vous verrez deux

autres fontaines : celle de la droite eſt appellée LA FONTAINE DE LA VICTOIRE, qui eſt repréſentée ſur un globe avec des trophées d'armes : cet ouvrage eſt de *Mazeline*. Celle de la gauche, eſt LA FONTAINE DE LA GLOIRE, faite dans le même goût, & par le même Sculpteur que l'autre : les accompagnemens y ſont en grand nombre, & font un magnifique effet. Près de l'Arc, obſervez des deux côtés, deux Obéliſques ou Piramides d'eau, formées de bandes de fer, poſées ſur des piédeſtaux de marbre rouge ; & au milieu, de chaque côté, un buffet, qui eſt admirable quand toutes les eaux jouent. Enfin, ſur la hauteur, examinez la beauté de L'ARC DE TRIOMPHE : ce ſont trois grands portiques de fer doré, ſous leſquels il y a trois gros jets d'eau qui retombent dans des coquilles, & qui forment, avec les jets d'eau d'en-haut, des nappes d'un effet merveilleux.

Après avoir vû & conſidéré toutes les admirables curioſités du Château & des Parcs de Verſailles, il faut voir ce qu'il y a de remarquable dans

LA VILLE DE VERSAILLES.

On la diſtingue en Ville vieille &

nouvelle : la Ville vieille, qui eſt du côté de l'Avenue de Sceaux, renferme le Potager, qui eſt près de la Pièce des Suiſſes ; LES RÉCOLETS, dont l'Egliſe & le Couvent ſont fort ſimples, & le Parc aux Cerfs, où il y a une nouvelle Paroiſſe dédiée à ſaint Louis, & magnifiquement bâtie. Ce quartier a été fort aggrandi depuis quelques années.

Le vieux Verſailles, eſt le quartier oppoſé à la Ville neuve ; on y deſcend, de la Place Royale, par pluſieurs rampes, du côté du midi : c'eſt un ancien Village, qui étoit autrefois ſitué en ce lieu, (& dont il ne reſte aucun veſtige,) qui lui a donné le nom. Le vieux Verſailles fut rebâti ſur de nouveaux alignemens, dès que la Ville neuve fut faite. Entre pluſieurs Hôtels qui ſont dans ce quartiers, près de la Place Royale, vous y verrez l'Hôtel de la Chancellerie. Plus loin, à côté de l'Avenue de Sceaux, & au-delà du Bureau des Coches, ſont les écuries des Gardes du Corps.

Pluſieurs Hôtels & Maiſons conſidérables rempliſſent le vieux Verſailles, tant dans la partie la plus éloignée vers une Place qu'on a commencé proche le Parc aux Cerfs, dont elle porte le nom, qu'aux environs du Jeu de Paume. Dans la partie la plus proche du Château, vous verrez l'Hôtel de la Surintendance, & divers magasins accompagnés de logemens auprès de la Pépiniere ; mais il n'y a dans tout ce quartier d'édifice remarquable, que l'Eglise & le Couvent des Récolets, & le grand Commun, dont le logement est très-spacieux : il a cinquante toises de face ; la cour en a trente. Ce bâtiment est double tout autour, & voûté dans l'étalage du rez-de-chaussée, occupé par des cuisines & dépenses, des offices & salles pour les Officiers qui ont bouche en Cour : les autres étages sont remplis de tant de logemens, que l'on y compte jusqu'à sept cens pièces de toutes grandeurs. Le grand Commun est construit de pierres & de briques, avec des frontons dans chaque face, & des figures qui représentent les quatre Saisons : il y a une fontaine au milieu de la cour du grand Commun, de même que dans toutes les Places.

A côté du grand Commun, on a élevé dans ces dernieres années un magnifique bâtiment qui porte le nom DE BUREAU DE LA GUERRE, où sont tous les différens Bureaux qui concernent cette partie. Il mérite d'être vû, par la distribution ingénieuse qui en a été faite pour la commodité du Public & des Commis : le tout avec un goût & une propreté qui annoncent une dépense Royale.

Le nouveau Versailles est du côté de l'Avenue de saint Cloud, où vous verrez la Place Dauphine & la Paroisse : il y a aussi, du même côté, le Marché & Clagny.

On trouve dans la Ville neuve, tout ce que l'on peut desirer pour la commodité d'une grande Ville. Louis XIV en fit faire les alignemens en 1671. Des places y furent distribuées pour plusieurs Hôtels. Sa Majesté donna aussi le moyen, par ses libéralités, à quantité de Particuliers, d'y bâtir des maisons de même symètrie. La Ville neuve s'étend depuis la Place Royale, jusqu'au Parc de Clagny, qui se trouve joint par ce moyen au quartier du neuf Versailles.

L'endroit le plus considérable de la Ville neuve, est LA PAROISSE DE VERSAILLES, dont le portail est accompagné de deux clochers un peu moins élevés qu'une espèce de coupole ou dôme, qui couronne le haut de l'Eglise, & qui répond au milieu de la croisée. Le bâtiment de cette Eglise mérite d'être considéré : il a hors-d'œuvre quarante-sept toises de longueur sur dix-huit de largeur, y compris les aîles ou bas-côtés, & les Chapelles. Cette Eglise construite & toute voûtée de pierre, est propre, grande & bien éclairée : ce sont les Peres de la Mission de saint Lazare qui la desservent. Leur Communauté est de trente-six Peres, qui ont un Curé à leur tête : l'Eglise fait face à la Place Dauphine. Il y a dans ce quartier plusieurs Hôtels, que les Seigneurs de la Cour y ont fait bâtir pour leur commodité, pendant leur sejour à Versailles.

Près de cette Paroisse, d'un côté, c'est la Maison de la Charité, & de l'autre, un grand logement que Louis le Grand a fait faire pour le Curé, & pour cette Communauté des Peres de la Mission, qu'il a établis à Versailles en l'année 1676.

Le Marché est la plus grande Place, après la Place Royale. Aux environs, il y a les Ecuries de la Reine, la Place de Bourgogne, & le Château d'Eau : c'est un gros pavillon qui sert de réservoir.

Avant que de quitter Versailles, vous devez voir LE CHASTEAU DE CLAGNY : il est situé sur la droite de l'Avenue de Versailles, du côté de saint Cloud, à côté d'un petit bois fort ancien, dont la beauté engagea Louis XIV à bâtir cette Maison de plaisance pour la Marquise de Montespan. Ce Château est du dessein de *François Mansard*, & presque dans la même disposition que celui de Versailles : le bâtiment consiste en un corps simple qui a deux aîles doubles en retour, avec deux autres aîles simples sur la face de devant. La cour a trente toises de largeur sur trente-deux de profondeur. Le premier étage est à rez-de-chaussée, où l'on entre par cinq perrons quarrés : ce premier étage, & qui est le principal, consiste en un grand sallon qui sert de passage de la cour au jardin, & communique aux appartemens ; ce sallon est orné en dedans de pilastres corinthiens.

Les appartemens ont, des deux côtés, des pièces presque pareilles : dans l'aîle droite, il y a quelques cabinets de plus & la Chapelle. Dans l'aîle gauche, est un petit appartement de bains, qui donne sur la cour. La grande galerie de ce Château a trente-cinq toises de long, & vingt-cinq pieds de large, avec trois sallons un peu plus larges que les intervalles qui les joignent : elle est ornée d'un grand ordre corinthien, dont l'entablement est enrichi de sculptures, & la voûte remplie d'ornemens & de quadres pour mettre des tableaux. Vous y verrez des groupes qui représentent des Divinités, les Elémens, les Saisons, & les quatre parties du monde avec leurs attributs. Le grand sallon du milieu est plus élevé que les autres, & porté par quatre Trompes où sont huit Esclaves : les sallons des extrêmités sont ornés de groupes, & de bas-reliefs de Nymphes qui portent des corbeilles de fleurs & de fruits. Au bout de cette galerie, il y a une orangerie pavée de marbre, longue de 24 toises, & large de 25 pieds.

De l'autre côté, est la Chapelle ornée d'un ordre corinthien, & bâtie sur un plan rond de trente pieds de diamètre. Le grand escalier est dans l'aîle droite, en entrant : sa structure est d'un grand goût, & l'appareil des pierres fort ingénieux. Le pavillon du milieu a des colomnes isolées, de même façon que les vestibules des aîles. Les fenêtres des étages du rez-de-chaussée sont ornées de chambranles, de consoles, de frises & de corniches. Les croisées du grand sallon sont trois grandes arcades entre des colomnes doriques, qui donnent sur la cour, de même que du côté du jardin. Le grand pavillon est couvert d'un dôme quarré; des combles brisés couvrent le reste de ce Château.

Vous verrez dans le plafond du premier sallon de la droite, les figures au naturel des Ambassadeurs de Siam, qui y ont fait leur séjour ordinaire en 1687, tant qu'ils ont été à la Cour, où ils furent défrayés aux dépens du Roi. Les autres appartemens sont remplis de peintures, & de tableaux d'un grand mérite. Il y a aussi un Théâtre, qui a servi aux représentations pour les Princes & Princesses. Vous verrez encore dans une des salles, douze petites pièces de canon de fonte, montés sur leurs affuts, accompagnés de tous leurs attirails, avec quelques chariots remplis de tous les différens outils nécessaires dans l'Artillerie, quelques mortiers, bombes, carcasses, &c. C'est un présent que les Officiers de la Ville de Paris firent à feu M. le Duc du Maine, lorsqu'il prit possession de la Charge de Grand-Maître de l'Artillerie de France.

Le jardin de ce Château est accompagné d'un bois de haute futaye, avec plusieurs parterres, des boulingrains, des bosquets de charmilles, & des treillages ornés d'architecture. Il y a auſſi quantité de belles paliſſades qui enferment des caiſſes d'orangers, qui, n'étant point vûes, il ſemble que ces orangers ſoient nés dans ces paliſſades. La Paroiſſe de Verſailles ſe voit tout à découvert de ce jardin, au bout duquel étoit l'Etang de Clagny, qui ſervoit de canal à la vûe de ce Château. La Ménagerie de Clagny eſt un petit endroit au-dehors de ce Château; elle a auſſi ſon mérite particulier.

Nous avons laiſſé ſubſiſter dans cette nouvelle Edition la deſcription de ce lieu, telle qu'elle eſt dans la première, parce que cet Edifice & ſes appartenances méritent d'être connues; mais depuis peu de tems, & pour ſe conformer aux intentions de la feue Reine de France, ce lieu a été démoli, & les environs convertis en une Maiſon très-vaſtes pour des Religieuſes.

LE CHÂTEAU
DE MARLY.

MARLY est un Village situé près de la riviere de Seine, à une lieue de Versailles, & à quatre de Paris, auprès duquel Louis le Grand a fait construire, au milieu d'un Parc de trois mille sept cens soixante-cinq arpens, un magnifique Château, où ce grand Roi faisoit sa résidence la plus grande partie de l'année, en différens voyages. Cet aimable séjour, qui servoit comme de Maison de campagne à Sa Majesté, contient en abrégé, tout ce que vous pouvez voir de plus agréable & de plus satisfaisant, en fait de jardins, eaux, sculptures & autres agrémens.

L'allée nouvelle, qui prend sur la droite du Château de Versailles, du côté de l'Aîle des Princes, conduit en une heure de chemin à Marly, en passant par Rocancourt, où commence l'allée des arbres taillés en pommes.

Au bout de cette allée, vous arriverez

à la Porte ou Grille Royale, qui est dorée & d'un très-beau travail: elle sert d'entrée à une cour où sont les Corps de Gardes Françoises & Suisses. Descendez l'Allée Royale qui est en face, au bout de laquelle vous découvrirez le Château. Vous entrerez dans l'avant-cour, séparée de cette allée & du jardin par deux grilles dorées : elle contient deux pavillons, derrière lesquels sont les écuries & les remises. Dans celui à droite est la Salle des Gardes, & les logemens des Officiers de Sa Majesté. Dans celui de la gauche est la Salle des Gardes de la Porte ; & à côté, la Chapelle, qui n'a rien que de simple, quoique très-propre : elle est desservie par les Peres Cordeliers de Noisy.

Le grand Pavillon qui se présente à votre vûe, est le Chasteau Royal, bâti d'un bon goût, quoique simple, sur les desseins de *Jules-Hardouin Mansard*, dont vous avez déjà vû tant de beaux ouvrages. Le corps du bâtiment est un quarré, ou, pour mieux dire, un cube parfait, qui a vingt-une toises en tout sens; le comble est rempli de figures & d'autres ornemens.

Ce Pavillon Royal a quatre grandes faces égales, qui ont chacune un perron

& un dégré, ornés de groupes & de vases très-beaux. Quant à l'architecture, elle est peinte à fresque sur le mur, du haut jusqu'en bas ; de même que tant d'autres beaux ornemens qui l'accompagnent.

Sur les deux aîles du jardin, à droite & à gauche de ce Pavillon Royal, sont situés (six d'un côté & six de l'autre) douze autres PAVILLONS égaux en grandeur, en distance les uns des autres, en situation & en symètrie, mais beaucoup plus petits que le premier. Le dessein ou la disposition de ces treize Pavillons est toute symbolique ; elle fait allusion à la Fable & aux Signes du Zodiaque, que les Poëtes ont appellés les douze Maisons du Soleil : ces douze Pavillons signifient les douze Maisons qu'il parcourt dans l'année ; & le Pavillon ou Château Royal, fait allusion au Palais de Thétis, où les Poëtes ont feint que le Soleil faisoit sa retraite ordinaire, & se délassoit des fatigues que son exercice journalier lui causoit. Cette allusion convenoit d'autant plus, que le Château de Marly étoit la retraite, où Louis le Grand alloit ordinairement se délasser des pénibles soins de l'Etat, dont il étoit chargé.

L'intérieur de ce Château, ou principal Pavillon, consiste en un grand sallon octogone, dans lequel on entre par quatre vestibules. Ce sallon, dont l'architecture est composée de pilastres d'ordre ionique, est symètrisé de quatre cheminées, avec des glaces d'un volume & d'une hauteur extraordinaire, & des tableaux des meilleurs Peintres modernes, & de belles sculptures. Les quatre Saisons sont représentées au-dessus des quatre cheminées: le Printems est d'*Antoine Coypel*; l'Eté, de *Boulogne* le jeune; l'Automne, de *la Fosse*; & l'Hyver, de *Jouvenet*.

On doit remarquer les guirlandes qui sont autour des quatre fenêtres ovales, sculptées par *Vancléve* & *Coustou*, & les quatre belles croisées qui éclairent ce lieu magnifique.

Les quatre vestibules qui conduisent au sallon, sont ornés de tables de marbre précieux, & de tableaux de *Vandermeulen*, qui représentent les Siéges des Villes conquises: dans celui de la face d'entrée, vous en verrez deux, dont l'un est le Siége de Luxembourg, & l'autre, la prise; dans celui de la droite, ceux de Mastric & de Cambrai; vis-à-vis l'entrée, c'est Tournai & Oudenarde, & dans le dernier, Valenciennes & Douai.

Les appartemens font diftingués par l'Antichambre du Roi, où vous verrez les Prifes de Naërden, de Loo, & d'Utrecht, de *Vandermeulen ;* dans la Chambre du Roi, les Siéges d'Ypres & de Condé, *du même ;* & dans le Cabinet de Sa Majesté, ceux de Salins & de Joux, auffi *du même.*

Dans les autres appartemens & cabinets, on voit des tableaux repréfentant pareillement des Siéges & des Prifes de Villes en Flandre.

Le Pavillon de l'autre côté du Château, qui fait fymètrie avec ceux de l'avant-cour, eft le logement des Princes. Derrière ce Pavillon, font les Offices, & auprès, le grand & le petit Commun, au bout defquels font les Corps de Gardes. On y va par des berceaux continuels de charmilles, entremêlés de pavillons de mêmes ouvrages. Les autres bâtimens fervent à loger les Seigneurs & Dames qui font du Voyage de Marly.

Il n'y a plus rien de curieux à voir dans ce quartier, que les belles Allées de Belveder qui font de l'autre côté des logemens ; mais au lieu de vous écarter pour les voir, ce qu'il faut réferver pour la promenade, revenez entre le Château Royal & le Pavillon des Princes, pour examiner la beauté & les agrémens du Parterre, qui est au bas de la riviere: il est rempli de plusieurs bassins, avec des groupes & une quantité d'autres ornemens.

La Riviere est une grande cascade d'une beauté admirable; les eaux en sont si grandes & si abondantes, qu'elle est à bon titre surnommée la Riviere. Il y a, des deux côtés, des berceaux & des salles de charmilles, avec des groupes & des statues; c'est où sont les bassins des Carpes: il y a aussi une Ménagerie avec une Voliere pour les Oiseaux, & de grandes Cabanes, où l'on en voit de toutes les espèces, & des plus rares. Au bout de la Riviere, est la porte du Trou d'Enfer, ainsi nommée, à cause d'un lieu appellé le Trou d'Enfer, qui est plus loin.

On a posé au bas de la Riviere, un excellent ouvrage de *Coustou*; c'est un groupe en marbre blanc de deux figures qui représentent la jonction des deux Mers: il est accompagné d'un Enfant, & de deux Monstres marins, qui jettent beaucoup d'eau. Au milieu, il y a une urne dont il en sort une grande abondance, qui retombe dans un bassin: ce beau groupe a dix-huit pieds de longueur sur seize de hauteur.

De la Riviere, il faut aller voir LA RAMASSE, entourée de hautes & belles allées appellées aussi Belveder. La Ramasse sert de promenade à toute la Cour.

Revenez ensuite au pied du Château Royal, pour examiner les beautés qui remplissent l'espace de ce Pavillon, jusqu'à l'abbreuvoir. Les deux côtés sont remplis par les allées des Portiques, par celles des Boules, & par celles des Ifs, accompagnées de salles vertes, où vous verrez quantité de groupes, de figures & d'autres excellens ornemens. LES DOUZE PAVILLONS que vous voyez joints les uns aux autres par des berceaux, font un merveilleux effet; ils sont occupés par le Chancelier, le grand Ecuyer, les Officiers de la Couronne, les Ministres d'Etat, & autres Seigneurs.

Derrière les six Pavillons de la droite, il faut voir quatre bosquets. Entre le premier & le second, vous trouverez LE THÉATRE, sur le haut duquel vous remarquerez un Mercure, Tibere & Germanicus; il y a une fontaine au bas.

Un peu plus loin, vous verrez LA CASCADE CHAMPÊTRE au haut d'une montagne, où il y a un grand bassin, accompagné de statues & de vases d'une rare beauté. Tout proche est une Rotonde, dont l'ouvrage & la colonade ne sont pas moins curieux.

Entre le troisième & le quatrième Pavillon, voyez les Bains d'Agrippine ; c'est une fontaine où cette Princesse est représentée sortant du bain : les statues Faustine & Lucréce.

Derrière le cinquième Pavillon, vous verrez LA SALLE DES MUSES, ornée des statues de Clio, de Thalie, d'Apollon, & autres copies d'Antiques : un peu après, il y a encore une fontaine, avec un grand bassin, où sont assises des Naïades : tous excellens morceaux.

De l'autre côté, sont les six autres Pavillons; & derrière, c'est le Mail. Ce qui paroît sur la hauteur, est LE BELVEDER, nommé aussi le Jardin haut : il est d'une beauté à ne devoir pas épargner vos peines, si vous êtes curieux. Vous y verrez quatre groupes de bronze qui sont admirables : le premier, est Mercure qui enleve Pandore, par *J. de Boulogne ;* le deuxième, LE LAOCOON; le troisième, est Hercule; & le quatrième, Diane, par les *Kelers*.

Pour ne rien oublier à voir, il faut revenir à la grande façade Royale du grand Pavillon, afin d'examiner toutes les beautés des parterres & des bassins du milieu ; mais avant que de vous y appliquer, remarquez, que de l'endroit où vous êtes, vous jouissez de la vûe du monde la plus belle & la plus charmante. Il n'y a peut-être pas dans l'Europe, de perspective plus parfaite & plus agréable, que celle que l'on découvre d'ici sur la campagne, & sur le Château de saint Germain.

Du grand Pavillon, vous voyez trois terrasses, & autant de parterres remplis de groupes, de statues, de vases, & d'autres ornemens de bronze doré : tous ouvrages des plus habiles Maîtres & des Académiciens.

Dans le troisième parterre, il y a la Fontaine des quatre Gerbes ; c'est un grand bassin avec plusieurs jets d'eau, orné de vases de métail bronzé. Après, c'est la grande pièce d'eau bordée de gazon, au bout de laquelle sont deux bassins de rocailles, & quatre groupes qui représentent quatre des principales rivieres de France, & des Nymphes; ensuite on trouve deux escaliers ornés de vases, qui conduisent à la balustrade.

Cette balustrade termine ces jardins enchantés, aux extrêmités de laquelle sont deux groupes représentant chacun un cheval qui se cabre, & retenu par un Esclave. Les jardins de Marly sont du dessein du sieur *Rusé*.

Le Bourg de Marly n'a rien de considérable que la Paroisse.

Le Port de Marly est rempli de bois, & autres utilités pour les besoins de la Cour. Ensuite, vous devez voir le sujet le plus digne de votre curiosité, & qui fera toujours l'admiration de l'Univers : c'est

LA MACHINE DE MARLY.

Cet incomparable ouvrage est appellé LA MACHINE par excellence : en effet, c'est la plus surprenante & la plus admirable qu'il y ait au monde. C'est cette Machine qui conduit l'eau de la Seine, de Marly à Versailles, dont l'invention & l'exécution sur-tout étonne tous ceux qui la voyent, ou qui en entendent parler. On ne sçauroit assez admirer l'habileté avec laquelle on a ménagé les forces de la riviere, que l'on a barrée sans la détourner, & dans laquelle on a fondé des écluses avec tant d'art & de solidité, malgré la profondeur qu'il y avoit de quarante pieds d'eau, les ébranlemens continuels, & les mouvemens de plus

de

de vingt-huit millions de pesanteur à la fois : néanmoins tous ces ouvrages & ces fondations résistent depuis plus de quatre-vingt ans aux efforts de toute la riviere, aux débaclemens affreux des glaces, & aux inondations. Ces eaux sont portées par un aqueduc, depuis la montagne de Picardie, jusqu'au réservoir. Cet aqueduc est de cinq cens toises de longueur, & il en a quatorze à quinze dans sa plus grande hauteur. Il a aussi quatorze pieds d'empalement, ce qui revient à six pieds pour le haut, dont le canal en occupe trois : sur cette largeur de trois pieds, il doit donner six cens quarante-huit pouces d'eau.

Quant à la Machine, il a fallu des forêts entieres pour faire sa digue, & les galeries de charpente qui sont depuis la riviere, le long de la colline, jusqu'au bout de la tour de pierre. Il y a sous ces galeries par intervalles, sur le terrein de la côte, un nombre de réservoirs, les uns supérieurs aux autres : le plus bas ayant reçu l'eau immédiatement de la riviere, contient son corps de pompe, qui la repousse par des tuyaux couchés le long de la colline dans les réservoirs supérieurs, & ainsi par reprises, jusqu'au réservoir qui est sur la tour de pierres. Ces corps de pompe ont quatre pouces de diamètre, & quelques-uns six ; les pistons, par leur jeu de quatre pieds, après avoir puisé l'eau, la refoulent & la forcent à remonter dans les réservoirs supérieurs. Tous ces mouvemens se font par le moyen de cent balanciers verticalement posés, qui sont joints les uns aux autres par des tirans, auxquels d'autres espèces de balanciers servent de supports. Ainsi, lorsque la partie supérieure des balanciers se panche vers la riviere, leurs parties inférieures remontant vers le haut de la colline, tirent les pistons, & puisent de l'eau dans les corps de pompe ; d'où ils la refoulent, lorsque la partie supérieure des balanciers vient à monter verticalement, & qu'elle s'incline vers le haut de la colline.

Le premier mobile de cette Machine est un bras de la riviere de Seine, que l'on a barré ici par une digue. Cette digue est ouverte en deux endroits, où l'eau étant retenue & plus élevée, & coulant avec plus de rapidité ; fait tourner dans chaque pertuis une roue de trente pieds de diamètre, & de cinq à six pieds de longueur d'aîles : les extrêmités des axes de chaque roue, sortent de leur appui, & sont tournés en manivelles. La manivelle qui est du côté de la montagne, puise & refoule l'eau dans les premiers corps de pompe; & l'autre manivelle sert à faire mouvoir le balancier. Voici une idée plus précise de cette Machine : elle est composée de quatorze roues, dont sept sont sur le devant, & sept sur le derrière. Ces roues font mouvoir, par le moyen des manivelles & des chaînes qui y sont attachées ; 1°. soixante corps de pompes plongeant dans la riviere ; 2°. soixante-dix-neuf à mi-côté dans un puisard, & quatre-vingt-deux au puisard supérieur; ce qui fait deux cens vingt-cinq corps de pompes, qui élevent les eaux de la riviere cinq cens pieds plus haut que le bout des tuyaux aspirans. De gros tuyaux de fer conduisent les eaux jusqu'à une tour. De-là, elles montent par de nouveaux tuyaux, par un aqueduc qui a 330 toises de long, soutenu par des arcades, d'où elles descendent dans les réservoirs de Marly. Cette Machine étonnante a été inventée par le *Chevalier de Ville*, & n'a sûrement jamais eu de pareille dans le monde. Il y a un Contrôleur des Bâtimens, qui a le soin de cette Machine, tant pour l'entretien, que pour les réparations de ce qui peut se rompre ou détruire ; ce qui arrive souvent, ces grands corps étant jour & nuit en mouvement.

LE CHÂTEAU DE *MEUDON.*

MEUDON est un Bourg à deux lieues de Paris, qui n'est considérable que par le Château qui appartenoit à Monseigneur le Dauphin, fils unique de Louis XIV, & présentement à Sa Majesté LOUIS XV. Il est situé sur une éminence, d'où l'on voit Paris tout à découvert, & les Bourgs des environs. Son avenue est une des plus belles terrasses de l'Europe : elle est pratiquée sur les flancs d'un rocher, où le Cardinal de Lorraine fit commencer par *Philbert de Lorma*, ce Château sous le règne de François I. Il fonda & fit aussi bâtir le Couvent des Capucins, (leur première Maison en France,) qui est encore aujourd'hui sur la côte de cette terrasse, la plus proche de la riviere : leur Maison & l'Enclos ont trente arpens d'étendue, qu'ils tiennent des libéralités de feu MONSEIGNEUR.

Ce Château fut considérablement augmenté par le Comte Abel Servien, Surintendant des Finances; & le Chancellier le Tellier y fit faire de magnifiques jardins, qu'il enferma d'un Parc vaste & spacieux, dont les extrêmités joignent celui de Versailles. M. de Louvois, Ministre d'Etat, l'a encore depuis fait embellir. Feue Mademoiselle d'Orléans de Montpensier, tante de feu Monseigneur, (à la mode de Bretagne,) lui ayant légué en 1691 sa belle Maison de Choisi-sur-Seine, Louis XIV l'échangea pour Meudon, après la mort du Marquis de Louvois : la face de cet ancien Château est rougie de brique, & accompagnée de quelques bustes, & de balcons qui règnent tout autour.

Depuis l'échange, qui rendit ce Château Maison Royale, feu Monseigneur l'orna de tout ce que l'art peut ajouter aux plus heureuses dispositions de la nature. Les fontaines y furent augmentées, des grottes ajoutées, de nouvelles routes percées, de magnifiques avenues plantées; ensorte que ce lieu se trouva depuis digne de Louis le Grand, qui y faisoit chaque année trois ou quatre voyages de deux ou trois jours : c'eſt un des plus brillans & des plus agréables ſéjours, & dont l'aimable Prince, qui étoit l'eſpérance de la France, & la conſolation des Peuples, faiſoit ſes plus cheres délices ; il y mourut de la petite vérole, le 14 Avril 1711.

Ce Château, où l'on arrive par une grande avant-cour garnie de gazon, eſt compoſé d'un grand corps de logis qui ſe préſente en face. Il eſt accompagné de deux aîles : celle qui donne ſur la plaine a été rétablie par Monſeigneur, dont les écuſſons paroiſſent du côté du jardin.

Les appartemens de ce Château ſont remarquables par les peintures, les dorures, & les marbres qui y ſont en profuſion : toutes les croiſées ſont en glaces.

La belle terraſſe dont nous avons parlé ci-deſſus, ſert d'avant-cour au Château. On doit remarquer, 1°. ſon élévation, ſon étendue, la vûe admirable qu'elle préſente. 2°. La façade du Château ornée d'arcades & de pilaſtres. 3°. Les deux pavillons quarrés qui s'avancent plus que les autres parties de l'édifice, & lui donnent un air de grandeur, & de majeſté.

La galerie est ornée de tout ce qui peut la rendre magnifique ; outre l'éclat des marbres & des dorures, il y a un grand nombre de statues antiques & modernes ; & par-dessus tout, quantité de peintures des deux côtés, qui représentent des Campagnes & des Siéges. Ces beaux ouvrages sont de *Martin* l'aîné, habile Peintre. Monseigneur avoit fait construire en place de l'ancienne Grotte de Meudon, un Château neuf très-considérable par plusieurs sujets. Le second étage de cet appartement rend de plein-pied dans le jardin haut.

On voit dans la Chapelle deux tableaux d'*Antoine Coypel*.

Les jardins sont en terrasses, qui s'élevent les unes sur les autres : elles se terminent, vers le midi, par une pente insensible, jusqu'au bas du côteau, où il y a deux piéces d'eau, & un canal au bout. Des bois d'une charmante beauté y font respirer, pendant la chaleur, une fraîcheur délicieuse, en même tems qu'on y goûte un paisible repos, qu'inspire le désert le plus écarté. Cette solitude n'en est pas plus sauvage : car le nombre infini d'agrémens champêtres, qu'on a pris soin de joindre aux beautés naturelles de ce Palais, la rendent le lieu du monde le plus enchanté & le plus délicieux.

L'Orangerie est des plus belles, tant par la quantité, que par la grosseur des orangers qui sont des plus beaux, & placés tout proche les uns des autres.

Le Bourg de Meudon n'a rien de singulier que la Paroisse ; Monseigneur l'a fit rétablir, avec un clocher, & une fontaine pour la commodité des Habitans.

BELLEVUE.

C'EST une Maison de plaisance appartenante au Roi, située au-dessous de Meudon.

Toutes les parties de ce lieu charmant, méritent d'être vûes. On doit d'abord remarquer sa position avantageuse ; car elle est sur une hauteur d'où l'on découvre la plus belle perspective, & on voit couler au-dessous la riviere de Seine. Une belle avenue conduit à l'avant-cour. De là, on passe dans la cour du Château, qui est environnée de grilles dorées ; ce qui offre dès l'entrée un air de magnificence Royale.

Le Château a quatre faces, & il a été construit sur les desseins de M. *l'Assurance*. Entre les croisées sont des bustes de marbre, & des bas-reliefs sur les frontons. Dans le Vestibule qui conduit aux appartemens, remarquez deux grandes figures de marbre, l'une, d'*Adam* l'aîné, l'autre, de *Falconnet*, les peintures en grisailles de l'escalier. Dans la Salle à manger, observez les dessus de porte qui représentent des sujets de Chasse. Passez dans le Sallon, vous y verrez six tableaux de *Carle Vanloo*. Entrez dans l'Appartement du Roi, tout y est élégant & magnifique. Tout l'ameublement est en étoffe de Perse brodée en or. Les dessus de porte sont de *Bon Boulogne*. Le Cabinet de Sa Majesté est dans le même goût; les sculptures du lambris sont remarquables. Les autres parties de cette Maison méritent également votre attention, tels sont la Chapelle, l'Appartement des Bains, la Ménagerie. Remarquez, à droite & à gauche, les Parterres à l'Angloise : ils sont terminés par des bassins de marbre richement décorés.

Entrez dans les Jardins, ils charmeront votre vûe par l'air d'élégance qui y règne. La Statue pédestre que vous voyez au milieu de la grande allée, représente le Roi : elle est de *Pigale*. A la droite de cette allée, est un petit labyrinthé. Ensuite, on trouve quatre bosquets, & chacun d'un goût différent. Un de ces bosquets, qui est le plus charmant, n'offre aux yeux que des roses, des jasmins, des orangers mêmes qui semblent sortir du sein de la terre. Dans le quatrième, on voit une Cascade fort décorée par des groupes de figures en

276 LES CURIOSITÉS
marbre, par des festons & des trophées en plomb; le tout exécuté avec une magnificence Royale. A la gauche de cette même allée, sont quatre salles avec des allées. Après cela, vous pouvez voir les Potagers & les Vergers qui sont à la suite. Remarquez un Buffet de rocaille, qui est en vûe du Château: il est orné de deux Griffons dorés, & dans le bas un bassin & trois coquilles. Enfin vous ne pourrez sortir de ce beau séjour, qu'enchanté de ce que vous y aurez vû.

LE CHATEAU DE S.T CLOUD

LE CHÂTEAU DE *SAINT CLOUD.*

SAINT CLOUD est un Bourg à deux petites lieues de Paris, situé sur le bord de la riviere de Seine qui lui sert de canal, & rend ses jardins & ses côteaux très-agréables : le Fief de ce lieu est un Duché-Pairie, dont l'Archevêque de Paris est le Seigneur; en cette qualité, il est qualifié Duc de saint Cloud, Pair de France. Ce Bourg bâti sur un terrein élevé en demi-croissant, est considérable par le Château auquel il a donné le nom. On y arrive de Paris par un pont de pierres, d'où l'on entre dans la Place d'Orléans, séparée du jardin par une grille de fer à deux portes, qui, d'un côté, sert d'entrée aux jardins d'en-bas & de l'autre, aux avant-cours du Château, par une longue avenue d'ormes & de palissades de charmilles.

Ce Château, qui appartenoit autrefois à la Maison de Gondy, fut acquis par Louis XIV, le 8 Octobre 1658, pour feu Monsieur, Duc d'Orléans, son frere unique. C'est un des plus beaux Palais de France : la situation, les vûes, les eaux, les bois, l'architecture, les marbres, les sculptures & les peintures, en font un des plus agréables séjours.

On arrive à ce Château, par une derniere cour plus longue que large, élevée en haute terrasse. Il est composé d'un grand corps de logis de cent quarante-quatre pieds de façade, sur soixante & douze d'élévation. On y a joint quelques ouvrages soutenus de deux gros pavillons, où commencent deux aîles moins exhaussées, qui s'étendent, par une agréable symètrie, jusqu'aux deux tiers de la cour. Les balcons des avant-côtés ont leurs vûes sur la plaine, sur Paris, & sur des Paysages d'une grande beauté.

Lorsque vous serez entré dans la cour de ce Château, vous verrez au fronton de la principale façade, un cadran découvert par le Tems, avec quelques Amours qui représentent les quatre parties du jour.

Sur la corniche, qui est portée par

quatre colomnes de l'ordre corinthien, il y a la Force, la Prudence, la Richeffe & la Guerre.

A l'aîle droite du Château, dans des niches, font quatre figures qui repréfentent l'Eloquence, la Mufique, la Bonne-chere & la Jeuneffe.

A l'aîle gauche du Château, ce font la Comédie repréfentée par le Dieu Momus, & la Danfe, par une Bacchante; il y a auffi la Paix & la Richeffe.

LES APPARTEMENS de ce Château font d'une grande magnificence, & très-richement meublés: tout y eft d'un goût & d'une perfection digne du grand Prince à qui il appartient; les excellentes peintures du célèbre *Mignard* doivent vous engager à voir ce charmant féjour. On monte aux appartemens, par le grand efcalier qui eft fur la gauche, en entrant: il eft formé de deux rampes égales; les colomnes, les pilaftres & la baluftrade font d'un marbre choifi.

D'abord, on entre, fur la gauche, dans la Salle des Gardes, pour fuivre l'enfilade des appartemens; mais avant que d'y entrer, voyez, fur la droite, le Sallon du Billard, dont le plafond eft rempli de peintures d'un bon goût, & les lambris comme le plafond, chargés de dorures & de portraits au naturel de Princes & de Princesses, &c. dont les noms sont marqués en lettres d'or : avancez-vous jusques sur le balcon, pour jouir de la vûe du monde la plus agréable, qui règne sur Paris & sur les environs.

La pièce la plus curieuse des appartemens, est la fameuse Galerie d'Apollon & les deux Sallons, qui remplissent l'aîle gauche, & qui, joints de plein-pied avec l'Orangerie, font une enfilade d'une largeur surprenante, & d'autant plus agréable, que la vûe n'y est nullement bornée, s'étendant sur Paris & le Pays d'alentour.

Le grand Sallon qui précéde la Galerie, est orné de belles peintures qui représentent les amours de Mars & de Vénus, en plusieurs tableaux. Remarquez dans le coin du plafond, du côté du jardin, Apollon ou le Soleil qui découvre à Vulcain les amours de Vénus sa femme avec Mars, qui sont représentés ensemble au-dessus de la cheminée. On y voit plusieurs Amours qui désarment ce Dieu. Outre l'éclat des dorures, ce Sallon est encore orné de quatre grosses colomnes, & de seize pilastres de marbre. Ce beau Sallon communique, par une grande arcade, à la Galerie d'Apollon.

LA

LA GALERIE D'APOLLON.

Cette Galerie est décorée de tout ce qui peut rendre un pareil lieu magnifique & charmant : elle est percée de treize fenêtres de chaque côté, & de deux à l'extrêmité, les trumeaux sont couverts de peintures qui représentent différentes Maisons Royales, Châteaux, &c. qui sont rangées en cet ordre.

Le premier sujet, en entrant sur la droite, est Chantilly, Villers-Cotterests, Rainci, Sceaux, Trianon, le Plessis, Vaux-le-Vicomte, le Palais Royal, saint Germain, Clagni, les Thuileries, saint Denis, le Luxembourg : le premier à gauche, de suite, Fontainebleau, Vincennes, le Château neuf de saint Germain, Versailles, Blois, Marimont, Maisons, le Val, le Pavillon de saint Cloud, Vûe de Versailles du côté de l'Orangerie, & Chambort.

Le premier tableau qui est au-dessus de la porte, en entrant, représente la naissance d'Apollon & de Diane : Latone outragée demande à Jupiter, qui paroît sur une nuée, la vengeance des Paysans de Lycie : il y en a un baissé qui trouble l'eau, pour empêcher Latone de boire,

Tome II.   A a

un autre fait la moue à cette Déesse, & un troisième la menace du doigt.

A l'autre bout de ce tableau, il y a un autre paysan qui dort, & deux enfans; l'un tient une flûte, & l'autre un nid de cannes. Le plafond de ce tableau représente l'Isle de Délos, avec une mer & une grande forêt.

Vous verrez dans le grand plafond du milieu de cette Galerie, le Soleil sortant de son palais, accompagné des heures du jour, en attitude de pousser & d'ouvrir la vapeur qui forme l'obscurité; il est précédé d'un enfant, qui porte un cornet plein de fruits, pour représenter l'abondance.

Plus bas, bien au-dessous, il y a des petits Zéphirs, qui versent la rosée du matin à la pointe des rayons du Soleil. L'Aurore paroît, dans son char, devant lequel un Amour répand des fleurs. Au-dessus, un peu devant l'Aurore, l'Etoile du point du jour est représentée par un beau jeune homme qui la porte sur sa tête, une verge à sa main, en attitude de chasser la Nuit & toutes les Constellations devant lui. L'Hirondelle, oiseau qui vole avant le point du jour, s'enfuit de même.

Sur la fin du tableau paroît la Nuit en

attitude rapide & violente, tirant à deux mains ses voiles; elle est accompagnée de ses deux Enfans, dont l'un représente le sommeil de la vie, & l'autre celui de la mort.

Les quatre Saisons de l'année sont aussi représentées dans le berceau de cette Galerie; sçavoir, le Printems & l'Eté, entre l'entrée & le plafond du milieu; l'Automne & l'Hyver, entre ce même plafond & l'extrêmité de la Galerie.

LE PRINTEMS.

Du côté du Jardin.

Le Printems est représenté par les fêtes ou le mariage de Flore & Zéphire; cette Déesse paroît sur un lit, Zéphire auprès d'elle qui la caresse d'une main, & marque de l'autre un empressement extrême de verser sur elle des fleurs, qu'une des heures du jour apporte dans un cornet d'abondance. Les Amours sont à l'entour; il y en a un qui tient une corbeille de fleurs; un autre qui en prend pour les jetter en confusion sur Flore; un troisième est assis près d'une petite corbeille de fleurs, dont il a fait des guirlandes.

Au côté gauche de la Déesse, sur le bord de ce tableau, l'on voit encore trois Amours; le premier, monté sur une peau de Bouc, qu'il perce pour en tirer du vin; le second qui en reçoit dans une tasse d'or; & le troisième assis plus bas, tient un vase entre ses jambes, qui reçoit aussi le vin qui sort avec impétuosité.

A son côté droit, derrière Zéphire, il y a deux autres Amours, dont l'un représente l'Hymen qui tient une torche allumée, & l'autre se joue avec un petit oiseau qu'il laisse envoler.

Sur le devant de ce tableau, il y a une figure qui se met à genoux, & qui cueille des fleurs pour les porter à Flore; & de l'autre côté, près de la Déesse Flore, sur le devant du tableau, une figure vûe par le dos prend, d'une main, de ces fleurs dans une corbeille, & de l'autre, les répand sur le lit de Flore : auprès d'elle, il y a des vases, avec une table garnie d'une petite collation. Dans le fond de ce tableau, les petites figures de l'éloignement représentent des Bacchantes, avec des Satyres, qui viennent pour se réjouir aux fêtes de Flore.

L'ÉTÉ.

Du côté de la Cour.

L'Été est représenté par les fêtes de Cérès. Les Vierges qui portent la statue de cette Déesse en dévotion parmi les bleds pour la fertilité de la terre, sont arrêtées, ayant posé leur trépied & mené les victimes, qui sont la truie & la brebis, pour en faire le sacrifice auquel on travaille.

La figure de devant, vûe par derrière, représente le Boutipe, tenant le couteau de la main droite pour égorger la victime : ce Boutipe, qui étoit un Sacrificateur, est en attitude d'exécuter son action, dans le moment que la Prêtresse aura prononcé les paroles du Sacrifice, & dans le même tems qu'une autre Vierge répandra du lait & du vin sur le feu du trépied qui fume. Les Vierges sont suivies de Bacchantes, avec des instrumens antiques ; & lorsque le Sacrifice se fait, les Moissonneurs se mettent à genoux avec des torches à la main, en attitude d'adorer la Déesse Cérès, que les Vierges portent sur leurs épaules : d'autres lui présentent des gerbes de bled. Le Peintre pour témoigner l'extrême chaleur de l'Eté, a représenté la Canicule dans une nuée, sous la figure d'un chien altéré regardant le Soleil.

L'AUTOMNE.

Du côté de la Cour.

L'Automne est représenté par les fêtes de Bacchus & Ariane dans son char, tiré par des Pantheres qui sont gouvernées par des Amours. L'on y voit une marche de Faunes & de Bacchantes, le Tirse à la main, dont l'une danse devant le char, en sonnant du tambour de Basque, & l'autre porte un panier de raisins, en attitude de prendre plaisir par son air riant, de voir deux petits enfans, l'un endormi par la Vendange, & l'autre qui s'en rit.

Cette troupe est suivie du bon pere Silene, porté par des Faunes; & toute la compagnie est pamprée, & couronnée de feuilles de vigne & de lierre. Le fond du tableau représente une Mer, & dans l'éloignement un petit Vaisseau qu'Ariane montre à Bacchus.

Sur la droite, sont représentés des arbres d'Automne avec des fruits; des peaux de Tigres font attachées à ces arbres, avec des masques & des tambours de Basque, qui étoient la marque de réjouissance des Bacchanales.

L'HYVER.

Du côté du Jardin.

La principale figure de ce tableau représente le Vent Borée, avec ses deux fils, sur une grosse nuée, son manteau entortillé sur son bras gauche; il souffle avec colere la grêle & la neige, & chasse le Soleil qui va se cacher dans le coin du tableau. Le Soleil est presque offusqué par une nuée épaisse & brune qui le chasse.

Derrière Borée, les sept Pleyades sont représentées, tant en figures humaines, qu'en étoiles qui se fondent en eau, & se répandent dans des vases antiques. Sur le devant du tableau, la Terre est figurée demandant du secours au Soleil; Vulcain vient lui offrir le feu de la Terre, n'y ayant plus que ce feu qui puisse lui être utile.

Le fond de ce tableau est une Mer agitée, pleine de bourasques, où sont quelques Vaisseaux en péril, le rivage de la

Mer est glacé, il y a sur les bords des oiseaux aquatiques.

Au-dessus des deux fenêtres de l'extrémité, vous verrez le Parnasse, & Apollon qui invente la Musique, montrant un Rossignol perché sur la branche d'un laurier, (comme le symbole de la Musique,) duquel il prétend qu'on écoute tous les tons pour les faire noter.

Des deux enfans qui sont sur le devant du tableau, l'un frappe d'un marteau sur une enclume, & l'autre est en attitude de prendre un marteau dans des balances, pour frapper avec lui; ils marquent la mesure, & les balances qui sont au bas de l'enclume sur le terrein, signifient la justesse. Les Cignes qui sont sur le côté gauche, représentent la voix des Poëtes.

Il y a encore quatre petits tableaux dans la voûte, deux de chaque côté du grand plafond: celui qui est entre la porte & le grand plafond, fait voir Climene qui présente son fils Phaéton à Apollon, pour le reconnoître.

Celui qui est entre le plafond & les fenêtres, représente Apollon avec la Vertu volant dans l'air, montrant à la Vertu qui est assise en bas sur des nuées, un siége tout lumineux, où il la veut placer;

placer; l'Amour de la Vertu est auprès, assis de même sur des nuées, tenant de grandes branches de laurier, qui ne servent que pour orner ce tableau.

Ceux des extrêmités repréſentent Circé, fille du Soleil, assise sur des nuées, un Amour auprès d'elle qui lui préſente quantité d'herbes; il est entre la porte & le plafond.

Et dans l'autre situé entre le plafond & les fenêtres, l'audacieux Icare est repréſenté avec ſes aîles qui fondent, en attitude d'un homme épouvanté, ſe ſentant tomber de la route du Soleil en terre.

Les huit bas-reliefs en camayeux de cette belle Galerie, ſont placés dans de grandes bordures rondes rehauſſées d'or. Le premier, qui est ſur la droite, en entrant dans la Galerie, repréſente Apollon devant le portique de ſon Temple, ſon trépied devant lui, & la Sybile à genoux, lui montrant une poignée de ſable dans ſa main, & le priant de la faire vivre autant d'années qu'il y a de grains.

Le ſecond, qui eſt le premier ſur la gauche, repréſente Apollon aſſis ſur une terraſſe, le Dieu Eſculape ſon fils à genoux auprès de lui, s'appuyant ſur un

grand Livre qui est sur les genoux d'A-
pollon ; quantité de plantes devant eux
qui sortent de la terre, & qu'Apollon
montre à Esculape pour lui enseigner la
Médecine.

Deux de ces bas-reliefs, qui sont plus
grands que les autres, s'étendent jusques
à la moitié de la Galerie : l'un représente
le défi de Marsias avec Apollon, & Midas proche d'eux qui en est le Juge. L'autre, sur la droite, à l'opposite, représente Apollon qui fait écorcher Marsias.

Les quatre autres bas-reliefs, qui sont
dans l'autre moitié de la Galerie, représentent, sçavoir, le premier sur la droite,
le changement de Coronis ; & le second,
qui est sur la gauche, celui de Daphné en
laurier : & au bout de la Galerie, des deux
côtés du tableau du Parnasse, sur la droite,
c'est le changement de Cyparisse en Cy-
près, & sur la gauche, celui de Clitie en
Tournesol.

Sur la gauche de l'extrêmité de cette
Galerie, il y a un plus petit Sallon que
celui de l'entrée : il est orné d'un plafond, & de plusieurs ouvrages de peintures qu'il ne faut pas négliger de voir.
Le grand Cabinet est enrichi d'une infinité de choses singulieres & précieuses,

recherchées & ramaſſées avec autant de ſoin & de dépenſe, qu'elles ſont arrangées avec goût & propreté. La Chapelle de ce Château, quoique petite, a auſſi ſon mérite particulier. Mais je ne m'étendrai pas davantage ſur les beautés intérieures, pour vous faire connoître les agrémens des Jardins, où il y a pluſieurs endroits très-curieux.

JARDINS DE SAINT CLOUD.

Ces Jardins ſont diſpoſés avec beaucoup d'art, dans une très-heureuſe ſituation : la riviere de Seine paſſant le long des Jardins d'en bas, forme un beau & large canal, qui mouille le gazon d'une terraſſe plantée en allées à perte de vûe. Ces Jardins ſont ornés par des eſpèces de cabinets, des boſquets, des ſallons, des baſſins, des jets d'eau de hauteur ſurprenante, & ſur-tout par de grandes Caſcades.

Les Jardins hauts ſont encore plus ſpacieux : on trouve ſur la hauteur de la montagne de grandes pièces d'eau jailliſſantes, diſtribuées en jets & en gerbes diverſifiées en pluſieurs manieres ; mais l'endroit le plus capable de vous faire plaiſir, eſt celui des merveilleuſes Caſcades, qui passent pour le chef-d'œuvre de l'*Hydraulique*.

LES CASCADES DE SAINT CLOUD.

Ces admirables Cascades sont partagées en deux parties; la haute Cascade, qui est du dessein de *le Pautre*, a cent huit pieds de face sur autant de pente, jusqu'à l'allée du Tillet, qui y forme un large repos, & la sépare de la basse Cascade. Le milieu est orné d'une rampe de neuf gradins, disposés par autant d'étages, depuis la balustrade qui se trouve à hauteur d'appui, & qui règne sur toute la face de la haute Cascade, où elle forme un grand balcon, d'où vous jouirez de la vûe la plus agréable du monde. M. LE DUC D'ORLÉANS l'a beaucoup fait embellir depuis quelques années: il a fait poser sur le haut deux figures colossales de dix-sept pieds de proportion, qui représentent la Seine & la Marne; la Seine est assise sur un rocher, au-dessus duquel on apperçoit un antre d'où sort une grande nappe d'eau; la Marne est un peu panchée sur une urne, de laquelle il sort une autre nappe d'eau, qui, se mêlant à l'eau de la Seine, tombe dans la grande coquille du milieu. La Marne paroît

dans une attitude suppliante, pour obtenir que la Seine veuille bien recevoir ses eaux. Ce bel ouvrage, accompagné des attributs convenables, est de M. *Adam*, Sculpteur du Roi. Les statues à demi couchées sur cette balustrade représentent la Seine & la Loire, appuyées chacune sur une urne; celles des extrêmités, sont Hercule & des Faunes. L'élévation, la chute & les nappes d'eau de cette Cascade, ne donnent pas moins de plaisir que de surprise. Leur premier effet forme, dans ces urnes, une grosse gerbe à vingt jets de six pieds de haut. La confusion des eaux qui sortent de ces gerbes & des bouillons, descend par neuf différentes nappes : ces nappes ont douze pieds de large, sur dix & demi de saillie, avec trois chiffres. Elles sont posées sur autant de gradins, accompagnés d'urnes soutenues par un corps d'architecture, dont les faces sont ornées de tables de rocailles.

La première rampe de cette Cascade en a deux autres à vingt pieds de distance, composées de quatorze pilastres; elles sont terminées par vingt-huit bassins jaspés, taillés en chandeliers, distribués en quatre rangs, & disposés par dégrés sur les bords de ces deux rampes. Ces bassins ont quatre pieds sur une forme ronde, d'où il s'élève des bouillons de six pieds de haut. Entre les statues d'Hercule & des Faunes, il y a un bassin de huit pieds, qui en soutient un moins large, d'où sort un jet qui se répand en nappe autour de la rocaille qui l'environne.

Cette haute Cascade est ornée de tables de rocailles : la balustrade est terminée par de larges piédestaux, accompagnés de chiffres & de la devise de feu Monsieur ; c'est une bombe enflammée prête à se mettre en pièces sur les Ennemis que les canons ont épargnés, avec ces paroles : *Alter post fulmina terror*.

La basse & la nouvelle Cascade est à la chute de la haute : elle a été construite sur les desseins de *J. H. Mansard*. L'allée du Tillet sépare ces deux Cascades, & forme entr'elles un large espace, d'où vous devez observer de plus près la rare distribution de la haute, & la disposition de la basse. Celle-ci est élevée en fer à cheval arrondi, & contient, avec son canal, deux cens soixante-dix pieds de longueur, sur quatre-vingt-seize dans sa plus grande largeur.

Une rampe à hauteur d'appui, & qui s'avance vers le canal en forme de demi-cercle, partage ce fer à cheval en deux baffins inégaux pour l'élévation & pour l'étendue. L'eau paffe, du premier baffin dans fe fecond, par cinq grandes nappes, difpofées fur cette rampe pour couler par une autre nappe, qui termine à ce fer à cheval, dans un troifième baffin plus enfoncé que les deux autres. Les eaux paroiffent fe raffembler en cet endroit, pour fe précipiter avec plus de violence par une derniere nappe dans le canal, où fe rendent les deux Cafcades : ce canal eft garni de douze jets.

La diftribution de ces eaux eft fi bien entendue, qu'on prendroit cette Cafcade pour un vafte théâtre de criftal jailliffant, par l'arrangement & la difpofition des chutes, des jets, des nappes, des bouillons & des lances. Toutes ces eaux, après avoir coulé quelque tems fous l'allée du Tillet, fe répandent par trois grands Mafques marins, fur une table de vingt pieds de face, d'où s'élevent deux bouillons de cinq pieds. La prodigieufe quantité des différentes eaux qui fe précipitent du haut de cette Cafcade, y excite un doux murmure, & enfuite un bruit fi grand de toutes parts, que la chute du plus rapide torrent n'y est pas comparable.

Deux doubles pilaſtres, amortis d'autant de Dauphins, ornent les encoignures où aboutiſſent les baſſes rampes du fer à cheval, & ſoutiennent la nouvelle nappe qui le forme. Cette nappe commence à l'entrée du canal, où les eaux ſemblent vouloir s'engouffrer avec plus de rapidité, en blanchiſſant ſur une derniere nappe qui les réunit, & dont la forme eſt un quarré à oreilles de la même largeur que la précédente. Cette nappe coule auſſi par-deſſus une derniere rampe de trois pieds d'élévation, & tombe enfin dans le canal, qui eſt long de deux cens pieds, & large de cinquante-quatre

Toutes ces eaux paroiſſent alors ſuſpendre leurs mouvemens, & reſter preſque enſevelies dans cette eſpèce d'abyſme, où mille chutes diverſes les ont précipitées du haut de la grande Caſcade, comme ſi elles ne devoient jamais être ranimées dans les deux boulingrins diſpoſés pour la décharge de ce canal.

Un demi ovale, de vingt toiſes de long ſur quinze de large, & garni dans ſes extrêmités de deux nouveaux jets de quinze pieds de haut, termine & finit ce canal, qui est environné d'une rampe unie de cinq pieds de hauteur, accompagnée de deux autres palissades de charmilles & de bois, embellies de statues, jusqu'à l'allée des Portiques. Cette allée conduit à la grille du Pont de Saint Cloud, & sur la Place d'Orléans.

Ce qui reste de la même allée, jusqu'au bord de la Seine, est tapissé d'un gazon large & épais, & bordé de plusieurs bancs, pour admirer de-là plus commodément l'ingénieux travail par lequel toutes ces belles eaux sont élevées avec tant d'agrémens.

Après la Cascade, il y a encore plusieurs pièces d'eau qui méritent votre attention, entr'autres LE GRAND JET qui est sur la droite de la Cascade. L'élevation de ses eaux est si considérable, qu'elle surpasse la hauteur du plus grand arbre de ce Jardin : ce jet s'élance à quatre-vingt pieds de haut ; il est placé au milieu d'un grand bassin quarré, dont la face ornée d'une balustrade, est accompagnée de dix petits bassins en coquilles, & de neuf fontaines d'où l'eau coule par des masques dorés.

L'Orangerie de Saint Cloud est une

des plus belles qu'il y ait en France. La Serre eſt un bâtiment richement conſtruit. Enfin vous devez remarquer la grande étendue du Parc, qui a près de quatre lieues de circuit : on y trouve de côté & d'autre, des réduits champêtres, des boſquets, des boulingrins, tantôt en élevation, tantôt en pente ; des points de vûe très-étendus, & quantité d'autres aſpects dont la variété compenſe infiniment l'inégalité du terrein.

Le Bourg de SAINT CLOUD eſt auſſi ancien que le Royaume : il portoit autrefois le nom de NOGENT, qu'il a changé pour honorer la mémoire de Clodoalde, troiſième fils de Clodomir, Roi d'Orléans, & frere de Clovis II. Ce jeune Prince, après la violente mort de ſon pere, ſe retira dans le Monaſtere qu'il avoit fait bâtir à Nogent. Il étoit petit-fils du grand Clovis ; ſa piété fut ſi grande, que renonçant au monde, il prit l'habit de Religieux des mains de Saint Severin, en l'Egliſe de ce lieu, qui, dans la ſuite a été appellée Saint Cloud.

Cette Egliſe eſt Collégiale, deſſervie par des Chanoines : elle n'a rien de ſingulier, que les Reliques de Saint Cloud qui y ſont conſervées. Le cœur d'Henri

III. repose dans cette Eglise, parce que ce Roi étant à Saint Cloud, un scélérat nommé Jacques Clément, s'étant approché de ce Prince, sous prétexte de lui rendre une lettre, lui donna un coup de couteau, dont il mourut le premier Août 1589.

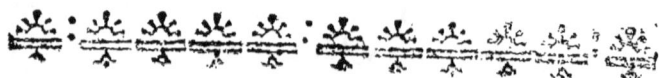

LE CHÂTEAU DE VINCENNES.

LE CHASTEAU DE VINCENNES est situé dans l'Isle de France, à plus d'une lieue de Paris, du côté de l'orient. Quelques Auteurs prétendent que le nom de Vincennes a été donné à ce Château, à cause qu'il est distant de Paris de vingt stades, qui font deux mille deux cens pas, ce qu'il faut entendre dans le tems que la Ville de Paris étoit renfermée dans l'Isle du Palais ; car il l'est beaucoup moins aujourd'hui : d'autres disent, à cause de l'étendue de l'ancien Parc, qui contenoit environ deux mille ou vingt fois cent arpens. D'autres enfin tirent ce nom de Vincennes, à cause de sa situation, par la pureté de l'air qui rend la vie saine ; & cette étymologie est la plus vraisemblable. Ce Château se trouve aujourd'hui à l'extrêmité d'une longue avenue, plantée de quatre rangées d'ormes, qui commencent à l'en-

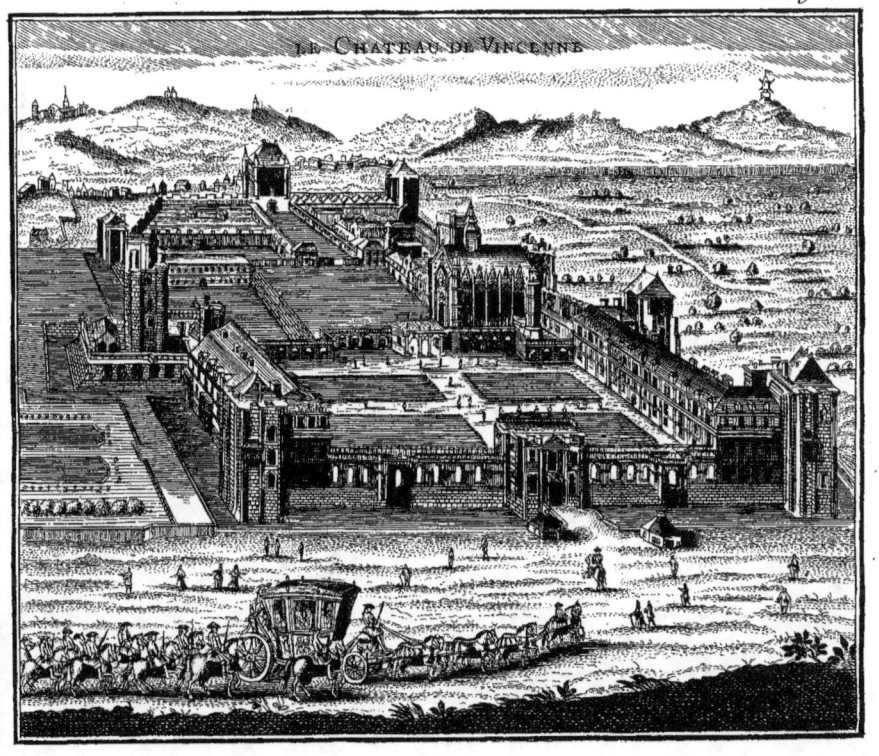

droit où étoit l'Arc de Triomphe. Il a fallu faire de grandes dépenses pour rendre le terrein égal, combler les creux fort profonds, & élever des murs épais & très-hauts, afin de soutenir les terres & conserver le niveau.

Ce lieu est aussi communément nommé LE BOIS DE VINCENNES; ce Bois, qui a quatorze cens arpens d'étendue, étoit environné de fossés. Les Religieux de saint Maur des Fossés, ceux de saint Martin des Champs, & ceux de saint Lazare y ont eu droit de chauffage jusqu'en 1164, qu'ils le céderent au Roi Louis VII. Le Bois de Vincennes étoit une dépendance du Château Royal de Beauté, qui étoit situé sur la Marne : il y a encore dans le Parc, un Buisson de tilleuls, coudres & autres bois blancs, contenant quatorze ou quinze arpens plantés sur une colline qui regarde cette riviere, lequel forme un petit Parc qu'on appelle LE BUISSON DE BEAUTÉ. Louis VII., en 1164, fit entourer le Bois de Vincennes; & du côté de Paris, il y fit faire de petits logemens pour lui servir au retour de la chasse.

Ce Prince fit bâtir assez proche de-là un Monastere qu'il donna aux Religieux de l'Ordre de Grammont, qui l'ont conservé jusqu'au règne de Henri III, qui leur donna le Collége de Grammont, à Paris, & mit en leur place, à Vincennes, les Religieux Minimes qui y sont depuis ce tems-là.

En 1183, Philippe Auguste, au rapport de Duhaillan, le fit fermer de murailles, & y jetta les premiers fondemens du Château. Rigort, Historiographe & Médecin de ce Prince : parle de Vincennes en ces termes : *Philippus Augustus, anno M. C. LXXXIII. nemus Vincennarum, quod toto tempore Prædecessorum, fuerat disclusum, & omnibus transeuntibus patens & pervium, muro optimo circumcinxit. Inclusit maximam multitudinem Caprarum, & Damarum, & Cervorum.* Le Roi d'Angleterre lui avoit envoyé ces bêtes fauves.

L'an 1237 Philippes de Valois éleva huit grosses tours, au milieu desquelles se trouvoit la tour de saint Louis. Depuis, on en a encore bâti deux autres du côté de Nogent. Le Roi Jean fit continuer l'ouvrage de ces tours jusqu'à leur derniere hauteur ; il les fit entourer d'un fossé profond & revêtu de pierres de taille, & fit fermer de murailles l'espace des tours de l'une à l'autre. Le Roi Charles V son fils, acheva ces tours, & se logea dans la plus haute, qui est du côté de Paris, qu'on appelle la Tour du Donjon. Philippe de Valois fit aussi bâtir une Sainte-Chapelle dans le Cloître où sont les Chanoines, sous le nom de la Sainte Trinité. Les Rois François I & Henri II, en ont fait depuis construire une autre plus belle que l'ancienne, vis-à-vis le Donjon. Louis XIV unit en 1694 à cette Sainte-Chapelle, celle de Vivier en Brie, que Charles V avoit fondée pendant le séjour qu'il avoit fait à Vivier n'étant que Dauphin. L'origine de Vincennes s'apprend par les Vers suivans, gravés en grosses lettres sur une table de marbre noir élevée contre le mur de la porte de la haute tour, du côté gauche.

Origine et Antiquité.

Qui bien considere cet œuvre,
Si comme se montre & découvre,
Il peut dire que oncque a Tour,
Ne vid avoir plus bel atour,
La Tour du Bois de Vincennes,
Sur Tours neuves & anciennes
A le prix. Or sçavez en ça,
Qui la parfit ou commença,
Premierement, Philippes, Loïs,

Fils Charles, Comte de Valois,
Qui de grand prouesse abonda,
Jusque sur la terre la fonda,
Pour s'en soulatier & ébattre,
L'an trois cens trente-trois & quatre.

Le Roi Jean l'a continuée jusqu'au troisième étage.

Après vingt & quatre ans passez,
Et qu'il étoit ja trépassez,
Le Roi Jean cet ouvrage
Fit lever jusqu'au tiers étage ;
Dedans trois ans par mort cessa.

Elle fut achevée par Charles V, fils du Roi Jean.

Mais Charles Roi son fils laissa,
Qui parfit en brieuves saisons,
Tours, Ponts, Braye, Fossés, Maisons.
Né fut en ce lieu de Citalle,
Pour ce l'avoit plus agréable,
Dé la fille au Roi Behaigne,
Et ot a Epouse & Compaigne,
Jeanne fille au Duc de Bourbon,
Pierre en toutes valeurs bon.
De lui a noble lignée,
Charles le Delphin & Marie.

Témoignage

Témoignage de l'Auteur.

Meſtre Philippes Ogier témoigne
Tout le fait de cette beſoigne.
Achevons, chacun ſupplie,
Qu'en ce mond' leur bien multiplie,
Et que les nobles Fleurs de lis,
Eʒ ſaints Cieux aient leurs délis.

Pluſieurs Rois de la troiſième Race, ont fait leur ſéjour au Château de Vincennes. L'Hiſtoire de ſaint Louis rapporte, que ce Prince alloit ſouvent à Vincennes pour ſe donner plus tranquillement aux exercices de piété, & pour jouir en ce lieu des charmes de la retraite. On voyoit dans le Parc, ſous François I, & long-tems encore après, un gros chêne ſous lequel ce ſaint Roi donnoit audience à ceux qui ſe préſentoient pour lui demander juſtice. Les Hiſtoriens ajoutent, qu'il envoyoit des Hérauts par la campagne, pour avertir ceux qui avoient beſoin de ſon autorité contre l'oppreſſion des Grands qui les maltraitoient; & que là, ſur un Trône de gazon, il les écoutoit patiemment, & rendoit des Jugemens qui les mettoient en repos.

La Sainte-Chapelle de Vincennes a été fondée au mois de Novembre 1379, par le Roi Charles V. Elle est composée d'une Dignité de Trésorier, qui a deux mille cinq cens livres de rente, d'un Office de Chantre, qui a un Canonicat annexé avec quinze cens livres, & de douze Canonicats qui valent chacun douze cens livres : de six Chapelains ou Vicaires perpétuels, qui ont six cens livres : ils ont entrée au Chapitre. Tous ces Bénéficiers sont logés dans un endroit du Château qu'on appelle le Cloître : leurs maisons y ont été bâties, & sont entretenues par le Roi. Le bâtiment de cette Sainte-Chapelle est d'un dessein assez beau, quoique gothique, avec quantité de piramides & d'autres ornemens qui étoient fort estimés autrefois. Les vitres peintes en apprêt sont du fameux *Jean Cousin* ; l'on n'en voit point de plus belles ailleurs : elles représentent les sept Trompettes de l'Apocalypse, & les quatre Saisons.

Les Rois Philippe le Bel, Louis Hutin & Charles le Bel sont morts à Vincennes. L'Ordonnance de la Majorité de nos Rois y fut faite en 1374, par Charles V, dont la troisième fille nommée Jeanne de France, y prit naissance. Charles, Dauphin de Viennois, son fils, y mourut l'an 1386, de même que le Roi Charles IX en 1574. Le Cardinal Mazarin, sous le Ministere duquel on y a fait des augmentations très-considérables, étant mort dans ce Château en 1661, son corps fut mis en dépôt dans la Sainte-Chapelle, où sont ses entrailles; il y demeura jusqu'en l'an 1684, qu'il fut apporté à Paris dans la Chapelle du Collége des Quatre-Nations, où vous avez vû son magnifique tombeau.

Tout l'ouvrage du Château de Vincennes est sur un plan quarré long, entouré de fossés revêtus & fort profonds. Il est composé de plusieurs tours quarrées & fort élevées, dont il y en a plusieurs jointes ensemble plus hautes que les autres, on les nomme LE DONJON. Ce lieu a son fossé particulier, avec un pont-levis. Louis XIV, dans le commencement de son règne, fit élever les deux grands corps de bâtiment qui sont du côté du Parc, dans la Place Royale. Le corps de logis qui est du côté de Paris, est double; l'autre ne l'est pas. Les faces sont ornées d'un ordre toscan & dorique en pilastres : les dedans sont grands & magnifiques.

Le Donjon de Vincennes a long-tems servi de prison pour les personnes d'une qualité distinguée, ou Prisonniers d'Etat; il y a présentement une Capitainerie Royale de Chasses jointe à celle de ce Château.

En 1614, Marie de Médicis fit faire la belle Galerie qui règne du côté de Paris. Vous y verrez d'excellentes peintures; le plafond de l'appartement du Roi a été peint par *Champagne*, qui prit pour sujet la paix de 1659, & le mariage de Louis XIV & de Marie-Thérèse d'Autriche, Infante d'Espagne.

En 1660, Louis XIV fit faire par *Louis le Veau*, célèbre Architecte, les deux grands corps de bâtiment qui sont du côté du Parc, dont les dedans & les dehors sont aussi grands que magnifiques; les excellentes peintures de *Manchole*, Peintre Flamant, en augmentent encore les beautés. Les appartemens de la Reine sont embellis de sculptures & de dorures, avec de très-beaux plafonds peints par de *Séve*. Il y a aussi des ouvrages de *Michel Dorigny*, gendre de Simon Vouet.

Louis XIV a long-tems occupé ce Château pendant sa minorité. Le neuf Septembre 1715, Louis XV passant par Paris aux acclamations des Peuples, y fut loger avec toute sa Cour, suivant les intentions du feu Roi, qui avoit choisi ce Château pour le séjour de ce jeune Prince, à cause de la bonté de l'air qui règne dans ses environs, & de sa proximité à la Ville de Paris; le bien de l'Etat, & l'expédition des affaires demandant que le Roi soit près des Conseils.

SA MAJESTÉ a occupé le Pavillon, ou l'aîle de ce Château, qui donne du côté de Paris, dont la vûe est des plus charmantes. L'autre côté étoit occupé par feu Monseigneur LE DUC D'ORLÉANS, Régent, & par les Princes; le Donjon servoit pour les Offices. Il est vrai que la Cour y étoit logée fort à l'étroit; mais comme ceux qui la composent, ont chacun leur Hôtel à Paris, le peu de distance de ce Château, fait qu'ils y étoient aussi agréablement, que s'il y avoit eû plus d'étendue.

La grande porte qui donne du côté du Parc, passe pour un des plus excellens morceaux d'architecture: elle est bâtie en arc de triomphe, orné d'un ordre dorique, accompagné de six colomnes, qui sont dans le vif du bâtiment, avec des statues & des bas-reliefs de marbre d'un très-bon goût. Cette porte fait un agréable effet dans la situation où elle se trouve, au milieu d'une cour fort spacieuse; dont les deux côtés sont bornés par les deux plus grands corps d'appartement, & par deux galeries découvertes qui sont soutenues sur des arcades rustiques.

A l'entrée du Parc, il y avoit un bâtiment nommé la Ménagerie, où l'on nourrissoit, il y a quelques années plusieurs bêtes féroces, comme des lions, des tigres & des léopards: il n'y en a plus présentement. Derrière la Ménagerie, près d'une autre porte du Parc, sont les Religieuses de saint Mandé, qui étoient autrefois à la Saussaye proche de Ville-Juif. Elles occupent ce lieu depuis qu'elles l'ont acheté des débris de la fortune de Nicolas Fouquet, Surintendant des Finances.

Le Couvent des Peres Minimes du Bois de Vincennes, est à voir; il a été fondé par Charles VIII, dans le lieu où étoient les Religieux de Grammont, qui ont été transférés au Collége de Mignon à Paris, pour faire place à ceux-ci. Une des principales curiosités consiste en un excellent tableau de *Jean Cousin*, qui représente le Jugement universel : ce tableau, qui a été gravé par *Pierre de Jode*, excellent Deſſinateur, eſt placé dans la Sacriſtie de ces Religieux : rien ne prouve mieux combien Jean Couſin étoit habile dans le deſſein, & abondant en belles expreſſions.

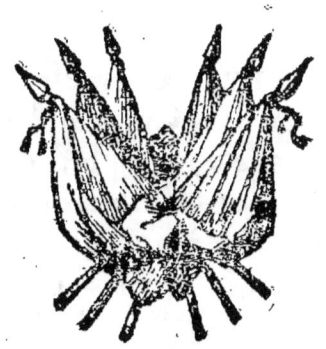

LE CHÂTEAU DE SAINT GERMAIN EN LAYE.

SAINT GERMAIN est une petite Ville, avec un Château Royal situé sur une montagne, au pied de laquelle coule la riviere de Seine : elle est à quatre lieues de Paris, à une de Poissy & de Maisons, à trois quarts de lieues de Marly ; & c'est le lieu de la naissance des Rois Henri II, Charles IX, & Louis XIV.

Le Château de Saint Germain est un des plus agréables séjours qui soit en France, tant par sa situation & la salubrité de l'air qui y règne, que par la beauté de ses appartemens, de ses jardins & de la forêt qui les joint ; elle est percée de grandes routes, & peuplée de bêtes fauves, qui en font un lieu délicieux pour la chasse. Ce Château se distingue en Château vieux & Château neuf.

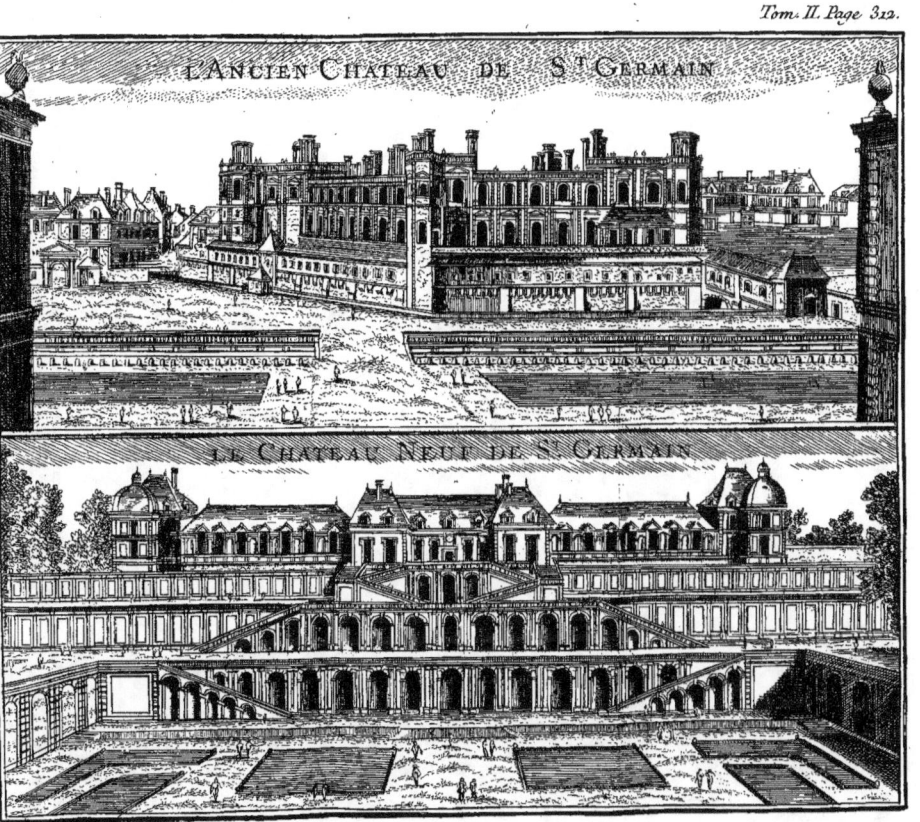

neuf. LE CHATEAU VIEUX fut commencé en 1370 sous le règne de Charles V, & achevé sous celui de François I.

Ce Prince qui se plaisoit fort à Saint Germain à cause de la chasse, fi relever l'ancien bâtiment, & augmenta le Château de nouveaux édifices. Henri IV fit bâtir le Château neuf sur la croupe de la montagne plus proche de la riviere : Louis XIII a embelli celui-ci de plusieurs ornemens. Louis XIV, qui y naquit le 5 Septembre 1638, a fait faire de grandes augmentations à ce Château, qu'il a rendu très-magnifique. Ces embellissemens consistent en cinq gros pavillons, qui flanquent en encoignures pour la commodité des appartemens, qui sont en grand nombre & fort logeables. Le fossé a été élargi, & tous les dehors renouvellés. La construction de ce Château est en platte-forme, & de pierres de taille ; le corridor qui règne à l'entour est magnifique, de même que sa terrasse. On y a ajouté beaucoup d'accompagnemens utiles, qui sont le grand parterre & la grande terrasse. Cette terrasse mérite votre attention : elle a été construite sur les desseins de *le Nôtre* : sa longueur est de douze cens toises, & sa largeur de quinze. Le petit Parc percé de routes, & le petit

Château du Val à ses extrêmités, méritent d'être vûs.

Le tableau de l'Autel de la Chapelle de ce Château est du fameux *Poussin* ; c'est une Cène où la beauté de l'ordonnance, & particulierement l'entente des lumieres, ne reconnoissent rien de plus beau en ce genre. Quelques-uns le blâment cependant d'avoir donné à l'air de la tête du Christ, quelque chose qui tient plutôt d'un Jupiter tonnant, que du Sauveur du monde. On y remarque encore une Sainte Trinité, de *Vouet*.

LE CHÂTEAU NEUF
DE SAINT GERMAIN.

Henri IV fit faire sur la croupe de la montagne ce Château neuf, dont les jardins s'étendent jusques sur le bord de la Seine, près le pont du Pec, & dont la pente est de vingt-huit toises. Ces différens jardins sont soutenus par trois terrasses élevées avec beaucoup de dépenses. La premiere est de la même étendue que le Château ; elle est terminée par deux galleries. La deuxième & la troisième sont soutenues par des arcades au-dessus desquelles règne une galerie.

La riviere est au pied de ces terrasses ; ce qui forme le plus bel amphithéâtre du monde. Remarquez le boulingrin, à côté du Château, bordé d'une perspective très-étendue : de l'autre côté, vous verrez une pareille terrasse qui donne sur le Parc. Plusieurs fois, depuis plus de quarante ans, le Clergé de France a tenu ses Assemblées générales dans ce Château.

 Le Château de Saint Germain a été, depuis le 7 Janvier 1689, le lieu de la résidence ordinaire de la Cour d'Angleterre réfugiée en France. Le Roi Jacques II y mourut, le 16 Septembre 1701, dans sa soixante-huitième année, & la Reine son épouse, au mois de Mai 1718, & la Princesse leur fille.

 La Ville de Saint Germain est bien peuplée ; le bon air & la franchise dont elle jouit en sont cause ; les maisons y sont hautes & bien bâties : il y a de belles rues bien pavées, & quelques Places. Vous y verrez plusieurs Hôtels, entr'autres celui du Duc de Noailles très-bien meublé, avec des jardins d'une grande beauté. La Ville n'a qu'une Paroisse, un Hôpital & quelques Couvens, qui sont les Récolets, les Ursulines & les Augustins Déchaussés, dits les Peres de Loges, situés dans la Forêt. Il y a aussi une Prévôté, une Maîtrise des Eaux & Forêts, & une Capitainerie Royale des Chasses. La vûe de Saint Germain est admirable, principalement du côté de la riviere & des plaines : elle s'étend sur Paris, Saint Denis, & les Villages des environs.

La Forêt de Fontainebleau contient, dit-on, cinq mille cinq cens cinquante arpens : elle est très-propre pour la Chasse.

LA VILLE
DE POISSY.

POISSY est une petite Ville des plus anciennes du Royaume, située à cinq lieues de Paris, sur le bord de la Seine, au bout de la Forêt de saint Germain en Laye, dont les environs fournissent d'agréables promenades. Elle étoit anciennement le séjour de nos Rois qui y avoient un Château; mais ils n'y demeurerent plus, lorsque celui de saint Germain fût bâti. L'Histoire rapporte que Charles le Chauve y tint son Parlement en 868. Poissy est célèbre par la naissance de saint Louis, qui arriva le 24 Avril 1215.

Philippe le Bel son petit-fils, pour honorer la mémoire de ce saint Roi, fit bâtir sous son invocation une très-belle Eglise, & un Monastere de Religieuses de l'Ordre de saint Dominique, qu'il fonda & dota de gros revenus en l'année 1304. On remarque qu'il fit édifier cette Eglise au même lieu où étoit le Château,

& que le grand Autel fut placé à l'endroit où étoit le lit de la Reine Blanche, quand elle accoucha de saint Louis : ce qui est cause que l'Eglise n'est pas orientée comme elle devroit l'être. Elle n'a été achevée qu'en 1330, par Philippe VI, dit de Valois.

Le 21 Juillet 1695 le tonnerre tomba sur cette belle Eglise : il consuma en très-peu de tems toute la charpente & la couverture, avec un magnifique clocher de quarante-cinq toises de hauteur, qui étoit revêtu de plomb & d'ornemens. La voûte de l'Eglise souffrit extrêmement : elle fut ouverte en plusieurs endroits, ce qui causa une perte très-considérable, qui a été en partie réparée depuis peu. Le clocher a été refait ; mais aussi simple & bas, que l'ancien étoit élevé & beau.

L'Eglise de Notre-Dame de Poissy, qui est Collégiale & Paroissiale, a la réputation d'avoir été bâtie par le Roi Robert. Le vaisseau en est grand : elle est desservie par sept Chanoines, qui ont chacun leur Vicaire perpétuel. L'on conserve dans une Chapelle de la Nef de cette Eglise, à gauche, les Fonts sur lesquels S. Louis a été baptifé : voilà pourquoi il se faisoit appeller LOUIS DE POISSY.

DE POISSY. 319

Dans le Cimetiere de cette Eglise est un Hôpital, sous le titre de la Charité. Dans la Ville, il y a un Couvent d'Ursulines, vis-à-vis de l'Abbaye, & un de Capucins auprès du pont. Le pont de Poissy mérite une visite particuliere, tant à cause de sa longueur, qui a peu de pareilles dans le Royaume, que par l'agrément de la vûe, dont l'étendue est des plus charmantes. C'est au bas de ce pont, du côté de la Ville, que l'on trouve les bacelets pour la Normandie.

LE CHÂTEAU
DE SEAUX.

SEAUX est un Bourg de France à deux lieues de Paris, & à trois de Versailles : il est situé près le chemin d'Orléans. Ce lieu est renommé à cause du magnifique Château, qui a servi de maison de plaisance à feu Jean-Baptiste Colbert, Ministre & Sécretaire d'Etat, & qui appartient présentement à M. le Comte d'Eu.

Ce qu'il y a de remarquable dans ce lieu charmant, c'est 1°. le Château : il est composé de sept pavillons. On voit dans le fronton de la façade une Minerve, de la main de *Girardon*. Les appartemens sont ornés de meubles très-riches, & de pièces très-curieuses. La Chapelle, qui est à l'aîle droite, est décorée de pilastres, & d'un plafond peint à fresque par *le Brun* ; grand morceau de peinture. Au-dessus de l'Autel est peint le Baptême de Notre-Seigneur, représenté par deux grandes figures de marbre blanc, avec des bas-reliefs & autres ornemens.

2°. Les Jardins : ils sont fort vantés pour la beauté de la situation, & l'agréable variété des aspects : ils sont du dessein de *le Nôtre*. En voici les principales parties : 1°. les deux terrasses ; le parterre avec ses bassins & jets d'eau ; la serre de l'Orangerie, magnifique bâtiment ; la salle des marroniers ; le bosquet qui la suit, où sont trois fontaines, & une patte d'oye de quatre allées ; la fontaine du rocher faite en rocaille ; les petits bois ornés de bassins & de figures de marbre ; le petit parterre, à gauche du Château ; les berceaux couverts de jasmins, & ornés de figures de marbre ; la galerie d'eau, en forme de salle longue, à chaque côté de laquelle sont neuf jets ; la fontaine d'Eole & de Scylla ; & à l'extrêmité de ce bosquet, un Hercule se reposant sur sa massue.

2°. La grande cascade : on y voit deux fleuves placés au haut ; différens jets qui fournissent de grandes nappes d'eau ; la grande pièce d'eau qui est au bas de la cascade, & du milieu de laquelle s'éleve un jet de soixante-dix pieds.

3°. Les petits bois ornés de bassins, & de figures de marbre.

4°. Le potager, au milieu duquel est

placé le pavillon de l'Aurore. On lui a donné ce nom, parce que l'on y voit cette Déesse sur son char, peinte de la main du fameux *le Brun*, ainsi que diverses autres figures représentant les Saisons. C'est un édifice en rond, percé & environné de douze croisées, en comptant celle de la porte. Le sallon est élevé ; on y monte par deux escaliers opposés l'un à l'autre ; il y a deux enfoncemens qui se regardent, & qui renferment trois croisées.

Ce Château a été augmenté par feu M. le Duc du Maine, qui a joint à ce qu'il y avoit déjà de somptueux & d'agréable, des augmentations considérables, & des embellissemens qui en font un séjour de délices. Feue Madame la Duchesse du Maine y a tenu long-tems une Cour de personnes des plus spirituelles, galantes & polies : elle y a fait construire un théâtre, sur lequel elle a fait représenter par diverses personnes de sa Cour plusieurs belles Pièces, dont quelques-unes ont été composées exprès par feu M. de Malesieu, l'Abbé Genest, & autres,

CHOISY-LE-ROI.

CHATEAU ROYAL à trois petites lieues de Paris, sur le bord de la riviere de Seine, dans la plus charmante exposition. C'étoit autrefois une Maison de plaisance bâtie par Mademoiselle de Montpensier, fille de Gaston de France, frere de Louis XIII. Cette Princesse le légua à feu Monseigneur le Dauphin, fils unique de Louis XIV, qui le changea depuis avec Madame de Louvois, pour le Château de Meudon, où ce Prince se plaisoit beaucoup. Choisy a ensuite passé à Madame la Princesse de Conti, Douairiere, fille légitimée de Louis XIV, laquelle y a fait un long séjour.

Depuis 1739 que ce Château est au Roi, SA MAJESTÉ y a fait faire beaucoup d'augmentations & d'embellissemens, parce qu'Elle y va souvent passer quelques jours. Vous devez remarquer :

I. Les belles avenues qui y conduisent.

II. Le Château, avec ses deux aîles du côté de la cour : il est du dessein de *François Mansard*.

III. Les nouveaux bâtimens ajoutés aux anciens, pour servir de Commun aux Officiers du Roi.

IV. L'intérieur du Château, dont les principales pièces, sont 1°. la Galerie : elle est décorée de grands trumeaux de glaces, de divers ornemens de sculptures, & de magnifiques morceaux de peinture : un des plus remarquables est la célèbre Bataille de Fontenoy, de *Parrocel*. 2°. La Salle à manger : elle représente les vûes des Maisons Royales, par *Martin*. 3°. La Salle des Buffets : on voit un grand tableau représentant une fontaine, par *Oudry*, & les dessus des portes, *du même*. 4°. La Chambre du Roi, où sont les portraits de feue Madame HENRIETTE, & de Madame ADELAIDE, par *Ottier*.

V. La Chapelle : on voit sur le plafond l'Assomption de la Vierge, de *la Fosse*, & des ornemens en guirlande de verd doré.

VI. Le Château que le Roi a fait construire, appellé LE PETIT CHOISY. On y doit voir la Salle à manger, particulierement à cause de la table qui est au milieu. Elle est faite avec un tel méchanisme, qu'en certain tems du repas, elle s'abaisse comme d'elle-même avec tout ce qui la couvre, & disparoît sous le plancher; & dans le même tems une autre table couverte d'un nouveau service, monte & prend sa place.

VIII. La grande Terrasse, au pied de laquelle coule la riviere de Seine. De dessus cette Terrasse on voit trois ou quatre bateaux faits pour le Roi & sa Suite, qui flottent dans l'eau. Ils sont peints en rouge avec des filets dorés, appropriés & décorés convenablement à leur destination.

VIII. Les Jardins. Ils sont fort rians : on y trouve des salles de verdure, de grands bassins avec bouillons, un jeu d'oye, un petit labyrinthe.

L'Orangerie est à voir : elle est ornée d'une belle statue de marbre représentant l'Amour, par *Bouchardon*.

La nouvelle Eglise Paroissiale de Choisy, construite à neuf aux dépens du Roi, est digne d'être vûe par la belle symétrie & la propreté qui frappent agréablement les yeux. On y voit, à côté de l'Autel, le vitrage tout en glaces d'une Tribune que le Roi y a fait faire pour sa personne.

LE CHÂTEAU DE FONTAINEBLEAU.

FONTAINEBLEAU est un Bourg dans le Gâtinois, ainsi nommé à cause de ses belles eaux. Il est situé au milieu d'une Forêt, à une lieue de la riviere de Seine, à quatre de la Ville de Melun, à sept de Corbeil, & à quatorze de Paris. Ce Bourg n'a que trois ou quatre rues remplies d'Hôtelleries; la principale aboutit au Château. Nos Rois ont choisi cet endroit pour un lieu de divertissement, non-seulement à cause de sa situation propre à la chasse, mais aussi pour la beauté de ses eaux. Louis VII en jetta les premiers fondemens, l'an 1137. Saint Louis y fit travailler, & il reste encore aujourd'hui un corps de bâtiment enclavé dans les ouvrages que l'on a fait depuis, où se trouve la pièce appellée le Sallon de saint Louis; mais François I fit construire le Château qu'on appelle la Cour du Donjon, ou vulgairement de l'Ovale, comme en font foi les Salamandres qui y sont, & qu'il prenoit pour devise : quelques H couronnées, donnent lieu de croire qu'Henri IV a aussi embelli ce Château.

Si vous entrez par la Cour des Offices, vous distinguerez, en passant de cette cour dans celle du vieux Château du Donjon, la façade de la grande porte du pont-levis, à cause de plusieurs colomnes de marbre qui lui donnent beaucoup d'agrément. L'architecture de ce vieux Château est remarquable, & d'un goût singulier : il y a plusieurs petits donjons & des galeries qui environnent la cour, par le moyen desquelles ils communiquent les uns aux autres. Les appartemens n'en sont pas si richement meublés que ceux où le Roi demeure. Entre ce qu'on y voit de plus curieux, est un petit cabinet rempli de très-belles peintures, & une petite Chapelle dont le plafond, quoique très-ancien, paroît fort bien travaillé. La Salle de François I qui sert aux Cent-Suisses, est ornée d'excellentes peintures à fresque, de la main *du Primatice*, *de Maître Roux* & *de Salviati*, qui y peignirent la Fontaine de Jouvence, & autres sujets semblables ; mais le tems & l'humidité les ont endommagées en plusieurs endroits, aussi-bien que les autres fresques de ce Château.

Vous passerez ensuite dans la Cour de la Fontaine, qui est enrichie de plusieurs figures de bronze & de marbre : celles du milieu jettent de l'eau de différentes manieres, & toutes très-agréablement. Cette cour répond à trois corps de logis, qui composent un autre Château, de sorte qu'on trouve quatre Châteaux dans celui de Fontainebleau, & autant de Jardins. Celui-ci est le plus estimé pour ses beaux appartemens, & ses galeries. Celle des Cerfs qui règne le long de l'Orangerie, a cent pas de long ; elle est toute embellie de peintures, de même qu'une petite qui est tout auprès. Ces peintures représentent les Chasses d'Henri IV, où il est peint au naturel avec toute sa Cour. Elles représentent aussi les plus beaux Châteaux de France, toutes les Maisons Royales, les Forêts, & les plans de leurs Environs, avec une exactitude toute particuliere. Celles de Fontainebleau, de Folembray, de Compiégne, de Villers-Cotterets, de Blois, d'Amboise, de Chambort, de saint Germain, du Louvre, de Versailles, & autres, sont dignes d'être vûes : sur chacun de ces plans est un grand bois de quelques cerfs ou chevreuils prodigieux, qui ont été pris ou tués dans la Forêt de Fontainebleau ; ils
sont

font enchâssés dans le mur, & posés sur des têtes imitées au naturel.

Il faut passer ensuite à l'appartement du Roi, & 1°. dans la chambre de saint Louis, vous verrez sur le plafond Louis XIII couronné de lauriers, & sur les tableaux qui sont autour, les Avantures d'Ulysse, de *Nicolo*, & l'Histoire de l'enlevement d'Hélene. Dans les petits appartemens, les peintures de la salle à manger. Dans l'appartement des Bains, vous verrez des Chasses, des Haltes, & l'Histoire de Théagene & de Chariclée, en quinze tableaux. Dans l'antichambre du Roi, vous verrez Henri IV & Marie de Médicis, sous la figure d'Hercule & de Déjanire. Dans la chambre du Roi, remarquez le plafond, ses compartimens ingénieux, la beauté des dorures à différens ors, & celui des autres ornemens qu'on y a ajoutés depuis quelques années. Dans le cabinet du Roi, les Camayeux & les Paysages, ouvrages récens de MM. *Perraut* & *Boucher*.

Entrez ensuite dans l'appartement de la Reine, & remarquez d'abord dans la salle des Gardes un tableau représentant Anne d'Autriche, ayant auprès d'elle Louis XIV & Monsieur, tous deux enfans. 2°. La chambre de la Reine;

considérez la magnificence de l'ameublement, dans le goût moderne, & fait depuis peu d'années.

Passez à l'appartement de Monseigneur le Dauphin & de Madame la Dauphine. Ensuite à celui de Mesdames : il est remarquable par les différentes peintures dont il est orné. Les unes représentent des traits de la Vie de Louis XIII : d'autres, des Divinités de la Fable, les portraits de Louis XIV & de Marie-Thérèse d'Autriche.

Il faut voir encore l'appartement, dit de Monseigneur, & sur-tout le grand cabinet : on en estime le plafond par ses brillans camayeux, & les divers sujets qui y sont peints. La salle de la Comédie, richement décorée ; la salle du Bal, dont les peintures sont de *Nicolo*: remarquez les ornemens de la cheminée.

Vous devez voir ensuite la galerie de François I, dont les peintures en treize grands tableaux représentent des Sujets de la Fable, ouvrages de différens Maîtres : les bas-reliefs & les sculptures sont de *Pilon*.

De la galerie des Antiques, qui est ornée de représentations d'anciennes Histoires, descendez par le grand escalier, nommé LE FER A CHEVAL, qui regarde la cour du Cheval blanc, pour voir L'Eglise de la Sainte Trinité, qui est la Chapelle Royale de ce Château, desservie par les Peres Mathurins. Saint Louis les fonda au retour de son premier voyage de la Terre sainte, où plusieurs de ces Religieux l'avoient suivi avec leur Général. François I. fit abattre leur Eglise, pour la rendre telle qu'elle est aujourd'hui ; c'est-à-dire, belle par sa sculpture, par ses marbres, & par ses peintures qui sont de *Freminet*, Parisien, le plus fameux Peintre de son tems. Le pavé est d'un marbre très-rare, & de diverses couleurs : le plafond & la Chapelle brillent de dorures de toutes parts. Le grand Autel est aussi d'une grande beauté par ses figures & ses colomnes, ses riches ornemens & ses saintes Reliques.

Voyez ensuite la galerie des Travaux d'Ulysse, qui règne sur une aîle de la cour du Cheval blanc, du côté du petit Parc ; l'Histoire de ce Héros y est peinte par *le Primatice*, suivant la description d'Homere, en plusieurs tableaux à fresque, dont les personnages sont de grandeur naturelle. Elle est encore ornée de quantité d'ouvrages de stuc & de dorures ; mais le tout est très-endommagé par le tems.

Après avoir vû les appartemens, descendez dans les jardins: celui de l'Orangerie est rempli d'arbres fruitiers des plus rares. Vous y verrez, entre plusieurs statues de bronze, au milieu d'un grand bassin, une Diane qui arrête un grand cerf par le bois environné de quatre limiers; un Hercule, un Serpent entre deux enfans, & une Cléopatre. Le jardin de l'étang est entouré d'eau par plusieurs canaux, où il y a des poissons d'une grosseur monstrueuse, principalement des carpes. De belles allées bordent cet étang, au milieu duquel il y a un cabinet octogone; & ces allées forment des promenades très-agréables. Passez ensuite dans le jardin des Pins.

Le Parterre du grand jardin, sur lequel le vieux Château a une vûe entiere & toute charmante, est environné d'une terrasse élevée d'une toise seulement, afin qu'en s'y promenant on en puisse voir le dessein plus facilement. Il y a dans le milieu un grand bassin, d'où s'éleve une roche aquatique qui rend ses eaux d'une maniere admirable. A main droite de ce Parterre, est une pièce d'eau à rez-de-terre, au milieu de laquelle il y a une statue d'Apollon très estimée.

Les grottes & les cascades sont après

ce Parterre, à l'entrée du Parc, qui est divisé au milieu par un grand canal. Il n'y a point de promenades plus belles que les allées de ce Parc, qui s'étendent à perte de vûe, avec des palissades d'une hauteur surprenante.

Louis XIV, dont la famille étoit très-nombreuse en ce tems-là, avoit fait faire un nouveau bâtiment, du côté de la cour des Offices, que l'on nomme l'appartement des Princes. Il avoit aussi rendu les anciens plus magnifiques & plus commodes.

La Forêt de Fontainebleau étoit appellée autrefois la Forêt de Biévre. Elle contient 28600 arpens : elle est percée de grandes routes bien plantées, & remplie de bêtes fauves en quantité, qui la rendent très-propre pour la chasse ; la Cour y prend ordinairement ce divertissement en Automne. Il y a aussi à Fontainebleau une Capitainerie Royale des Chasses fort considérable.

L'ABBAYE ROYALE
DE SAINT DENIS
EN FRANCE.

SAINT DENIS est une petite Ville en l'Isle de France, située à deux lieues de Paris dans une plaine fort agréable : elle est renommée à cause de son Abbaye Royale, fondée sur le tombeau de saint Denis, Apôtre de ce Royaume, & de ses Compagnons ; elle s'est rendue célèbre par les fréquens miracles de ces saints Martyrs. Une Dame, nommée Catule, fit enterrer leurs corps en ce lieu, où sainte Geneviéve engagea les Parisiens à bâtir une Eglise, qui fut peu après desservie par des Moines ; le Roi Dagobert en fit construire une nouvelle magnifiquement vers l'an 630. Elle fut ravagée. Pepin la fit rebâtir ; mais elle ne fut achevée que sous Charlemagne. Elle fut ensuite saccagée & brûlée par les Normands, & rétablie par Charles le Chauve qui lui fit beaucoup de bien.

Vous remarquerez fur le chemin de Paris à faint Denis, fix colonades; (la feptième ou première, étoit à faint Chaumont, rue faint Denis:) elles font placées aux endroits où Philippe le Hardi & fes freres, tous enfans de faint Louis, fe repoferent en portant fur leurs épaules le corps de leur pere à l'Abbaye de faint Denis; ce qui arriva le 22 Mai 1271. Elles font autant de ftations aux funérailles de nos Rois.

L'Abbaye Royale de faint Denis eft la fépulture ordinaire de nos Rois. Le portail eft d'une grande beauté dans fon gothique; les deux premières arcades de la nef & les deux tours, paroiffent être du tems de Charlemagne. L'Abbé Suger l'augmenta en 1140, de même que fes Succeffeurs Abbés, particulierement fous le règne de faint Louis. La beauté de l'architecture, quoique gothique, la délicateffe & la légereté de fa ftructure font admirables. Ce portail a trois grandes portes, où font repréfentés, fur celle du milieu, Notre-Seigneur dans fa gloire, & fur les deux autres, des ftatues de Rois & de Reines.

L'Eglife, divifée en trois parties, la Nef, le Chœur & le Chevet, eft peu éclairée, quoique avec de hautes

& belles fenêtres, dont les vîtres font toutes peintes & d'un verre fort épais, ce qui y cause un grand sombre. Elle a trois cens quatre-vingt-dix pieds de long, cent de large, & quatre-vingt-dix de haut jusqu'à la voûte. La Nef en a cent soixante, le Chœur cent trente-huit, & l'Autel avec le Chevet, quatre-vingt-douze. Cette Eglise, sur le devant de laquelle vous verrez deux grosses tours quarrées, est soutenue par soixante gros piliers, sans comprendre les murailles & les arcs-bourans de son circuit, ni quatre piliers qui soutiennent les tours qui sont remplies de bonnes cloches. Le comble de cette Eglise est d'une charpente admirable, & tout couvert de plomb; il y a une Croix & des pommes de cuivre doré le long du sommet. Le Chœur & la Nef sont accompagnés, de chaque côté, d'une aîle simple.

Vous remarquerez au-dessus de la grande porte de la Nef, les Orgues qui sont estimées les meilleures de France; & ensuite la magnifique grille du Chœur & du Jubé, c'est l'ouvrage d'un Frere Religieux de cette Maison, qui passera toujours pour incomparable, & de la derniere beauté dans ce genre de travail.

Il

Il y a au-dessus de la porte de cette grille, une grande Croix d'or enrichie de pierreries reputée faite par saint Eloi.

Vous passerez ensuite par l'aîle droite, pour entrer dans le Chœur, où vous verrez bien des choses dignes de votre curiosité. Le Sanctuaire est tout de marbre: l'Autel est antique avec quatre colonnes de cuivre; le rétable qui a cinq bas-reliefs, dont les trois du milieu sont d'or, & ceux des deux bouts de vermeil, est enrichi d'une infinité de pierres des plus précieuses. Au-dessus du rétable, vous verrez une grande Croix de six pieds, aussi enrichie de pierreries, & une suspension pour le Saint Sacrement. Cet Autel est ordinairement paré d'une Croix & de six chandeliers d'argent, de six Reliquaires d'or, & de riches ornemens. Le devant de cet Autel, qui est de vermeil doré, pese près de deux cens marcs; il représente Notre-Seigneur dans la Crêche, adoré par les Pasteurs.

De chaque côté du grand Autel, il y en a un autre petit: celui de la droite est appellé l'Autel de la Communion, parce que, suivant l'ancien usage de cette Eglise dans les jours de Communion sous les deux espèces, le Diacre & le Soudiacre qui ont communié au grand Autel sous l'eſpèce du pain, ſe communient enſuite eux-mêmes ſur cet Autel ſous l'eſpèce du vin, avec un chalumeau de vermeil. L'uſage eſt auſſi à Rome, quand le Pape officie, de conſommer à l'Autel la ſainte Hoſtie ; enſuite il va à ſon Trône, où le Cardinal Diacre lui porte le Calice: Sa Sainteté ſe communie ſous l'eſpèce du vin, avec un chalumeau d'or ; le Diacre & le Soudiacre en font de même après le Pape, au bout de l'Autel, du côté de l'Epître.

Vis-à-vis l'Autel de la Communion, eſt toujours l'Autel funébre du Roi dernier mort ; c'eſt à préſent celui de Louis XIV, & auprès, la Repréſentation formée d'un poële de velours noir, avec une Croix de moire d'argent, aux armes de France, & au-deſſus il y a un dais de même étoffe & armes.

Voyez enſuite les tombeaux du Chœur ; ceux de la Race de Pepin ſont à droite, & ceux de Hugues Capet, à gauche. Vous commencerez par celui du Roi Dagobert, Fondateur de cette Abbaye, il eſt au côté gauche de l'Autel. Auprès de la Repréſentation de Louis XIV, ſont ceux de Pepin & de la Reine Berthe ſon épouſe. En deçà, & près de la porte, ſont ceux des Rois Louis & Carloman, freres, fils de Louis le Begue. Remarquez au bas des dégrés, au pied de la Représentation de Louis XIV, l'entrée du Caveau de la Famille Royale des Bourbons, dans lequel le corps de ce grand Roi fut mis le 23 Octobre 1715, & placé directement sous la Représentation, quoique sur le dernier dégré de ce Caveau. Voici la situation dans laquelle tous ces corps sont rangés : Ils sont dans des cercueils de plomb enfermés dans des caisses de bois de chêne couvertes de moire noire, avec des Croix de toile d'argent : ces cercueils sont placés sur des barres de fer élevées de terre d'environ trois pieds, dans l'ordre ci-après.

CAVEAU
DE LA FAMILLE ROYALE
DES
BOURBONS,

Dans la même situation que les Corps sont rangés.

Les grands Corps sont marqués par un G. & les petits par un P.

340 LES CURIOSITÉS

| A gauche. | A droite. |

P. N. Duc d'Orléans, second fils d'Henri IV.
G. Marie de Bourbon, première femme de Gaston de France.
P. N. d'Orléans, fils de Gaston de France.
P. Marie-Anne d'Orléans, fille de Gaston de France.
G. Gaston J. B. de France, Duc d'Orléans, frere de Louis XIII.
P. Anne-Elisabeth de France, première fille de Louis XIV.
P. Marie-Anne de France, seconde fille de Louis XIV.
P. N. d'Orléans, fille de Monsieur, frere unique de Louis XIV.
P. Philippe-Charles d'Orléans, fils de Monsieur.
G. Henriette-Marie, fille de Henri IV, & femme de Charles I, Roi d'Angleterre.
G. Henriette-Anne Stuart, fille de Charles I, & première femme de Monsieur.

HENRI IV. MARIE DE MEDICIS. LOUIS XIII. ANNE D'AUTRICHE.

DE SAINT DENIS.

A gauche.	A droite.
P. Philippe de France, Duc d'Anjou, fils de Louis XIV.	MARIE-THÉRÈSE.
P. Marie-Thérèse de France, fille de Louis XIV.	
G. Marguerite de Lorraine, seconde femme de Gaston de France.	
P. Louis-François de France, Duc d'Anjou, fils de Louis XIV.	
P. Alexandre-Louis d'Orléans, fils de MONSIEUR.	
G. Marie-Anne-Christine-Victoire de Baviere, épouse de Monseigneur le Dauphin.	
G. Anne-Marie-Louise d'Orléans, dite Mademoiselle, fille de Gaston de France.	
G. Philippe de France, Duc d'Orléans, frere unique de Louis XIV, appellé MONSIEUR.	
P. N. de France, Duc de Bretagne, premier fils du Duc de Bourgogne.	
G. Louis, Dauphin de France, fils de Louis XIV, appellé MONSEIGNEUR.	
G. Louis, Dauphin de France, fils du précédent, Duc de	

A gauche.	A droite.
Bourgogne, mort Dauphin.	
G. Marie-Adelaïde de Savoye, Duchesse de Bourgogne, morte Dauphine.	
P. Louis, Dauphin de France, auparavant Duc de Bretagne, second fils du Duc de Bourgogne.	
G. Charles de France, Duc de Berri, fils de Mgr le Dauphin.	
P. Marie-Louise-Elisabeth, fille posthume du Duc de Berri.	
G. Marie-Louise-Elisabeth d'Orléans, Duchesse de Berri.	
G. Elisabeth-Charlotte Palatine, MADAME, seconde femme de MONSIEUR.	
G. Philippe d'Orléans, Régent.	MARIE, Pr. de Pologne.
G. Marie-Thérèse, Infante d'Espagne, première épouse de Louis, Dauphin, fils de LOUIS XV.	
Sur la même ligne, sont les Cœurs de Louis, Dauphin, & de Marie-Josephe de Saxe, sa seconde épouse.	

P. Xavier-Marie-Joseph de France, Duc d'Aquitaine, fils de Louis, Dauphin, & de Marie-Josephe de Saxe.

P. Marie-Zephirine de France, fille de Louis, Dauphin, & de Marie-Josephe de Saxe.

P. Marie-Thérèse de France, fille de Louis, Dauphin, & de Marie-Thérèse, Infante d'Espagne, sa première femme.

P. N. Duc d'Anjou, fils de Louis XV.

G. Anne-Henriette de France, fille de Louis XV, première Dame de France.

P. Louise-Marie-de France, fille de Louis XV, troisième Dame de France.

G. Louise-Elisabeth de France, fille de Louis XV, Duchesse de Parme & de Plaisance, &c.

P. Louis-Joseph-Xavier de France, Duc de Bourgogne, fils de Louis, Dauphin, & de Marie-Josephe de Saxe.

Louis XIV, *au bas du dégré.*

Au milieu du Chœur, sous une plaque de cuivre, est la sépulture de la Reine Marguerite de Provence, épouse de saint Louis. Continuez les tombeaux, du même côté, vous en verrez trois ensemble, qui sont ceux de Philippe le Hardi, au milieu, de la Reine Isabelle d'Arragon son épouse, au-delà, & de Philippe le Bel, leur fils, en deçà. Ensuite ce sont ceux de Clovis II & de Charles Martel ensemble. Les formes des Religieux occupent l'espace, jusqu'au bas du Chœur, où vous verrez au milieu le tombeau en cuivre de Charles le Chauve, Empereur & Roi de France. Philippe Auguste, Louis VIII & Louis IX son fils, y avoient aussi leurs tombeaux couverts d'argent, qui ont été pillés pendant les guerres civiles.

Remontant de l'autre côté du Chœur, vous verrez double rang de tombeaux, avant lesquels est la tombe de pierre de Hugues le Grand, pere de Hugues Capet; ensuite le Roi Louis X, dit Hutin, qui a à côté de lui le petit Roi Jean, son fils posthume, qui n'a vécu que huit jours, & à ses pieds, la Reine Jeanne de Navarre. Ceux du rang du fond, sont deux à deux : les premiers, sont d'Eudes & d'Hugues Capet ; ensuite

Robert le pieux, & la Reine Constance d'Arles son épouse; & après, Henri I, fils du Roi Robert, & Louis VI, dit le Gros.

Près de l'Autel, voyez le tombeau de Charles VIII, en marbre noir; il est orné de figures de bronze doré, qui représentent des Vertus. Ce Roi y est représenté à genoux, revêtu de ses habits Royaux, accompagné de quatre Anges qui tiennent des écussons aux armes de France & de Jérusalem. A côté, sont des tombeaux doubles; sçavoir, celui de Philippe, fils aîné de Louis le Gros, couronné du vivant de son pere, & qui ne vécut que deux ans; & celui de Constance de Castille, seconde femme de Louis VII. Ensuite, près l'Autel de la Communion, ceux de Carloman, Roi d'Austrasie, & de la Reine Hermentrude, première femme du Roi Charles le Chauve. Plus loin, à la droite du grand Autel, & vis-à-vis du tombeau du Roi Dagobert, sont quatre Rois & deux Reines; sçavoir, en commençant par le plus près du mur, c'est Philippe V, dit le Long; le deuxième, Jeanne d'Evreux; le troisième, Charles IV, dit le Bel, son époux; le quatrième, Jeanne de Bourgogne, épouse de Philippe le Long; le cinquième, Philippe de Valois; & le sixième, qui est le plus près de l'Autel, est celui du Roi Jean.

Après le Chœur, voyez les autres tombeaux qui sont autour de l'Eglise: commencez par la Nef, du côté du Cloître. Auprès de l'entrée du Trésor, dont je vous parlerai ci-après, vous trouverez la Sacristie basse, avec la Chapelle de saint Michel. Auprès de cette Sacristie est le tombeau de Marguerite, Comtesse de Flandres. Ensuite, le magnifique tombeau de François I, & de Claude de France son épouse, fait en forme de lit de parade, & orné d'une belle architecture de marbre. Ils y sont représentés dans le bas, couchés en attitude de morts ou mourans, par deux statues de marbre blanc; & au-dessus, à genoux, aussi en marbre blanc, accompagnés de François, Dauphin de France; de Charles, Duc d'Orléans; & de Charlotte de France, leurs enfans. Louise de Savoye, mere de François I, est aussi inhumée dans ce même tombeau, qui est un des plus superbes: les bas-reliefs représentent les Batailles de Cerisolles & de Marignan; ils sont très-estimés.

Sur le mur de cette croisée, remarquez le tombeau du célèbre Abbé Suger ; il y a une grande Epitaphe en vers latins, où sont exprimées les vertus de cet illustre Abbé. Près de cet endroit, vous verrez l'Autel de saint Benoît, contre un pilier de l'Eglise, il est tout de marbre & de porphire. Il y a une belle statue de ce Saint, faite en marbre blanc par *Tubi*.

Ensuite, vous devez voir le tombeau de Charles V, dit le Sage, il est dans la Chapelle de saint Jean-Baptiste, aussi appellée la Chapelle de Charles V, quoiqu'il y ait plusieurs tombeaux. Ce Prince est accompagné de Jeanne de Bourbon son épouse : ils y sont représentés couchés, en marbre blanc. Jeanne & Isabelle de France leurs filles, sont dans le même tombeau. Entre l'Autel & ce tombeau, est la sépulture de Bureau de la Riviere, Chambellan de Charles V, & à côté, Charles, Dauphin de France, fils de Charles VI. Au côté droit de l'Autel, est celui de Louis de Sancerre, Maréchal de France, fait en marbre noir, & la figure de marbre blanc ; & plus loin, celui d'Arnaud de Guillem, Seigneur de Barbasan, dit le Chevalier sans reproche, Chambellan de Charles VII. Ce tombeau est de bronze.

Du côté gauche, près de l'Autel, est celui de Bertrand du Guesclin, Connétable de France, fait en marbre noir, & la figure de marbre blanc. Il doit y avoir perpétuellement, selon la fondation de Charles V, une lampe ardente sur le tombeau de ce Connétable. En deçà, du même côté, il y a deux tombeaux, dont celui du fond vis-à-vis un Autel, est celui de Charles VI, fils de Charles V, & de la Reine Isabelle de Baviere : ce tombeau est de marbre noir, & les figures de marbre blanc. L'autre est de Charles VII, & de Marie d'Anjou son épouse : ce tombeau est de marbre noir, & les figures sont d'albâtre.

Près la Sacristie haute, est la Chapelle de saint Hilaire, où vous verrez une grande cuve de porphire d'une seule pièce : elle a quatre pieds & demi de long, large & profonde à proportion. Ce fut dans ce vaisseau que saint Martin, Archevêque de Tours, fut baptisé par saint Hilaire, Evêque de Poitiers. On l'appelle communément la Cuve du Roi Dagobert, parce que ce Prince la fit transporter, de Poitiers, à saint Denis.

Faites le tour du chevet de l'Eglise,

qui est rempli de quinze Chapelles ; vous y verrez la Sacristie haute, dans la Chapelle de saint Louis. L'Autel de saint Denis est au milieu du chevet ; c'est où l'on fait la Chapelle ardente pour les Princes, dont l'on apporte les corps en cette Abbaye ; on les y dépose pendant quarante jours, jusqu'au Service ou inhumation. Cet Autel des saints Martyrs, où reposent les corps de saint Denis & de ses Compagnons, est tout de marbre, avec des ornemens de bronze. Dans le mur de cet Autel est une armoire, où sont renfermées les Reliques de ces trois Saints dans trois Châsses d'argent, faites en forme de cercueils, longs de deux pieds & demi, & d'un pied trois pouces de haut.

Derrière la Chapelle de saint Denis, est celle de la Vierge : la derniere des Chapelles du rond-point, (car il y en a sept dans la Nef,) est celle de saint Eustache, dans laquelle vous verrez le tombeau du Vicomte de Turenne, fait en marbre blanc & noir, par *Tubi* : rien n'est égal à la beauté & à la perfection du travail. Ce fameux Général y est représenté en habit de guerre, mourant entre les bras de l'Immortalité ; à ses côtés, sont la Sagesse & la Valeur. Les ornemens

& les bas-reliefs font de bronze doré : ils représentent les actions héroïques de ce grand Capitaine. Ce monument, qui a été fait sur les desseins de l'habile *le Brun*, est très-considérable : vous y verrez une Chapelle richement ornée, où est un grand Crucifix de bronze doré d'un travail estimé.

En descendant, vous trouverez une Chapelle, appellée Notre-Dame la Blanche, dans laquelle vous verrez un tombeau de marbre noir, où sont, en marbre blanc, des statues de deux filles de France, Marie & Blanche, filles de Charles IV & de Jeanne d'Evreux ; & auprès, le tombeau de Guillaume du Chastel, Pannetier de Charles VII.

D'ici, on entroit dans le superbe tombeau des Valois ; c'étoit une rotonde, ou édifice bâti en rond, que Catherine de Médicis fit faire par *Philbert de Lorme*, pour servir de sépulture à la Famille Royale des Valois : c'étoit un des plus magnifiques monumens qu'il y eût au monde en ce genre, quoiqu'à beaucoup près il ne fût pas terminé. L'ordre dorique, & au-dessus l'ordre ionique, régnoient au dehors : l'intérieur, d'ordre corinthien, n'étoit pas moins excellent par la beauté de l'architecture, que par l'éclat des ornemens qui l'accompagnoient. L'on voyoit au milieu, sous le dôme, le tombeau de marbre d'Henri II, & de Catherine de Médicis, de douze pieds & demi de longueur, dix de largeur, & quatorze de hauteur. Il étoit accompagné de colomnes & de pilastres, & orné de quatre statues de bronze, qui représentoient la Prudence, la Justice, la Force & la Tempérance. Les bas-reliefs représentoient la Foi, l'Espérance, la Charité & les bonnes Œuvres. Sous un plafond d'un marbre admirable, Henri II & Catherine de Médicis étoient en marbre blanc, couchés sur un lit de bronze en habits Royaux; & au-dessus de l'entablement, ils étoient représentés en bronze, à genoux devant des Priés-Dieu.

Dans les arcades, il y avoit six Chapelles. A la principale, l'on voyoit encore Henri II & Catherine de Médicis, en bronze, couchés sur deux lits de même métail, accompagnés d'ornemens. François II, Charles IX, Henri III, le Duc d'Alençon, Marguerite de France, Reine de Navarre, un Prince & deux Princesses morts jeunes, tous huit enfans d'Henri II & de Catherine de Médicis, étoient inhumés dans ce magninique tombeau, qui paſſoit pour une des merveilles du monde : mais ce beau monument qui n'avoit pas été achevé, menaçant ruine ſous la Régence de M. le Duc d'Orléans, pour éviter les malheurs qui en auroient pû arriver, ce Prince l'a fait détruire, & les tombes & ſtatues ont été placées dans différentes Chapelles voiſines.

Après ce tombeau des Valois, vous verrez celui de Louis XII, & d'Anne de Bretagne ſon épouſe : c'eſt un des plus beaux morceaux d'architecture de l'Europe : il a vingt pieds de longueur, neuf de largeur, & dix-huit de hauteur : il eſt entierement de marbre blanc. Louis XII & Anne de Bretagne y ſont repréſentés à genoux, au-deſſus de l'entablement qui forme un ciel de lit ſur ce tombeau : au-deſſous, ils ſont repréſentés en attitude de morts, d'une maniere ſi naturelle, qu'elle attire l'horreur & l'admiration tout enſemble. Les grandes figures des angles repréſentent la Prudence, la Juſtice, la Force & la Tempérance. Les douze Apôtres ſont aſſis dans les arcades : tout cet admirable ouvrage, qui eſt de *Paul Ponce*, Florentin, eſt accompagné d'ornemens d'une rare beauté & d'une grande perfection. Les bas-reliefs

de

ce tombeau repréſentent les victoires de Louis XII.

Entre le Chœur & le tombeau de Louis XII, eſt une colonne élevée ſur laquelle poſe la ſtatue du Cardinal de Bourbon, Abbé Commendataire de ſaint Denis, mort en 1555. Cette ſtatue, quoiqu'à genoux ſur cette colonne, ſe voit de dedans le Chœur par-deſſus la grille; le cœur de ce Cardinal fut trouvé inhumé au pied de cette colonne, en faiſant les fondations de cette grille.

Après, voyez dans la Chapelle de ſaint Hyppolite, le tombeau de la Reine Blanche, ſeconde femme du Roi Philippe de Valois, & de Jeanne de France leur fille; ce tombeau eſt de marbre noir, & leurs ſtatues de marbre blanc. Il y a auſſi pluſieurs Piramides anciennes, & un Crucifix copié ſur celui de la Ville de Luques en Italie.

La Chapelle d'enſuite eſt appellée de la Trinité: vous y verrez une colonne de marbre, que l'on dit être de la hauteur de Notre-Seigneur, quoiqu'elle ait cinq pieds neuf pouces. Il y a auſſi un tombeau de marbre jaſpé, de la grandeur de la pierre du ſaint Sépulchre; il a ſept pieds & demi de long.

Après avoir examiné toutes les curio-

Tome II.   G g

sités de cette célèbre Eglise, il faut présentement voir celles qui composent le Tréfor, qui renferme des raretés auffi admirables, que riches & précieufes.

LE TRÉSOR DE S. DENIS.

L'entrée est fur la droite du Chœur; on y monte par un petit efcalier, qui rend dans une falle de trente-fix pieds en quarré, où les précieufes Reliques, & les richeffes qui le compofent, font renfermées dans fix armoires. On le voit tous les jours, devant & après l'Office: c'eft un des Religieux, l'Etole au cou, qui le montre. Ce Tréfor est un des plus riches du monde. La plus grande partie de ce que l'on y conferve, faifoit autrefois l'ornement de la Chapelle des Rois de France, qui l'ont donné à cette Abbaye. Comme le détail de chaque chofe nous meneroit trop loin, je ne m'attacherai feulement qu'aux pièces les plus confidérables, les marquant de fuite, & dans le même ordre qu'on les montre.

A la première armoire, vous verrez une grande Croix d'or, qui a été donnée par Philippe Augufte, dans laquelle eft enfermé un morceau de la vraie Croix, long d'un pied : cette Croix eft toute couverte de pierreries des plus précieuses. Aux deux côtés, sont deux grandes statues de la sainte Vierge & de saint Jean-Baptiste, en vermeil. Sur la droite, l'Oratoire de Philippe Auguste ; c'est une grande & riche Chapelle remplie de Reliques très-précieuses. A gauche, est une espèce de Trône de vermeil, à six colonnes, où vous verrez un Ange qui tient un des cloux avec lesquels Notre-Seigneur fut crucifié. Vous y verrez aussi un Crucifix fait du Bois de la vraie Croix, enfermé dans un Reliquaire d'or : on croit que ce Crucifix a été fait par le Pape Clément III. Une Châsse d'argent en forme de Temple, où sont beaucoup de Reliques de Notre-Seigneur, comme au Trésor de la Sainte-Chapelle de Paris. Les autres pièces sont la Couronne, le Sceptre & la main de Justice qui ont servi au Sacre d'Henri IV. Un morceau d'une cruche, comme d'albâtre, qu'on croit avoir servi aux Nôces de Cana.

Dans la seconde armoire, vous verrez au milieu, le Chef de saint Hilaire, Evéque de Poitiers, fait de vermeil doré : la Mître & le tour du col sont entierement enrichis de pierreries. Sur la droite, une grande Croix d'or, où est enfermée une verge du gril de saint Laurent : cette Croix est toute couverte de pierres précieuses. Auprès, une image en vermeil de sainte Marie-Madeleine, où est enfermé le menton de cette Sainte ; le Roi Charles VI, son fils & son épouse sont à ses pieds. Sur la gauche, est un bassin & une aiguierre de vermeil d'un grand prix. Remarquez au-dessous une espèce d'Eglise d'argent ; c'est un grand Reliquaire qui conserve quantité de précieuses Reliques. Les autres pièces sont plusieurs images de vermeil, comme de saint Denis, de sainte Catherine, de saint Nicolas & de saint Leger. Les Couronnes du Sacre de Louis XIII, & celle des Funérailles de la Reine son épouse. Vous y verrez plusieurs Livres très-anciens, dont les couvertures sont fort riches : les principaux sont un Missel de sept cens ans, & un Nouveau-Testament écrit sur du vélin pourpre, qui a près de neuf cens ans.

Dans la troisième armoire, vous verrez au milieu, le Chef d'or de saint Denis, Apôtre de la France : la Mître est toute remplie de pierres précieuses & de perles ; ce Chef est soutenu par deux Anges de vermeil : un troisième, qui est au-devant, soutient un Reliquaire d'or enrichi de pierreries, où est un os de l'épaule de saint Denis. Sur la droite, il y a un magnifique Reliquaire qui renferme la main de l'Apôtre saint Thomas, qu'il mit dans le côté de Jesus-Christ : elle est visible au travers d'un cristal. Sur la gauche, on voit un grand Reliquaire de vermeil, où est la mâchoire inférieure de saint Louis, (la partie supérieure est à l'Abbaye de Poissy.) Ce Reliquaire est soutenu par Philippe le Hardi, son fils, & Philippe le Bel, son petit-fils. Les autres sont plusieurs Reliques de saint Louis, & quelques ornemens de ce saint Roi, comme sa Couronne d'or enrichie de pierreries, avec une Epine de la sainte Couronne de Notre-Seigneur, enchâssée dans un des rubis ; son épée, sa Main de Justice, l'agraphe de son Manteau Royal, & son anneau. Vous y verrez encore le Calice, la Patène, & les Burettes qui ont, à ce qu'on dit, servi à saint Denis ; le Calice & la Patène de l'Abbé Suger ; le précieux Manuscrit des Ouvrages de saint Denis l'Aréopagite, couvert d'argent & de pierreries, les Couronnes du Sacre de Louis XIV, & celle des Funérailles de la Reine son épouse ; & beaucoup d'autres choses qui sont d'un grand mérite.

Dans la quatrième armoire, la pièce du milieu est un grand Buste de vermeil qui renferme une partie du Chef de saint Benoît : la Mître, & le tour du cou, sont enrichis de pierres précieuses, & sur le devant, est une partie du bras de ce Saint. Sur la droite, il y a une grande Croix d'or enrichie de perles orientales & de pierreries. Sur la gauche, une grande Chapelle, ou Reliquaire appellé l'Oratoire de l'Empereur Charlemagne : cette pièce est toute remplie de pierres précieuses. La Couronne d'or de Charlemagne est auprès, toute enrichie de pierreries : c'est cette Couronne qu'on met sur la tête de nos Rois le jour de leur Sacre. A côté, est un vase fort admirable, étant d'une seule agathe orientale, & d'un travail infini : c'est une des plus considerables pièces du Trésor; les figures représentent une bacchanale, ou fête des Anciens en l'honneur de Bacchus. Les autres pièces sont le Sceptre & la Main de Justice de Charlemagne, son épée & ses éperons, le tout d'or & enrichi de pierreries; deux Livres fort précieux, dont l'un est un Pontifical pour le Sacre des Rois, & l'autre, les Epîtres & Evangiles couverts d'or & de pierreries; la Couronne de Jeanne d'Evreux, femme de Charles IV, elle est d'or & chargée de diamans; plusieurs Couronnes, Vases, & autres pièces aussi curieuses que riches.

Les deux autres armoires sont de l'autre côté de cette salle, en face du Trésor, dont la première, qui fait la cinquième, est remplie de trois grandes pièces considérables : celle du milieu est une grande Châsse, dans laquelle est le corps de saint Louis; elle est de vermeil doré, enrichie de pierreries. Sur la droite, c'est le Chef de saint Pierre l'Exorciste, Martyr : il est de vermeil doré. Sur la gauche, la Châsse de saint Denis de Corinthe : elle est toute couverte de lames d'argent & de pierreries. Les habits Royaux qui ont servi au Sacre de SA MAJESTÉ LOUIS XV, & qui doivent être représentés au Sacre de son Successeur, qui consistent en sa camisole de satin rouge, sa tunique & sa dalmatique. Plusieurs Couronnes qui ont servi aux Funérailles des Princes & Princesses du Sang Royal inhumés dans le Caveau des Bourbons.

Dans la sixième armoire, un Soleil d'un fort beau travail, dont la Croix est enrichi de pierreries. Les Couronnes de Monseigneur le Duc d'Anjou, & de Madame Troisième sa sœur. Le Manteau

Royal de Louis XV, de velours cramoisi doublé d'hermine, parsemé de fleurs de lys d'or, & ses Bottines. Les pièces qui ont servi aux Funérailles de Louis XIV, qui sont son Heaume couronné, son Ecu de France, ses Gantelets & ses Eperons; les Pistolets que la Ville d'Aix-la-Chapelle présenta à Sa Majesté, à son retour de Hollande. L'épée d'un Général Anglois, nommé Talbot, donnée au Trésor par M. le Comte d'Aubeterre, Lieutenant Général des Armées du Roi, &c. Et plusieurs autres pièces rares & curieuses qui remplissent cette armoire, dont le détail me meneroit trop loin.

 Au-dessus de ces armoires, on voit une Chaire de cuivre doré, qui a servi de Trône aux Rois de la première Race, de laquelle étoit Dagobert. L'épée de Turpin, Archevêque de Reims, & neveu de Charlemagne. L'épée de Jeanne d'Arcq, Pucelle d'Orléans, & son portrait. Une corne de Licorne, qui a six pieds & demi de long. Une épée que saint Louis rapporta de son premier voyage de la Terre Sainte.

 Il ne vous reste plus à voir que l'intérieur de cette Abbaye, dont l'édifice est très-ancien & très-grand; mais depuis quelques

quelques années on a construit un superbe bâtiment nouveau, remarquable par sa grandeur, sa magnificence, par la beauté de son escalier & celle des rampes. Le rez-de-chaussée est divisé en plusieurs salles, d'une grandeur & d'une beauté surprenante, qui servent pour recevoir les Princes, le Parlement, & les autres Cours supérieures dans les cérémonies où le Roi les invite. Celle du fond est toute boisée, & remplie de bancs tout autour; elle sert aussi de Chapelle. Le dessus de ce majestueux bâtiment est rempli d'un magnifique dortoir pour les Religieux, qui y ont chacun leur chambre propre & commode. Cette Communauté a produit d'illustres & sçavans Religieux de tems en tems, & toujours de saints & zélés observateurs de la Règle de saint Benoît.

 Vous pourrez voir, dans la Ville, les Eglises & Paroisses de S. Denis de l'Estrée, S. Remi, S. Martin, S. Jacques, S. Paul, la Madeleine, S. Michel, les trois Patrons, sainte Croix, S. Michel, & un Hôtel-Dieu administré par le Prieur de l'Abbaye, un Curé de la Ville & trois Bourgeois. Les Couvens sont les Récolets, les Carmelites, les Annonciades, les Ursulines & les Filles de sainte Marie.

Dagobert I, que l'on peut regarder comme le Fondateur de cette célèbre Abbaye par les grands biens dont il l'a comblée, lui accorda une Foire franche qui devoit ouvrir le 10 Octobre, avec le droit de Tonlieu, non-seulement sur les marchandises qui arrivoient à la Foire; mais sur toutes celles qui arriveroient à Paris pendant la Foire. Elle a été transférée aux portes de Paris, entre les Eglises de S. Laurent & de S. Martin, vers 710, à l'occasion des guerres sous le règne de Thierry.

L'Empereur Charles le Chauve se plaisoit fort à saint Denis; après les désordres des Normands, il rétablit magnifiquement cette Abbaye, & institua la fameuse Foire du Landy, qui se tenoit d'abord dans les champs, entre S. Denis & la Chapelle : elle ne duroit alors que trois jours après la saint Barnabé; dans la suite, elle a été diverses fois prolongée jusqu'à quinze jours. Le Recteur de l'Université s'étoit accoutumé à y aller faire une visite dans laquelle il étoit souvent accompagné des Ecoliers; mais depuis que les guerres civiles ont fait transférer la Foire dans l'enceinte de la Ville, cet usage s'est aboli.

F I N.

TABLE
ALPHABETIQUE
DES NOMS
DES RUES DE PARIS,

Avec les Quartiers où elles sont situées.

A

LES RUES

Abbatiale, quartier saint Germain.
d'Ablon, quartier saint Medard.
de l'Abreuvoir, quartier de la Cité.
de l'Abreuvoir Mâcon ou du Cagnard, quartier saint André.
de l'Abreuvoir Marion, quartier Sainte Opportune.
de l'Abreuvoir Pepin, quartier sainte Opportune.

de l'Aiguillerie, quartier sainte Opportune.

des Amandiers, quartier saint Benoît.
Autre, fauxbourg saint Antoine.
d'Amboise, quartier de la place Maubert.
Saint-Athanase, quartier du Marais.
Autre, quartier saint Paul.
Saint André, fauxbourg saint Antoine.
Saint André des Arcs, quartier St André.
de l'Anglade, quartier du Palais Royal.
des Anglois, quartier saint Benoît.
d'Angoumois ou Charlot, quartier du Temple.
d'Anjou, quartier saint Germain.
Autre, fauxbourg saint Honoré.
Autre, quartier du Marais.
Sainte-Anne, quartier de la Cité.
Sainte-Anne ou Poissonniere, fauxbourg saint Denis.
Sainte-Anne ou de Lionne, quartier du Palais Royal.
d'Antin, quartier Montmartre.
Saint-Antoine, quartier saint Antoine.
Sainte-Appoline ou Saint Denis, quartier saint Martin.
de l'Arbalêtre, Fauxbourg S. Marcel.
de l'Arbre-sec, quartier du Louvre.
de l'Arcade ou de Pologne, quartier Ville-l'Évêque.
de l'Arche-Marion ou de l'Abreuvoir-

Marion, quartier sainte Opportune.
des Arcis, quartier de la Grêve.
d'Argenteuil, quartier du Palais Royal.
d'Arnetal ou Grenetal, quartier saint Denis.
d'Arras, quartier de la Place Maubert.
Aubri-Boucher, quartier saint Jacques de la Boucherie.
des Audriettes, quartier de la Grêve.
des Aveugles, quartier du Luxembourg.
Au fevre ou aux Feves, quartier de la Cité.
des Augustins, quartier saint André.
d'Avignon, quartier saint Jacques de la Boucherie.
Aumaire, quartier saint Martin.
Sainte-Avoye, quartier sainte Avoye.

B

RUES

Babille, quartier de la nouvelle Halle.
de Babylone, quartier saint Germain.
du Bac [grande] quartier St Germain.
Autre [petite], quartier du Luxembourg.
de Bagneux, quartier du Luxembourg.
Baillet, quartier du Louvre.
Bailleul, quartier du Louvre.
Bailli ou Baillif, quartier saint Eustache.

des Balets, quartier saint Antoine.
du Banquier, fauxbourg saint Marcel.
Sainte-Barbe, quartier saint Denis.
Autre, quartier de l'Université.
Barbette, quartier du Marais.
Bar-du-bec, quartier sainte Avoye.
de la Barillerie, quartier de la Cité.
de la Barouillerie, quartier du Luxembourg.
de la Barre ou de Scipion, fauxbourg saint Marcel.
des Barres, quartier de la Grêve.
des Barrés, quartier saint Paul.
de la Barriere, fauxbourg saint Marcel.
Saint-Barthelemy, quartier de la Cité.
Basfroi ou Baffroy, fauxbourg saint Antoine.
du Bas-Pincourt, fauxbourg saint-Antoine.
du Bas-Reuilly, fauxbourg saint Antoine.
Basse de l'Hôtel des Ursins, quartier de la Cité.
Basse Villeneuve, quartier saint Denis.
Basville, quartier de la Cité.
du Battoir, quartier saint André.
Autre, fauxbourg saint Marcel.
Baudin, fauxbourg Montmartre.
Beaubourg, quartier saint Martin.
du Beaujolois, quartier du Temple.
de Beaune, quartier saint Germain.

Beaurepaire, quartier faint Denis.
Beautreillis, quartier faint Paul.
de Beauvais, quartier du Louvre.
de Belle-Chaffe, quartier faint Germain.
de Bellefond, fauxbourg Montmartre.
Saint-Benoît, fauxbourg faint Germain.
de Berci, fauxbourg faint Antoine.
Autre, quartier de la Greve.
Bergere, fauxbourg Montmartre.
Saint Bernard, fauxbourg faint Antoine.
des Bernardins, quartier de la place Maubert.
de Berri, quartier du marais.
Bertin-Poirée, quartier fainte Opportune.
Bétifi, quartier fainte Opportune.
Beuriere, *voyez* rue de la Corne, quartier du Luxembourg.
de Biévre, fauxbourg faint Victor.
Autre, quartier de la place Maubert.
des Billettes, quartier fainte Avoye.
Biffy, quartier du Luxembourg.
des Blancs-Manteaux, quartier fainte Avoye.
Blomet ou Plumet, quartier S. Germain.
Saint Bon, quartier de la Grève.
des Champs-Elifées, fauxbourg faint Honoré.
Autre Bonnes-nouvelles, quartier faint Denis.
du Bon Puits, quartier de la place Maubert.

des Bons-Enfans, quartier saint Eustache.
Bordet, quartier de la place Maubert.
Boucherat, quartier du marais.
de la Boucherie, quartier du Gros Caillou.
Autre, quartier du Palais Royal.
des Boucheries, quartier du Luxembourg.
Boudebrie, quartier saint André.
des Boulangers, quartier saint Victor.
des Boules ou des Boulets, fauxbourg saint Antoine.
du Bouloi, quartier saint Eustache.
de la Bourbe, quartier du Luxembourg.
du Bourbon, quartier saint Denis.
Autre, quartier saint Germain.
Autre de Bourbon-le-Château, quartier saint Germain.
des Bourdonnois, quartier sainte Opportune.
Bourg-l'Abbé, quartier saint Denis.
de Bourgogne, quartier saint Germain.
Autre, quartier du Temple.
de Bourgogne ou des Bourguignons, quartier saint Marceau.
Bourtibourg, quartier sainte Avoye.
du Bout du monde, quartier S. Eustache.
de Bracq, quartier sainte Avoye.
du Brave, quartier de Luxembourg.
de Bretagne, quartier du Marais.
de la Bretonnerie, grande, quartier saint Benoît.

Autre, petite, même quartier.
de Bretonvilliers, Isle Notre-Dame.
Brise-miche, quartier saint Martin.
des Brodeurs, quartier saint Germain.
de la Bucherie, quartier de la Place Maubert.
de Buffi, quartier saint Germain.
des Buttes, fauxbourg saint Antoine.

C

RUES

Cadet ou de la Voirie, fauxbourg Montmartre.
du Cagnard, *voyez* rue de l'Abreuvoir Mâcon, quartier saint André.
Calande ou Galande, quartier S. Benoît.
de la Calande ou Calandre, quartier de la Cité.
des Cannettes, quartier du Luxembourg.
des trois Cannettes, quartier de la Cité.
du Cannivet, quartier du Luxembourg.
des Capucines, quartier Montmartre.
des Capucins, fauxbourg saint Jacques.
des Carcassons ou Carcuissons, quartier de la Cité.
Cardinale, quartier saint Germain.
Carêmeprenant, quartier de la Courtille.
des Carmes, quartier saint Benoît.

du Carneau ou du Port à Maître-Pierre, quartier faint Benoît.
du Carousel, quartier du Palais Royal.
Carpentier, quartier du Luxembourg.
Caſſette, quartier du Luxembourg.
Sainte-Catherine, quartier faint Antoine.
Cenſier ou vieille rue Saint-Jacques, fauxbourg faint Marcel.
Centier, quartier Montmartre.
de la Ceriſaye, quartier faint Paul.
de Chaillot, fauxbourg faint Honoré.
de la Chaiſe ou des Teigneux, quartier faint Germain.
du Champ-d'Albiac ou des Petits Champs, fauxbourg faint Marcel.
Autre du Champ-de l'Allouette, fauxbourg faint Marcel.
Autre du Champ-Fleuri, quartier du Louvre.
Champion ou du Rampart, quartier du Palais Royal.
Chanoineſſe, quartier de la Cité.
du Chantier, quartier Montmartre.
des Chantiers, fauxbourg faint Antoine.
du Chantre, quartier du Louvre.
des Chantres, quartier de la Cité.
Chanverrerie, quartier des Halles.
Chapon, quartier faint Martin.
des Charbonniers, fauxbourg S. Antoine.
Autre, fauxbourg faint Marcel.

de Charenton, fauxbourg saint Antoine.
Charlot ou d'Angoumois, quartier du Temple.
de Charonne, fauxbourg saint Antoine.
Chartiere, quartier saint Benoît.
du Chât qui pêche ou du Renard, quartier saint André.
du Chaulme ou de la Merci, quartier sainte Avoye.
de la Chausseterie, quartier des Halles.
du Chef Saint-Landry, quartier de la Cité.
du Chemin de la Contrescarpe, fauxbourg du Temple.
du Chemin Saint-Denis, quartier du Temple.
du Chemin-verd, fauxbourg St Antoine.
Autre, fauxbourg saint Honoré.
du Cherche-midi, quart. du Luxembourg.
du Chevalier du Guet, quartier sainte Opportune.
du Cheval-verd, fauxbourg S. Jacques.
de Chevilly, fauxbourg saint Honoré.
des Chiens, quartier de l'Université.
Childebert, quartier saint Germain.
des Cholets, quartier de l'Université.
Christine, quartier saint André.
Saint-Christophe, quartier de la Cité.
du Cigne, quartier des Halles.
des Cignes, quartier Gros-Caillou.

du Cimetiere Saint-André-des-Arcs, quartier saint André.

du Cimetiere Saint-Benoît, quartier S. Benoît.

du Cimetiere Saint-Jacques du haut-pas, quartier du Luxembourg.

du Cimetiere Saint Nicolas des Champs, quartier saint Martin.

du Cimetiere Saint-Severin, quartier S. André.

du Cimetiere Saint-Sulpice ou Palatine, quartier du Luxembourg.

des Cinq-Diamans, quartier saint Jacques de la Boucherie.

des Ciseaux, quartier saint Germain.

Saint-Claude, quartier saint Denis.

Autre, quartier du Marais.

de la Clef, fauxbourg saint Marcel.

de Cleri, quartier Montmartre.

Clocheperche, quartier saint Antoine.

Clopin, fauxbourg saint Marcel.

du Clos-Girgeau ou Georjot, quartier du Palais Royal.

de Clugny, quartier saint André.

Cocatrix ou Cocatrice, quartier de la Cité.

du Cœur-volant, quartier saint Germain.

Colbert, quartier du Palais Royal.

de la Colombe, quartier de la Cité.

du Colombier, fauxbourg saint Germain.

de la Comédie Françoise, ou des Fossés saint Germain des Prés, quartier du Luxembourg.
Comtesse d'Artois, quartier des Halles.
de Condé ou S. Lambert, quartier du Luxembourg.
Contrescarpe, quartier saint André.
Autre, quartier de la Place Maubert.
Autre ou des Fossés Saint-Antoine, quartier saint Antoine.
du Coq, quartier de la Grêve.
Autre, quartier du Louvre.
Autre, quartier Montmartre.
Coquéron, quartier saint Eustache.
Coquenard ou Notre-Dame de Lorette, fauxbourg Montmartre.
Coquillere, quartier saint Eustache.
des Coquilles, quartier de la Grêve.
des Cordeliers, quartier saint André.
de la Corderie, quartier du Temple.
des Cordiers, quartier saint André.
de la Cordonnerie, quartier des Halles.
de la Corne ou Beuriere, quartier du Luxembourg.
de la Cossonnerie, quartier des Halles.
des Coupeaux ou Copeau, fauxbourg saint Marcel.
Coupe-gorge, ou Poterie S. Severin, fauxbourg saint Marcel.
de la Couroierie, quartier saint Martin.

Courtalon, quartier sainte Opportune.
de la Cour du More, quartier S. Martin.
Courteauvilain, quartier saint Martin.
de la Courtille ou du Fauxbourg du Temple, quartier du Temple,
de la Coutellerie, quartier de la Grêve.
du Croissant, quartier Montmartre.
Creuse, fauxbourg saint Marcel.
de la Croix, quartier saint Martin.
de la Croix-Blanche, quartier sainte Avoye.
de la Croix ou Hennequin, fauxbourg Montmartre.
de la Croix des Petits-Champs, quartier saint Eustache.
Sainte-Croix de la Bretonnerie, quartier sainte Avoye.
Sainte Croix de la Cité, quartier de la Cité.
Croulebarbe, fauxbourg saint Marcel.
du Crucifix Saint-Jacques, quartier saint Jacques de la Boucherie.
Couture Sainte Catherine, quartier saint Antoine.
Autre S. Gervais, quartier du Temple.

D

RUES

Daguesseau, fauxbourg saint Honoré.

du Dauphin ou Saint-Vincent, quartier du Palais Royal.
Dauphine, quartier faint André.
des Déchargeurs, quartier Ste Opportune.
du Demi-Saint, quartier du Louvre.
Saint Denis, quartier faint Denis.
de la Dentelle ou de la Lanterne, quartier de la Cité.
des deux-Anges, quartier faint Germain.
des deux-Boules, quartier Ste Opportune.
des deux Ecus, quartier faint Euftache.
des deux Hermites, quartier de la Cité.
des deux Ponts, Ifle N. D.
des deux-Portes, quartier faint André.
Autre, quartier faint Denis.
Autre, quartier faint Denis.
Autre, quartier de la Grêve.
des Dix-huit ou de Venife, quartier de la Cité.
Saint-Dominique, quartier faint Germain.
Autre, quartier du Luxembourg.
des Douze-Portes, quartier S. Antoine.
du Doyenné, quartier du Palais Royal.
de la Draperie, quartier de la Cité.
de Duras, fauxbourg faint Honoré.

E

RUES

de l'Echarpe, quartier faint Antoine.

de l'Echaudé, quartier du Temple.
Autre, quartier des Halles.
Autre, quartier saint Germain.
de l'Echelle, quartier du Palais Royal.
de l'Echelle du Temple ou des vieilles-Audriettes, quartier de la Grêve.
d'Ecosse, quartier saint Benoît.
des Ecouffes, quartier saint Antoine.
des Ecrivains, quartier saint Jacques de la Boucherie.
des Ecuries, quartier du Palais Royal.
de l'Egoût, quartier saint Germain.
de l'Egoût Sainte Catherine, quartier saint Antoine.
de l'Egoût du Ponceau, quartier S. Denis.
Saint-Eloi, quartier de la Cité.
des Enfans-rouges, quartier du Temple.
d'Enfer, quartier de la Cité.
Autre, quartier du Luxembourg.
Autre, quartier de la Nouvelle-France.
de l'Epée de bois, fauxbourg S. Marcel.
de l'Eperon, quartier saint André.
de l'Estrapade ou des Fossés S. Jacques, quartier saint Benoît.
Saint-Etienne, quartier saint Denis.
S. Etienne d'Egrès, quartier S. Benoît.
de l'Etoile, quartier saint Paul.
des Etuves, quartier saint Martin.
de l'Evêché, quartier de la Cité.
de l'Evêque, quartier du Palais Royal.

F

F

RUES

des Fauconniers, quartier saint Paul.
du Fauxbourg S. Antoine, fauxbourg saint Antoine.
du Fauxbourg S. Denis, fauxbourg S. Denis.
du Fauxbourg S. Honoré, fauxbourg S. Honoré.
du Fauxbourg S. Jacques, quartier S. Benoît.
du Fauxbourg S. Laurent, fauxbourg S. Martin.
du Fauxbourg S. Lazare, fauxbourg S. Denis.
du Fauxbourg S. Martin, fauxbourg S. Martin.
du Fauxbourg Montmartre, fauxbourg Montmartre.
du Fauxbourg du Temple ou des Porcherons, quartier du Temple.
du Fauxbourg S. Victor ou du Jardin du Roi, fauxbourg saint Victor.
de la Femme sans tête, quartier Isle Notre-Dame.
du Fer, fauxbourg saint Victor.
du Fer-à-Moulin, même fauxbourg.

de la Féronnerie, quartier des Halles.
Férou, quartier du Luxembourg.
aux Fers, quartier des Halles.
de la Feuillade, quartier Montmartre.
Feydeau ou neuve des Foſſés-Montmartre, quartier Montmartre.
Saint-Fiacre, quartier Montmartre.
du Figuier, quartier ſaint Paul.
des Filles Angloiſes, fauxbourg ſaint Antoine.
Autre, fauxbourg ſaint Marcel.
des Filles du Calvaire, quart. du Temple.
des Filles-Dieu, quartier ſaint Denis.
des Filles S. Thomas, quart. Montmartre.
de Saint-Florentin, Place de Louis XV.
Sainte-Foi, quartier ſaint Denis.
du Foin, quartier Saint André.
Autre, quartier ſaint Antoine.
de la Foire, quartier du Luxembourg.
de la Folie-Moricourt, fauxbourg du Temple.
de la Folie-Regnault, fauxbourg ſaint Antoine.
de la Fontaine du Roi, fauxbourg ſaint Victor.
des Fontaines, quartier ſaint Martin.
Autre, fauxbourg du Temple.
du Forès, quartier du Temple.
des Foſſés S. Antoine ou Contreſcarpe, quartier ſaint Antoine.

des Fossés S. Bernard, fauxbourg saint Victor.
des Fossés S. Denis, fauxbourg saint Denis.
des Fossés S. Germain l'Auxerrois, q. du Louvre.
des Fossés S. Germain-des-Prés ou de la Comédie-Françoise, quartier du Luxembourg.
des Fossés S. Jacques ou de l'Estrapade, quartier saint Benoît.
des Fossés S. Marcel ou de la vieille-Estrapade, même quartier.
des Fossés S. Martin, fauxbourg saint Martin.
des Fossés S. Martin ou S. Hyacinte, q. saint André.
des Fossés Montmartre, quartier Montmartre.
des Fossés M. le Prince, q. du Luxembourg.
des Fossés du Temple, fauxbourg du Temple.
des Fossés S. Victor, fauxbourg saint Marcel.
des Fossoyeurs, quartier du Luxembourg.
du Fouare, quartier saint Benoît.
du Four, quartier saint Eustache.
Autre, quartier du Luxembourg.
Autre, quartier de l'Université.

du Four-Basset, quartier de la Cité.
de Fourcy ou Sensée, quartier S. Paul.
des Foureurs, quartier sainte Opportune.
Saint-François, quartier du Marais.
Françoise, quartier des Halles.
Autre, fauxbourg saint Victor.
des Francs-Bourgeois, quart. S. Antoine.
Autre, quartier du Luxembourg.
Autre, quartier saint Marcel.
Frépillon, quartier saint Martin.
de la Friperie [grande] quartier des Halles.
Autre [petite] quartier des Halles.
de la Fromagerie, quartier des Halles.
Fromenteau, quartier du Palais Royal.
Fromentel, quartier saint Benoît.
des Frondeurs, quartier du Palais Royal.
du Fumier, fauxbourg saint Antoine.
Fustemberg, quartier saint Germain.
des Fuseaux, quartier sainte Opportune.

G

RUES

Gaillon, quartier Montmartre.
Gallande, quartier saint Benoît.
Garanciere, quartier du Luxembourg.
Gautier Renaud, fauxbourg S. Marcel.
Geoffroy-l'Angevin, quartier S. Martin.

Geoffroy-l'Afnier, quartier faint Paul.
Saint-George, fauxbourg Montmartre.
Sainte-Genevieve ou Montagne fainte-
    Genevieve, quart. de la place Maubert.
Gerard-Bouquet, quartier faint Paul.
Saint - Germain - l'Auxerrois, quartier
    fainte Opportune.
Gervais, quartier du Marais.
Gervais-Laurent, quartier de la Cité.
de Gêvres, quartier faint Jacques de la
    Boucherie.
Gile-cœur, quartier faint André.
Saint-Gilles [grande], quart. du Marais.
Autre [petite] même quartier.
du Gindre, quartier du Luxembourg.
de Glatigny, quartier de la Cité.
des Gobelins ou de Biévre, fauxbourg
    faint Marcel.
de Gonnesse, quartier faint Germain.
Grammont, quartier Montmartre.
du Grand-Heurleur, quartier S. Martin.
du Grand-Chantier, quartier du Temple.
des Grands-Degrés, quartier de la place
    Maubert.
de la Grange aux Merciers, fauxbourg
    faint Antoine.
de la Grange-Bateliere, fauxbourg Mont-
    martre.
Gracieufe, fauxbourg faint Marcel.
des Gravilliers, fauxbourg faint Martin.

de Grenelle, quartier saint Eustache.
Autre, quartier saint Germain.
Greneta, quartier saint Denis.
Grenier-Saint-Lazare, quartier saint Martin.
des Greniers-sur-l'eau, quartier de la Grêve.
Grenouiller ou des Poirées, quartier saint Benoît.
du Gril, fauxbourg saint Marcel.
Groniere ou Gronier, quartier des Halles.
du Gros-Caillou, fauxbourg saint Victor.
du Gros-Chenet, quartier Montmartre.
Guénégaut, quartier saint Germain.
Guerin-Boisseau, quartier saint Denis.
Guillaume, quartier saint Germain.
Autre, quartier Isle Notre-Dame.
Guillemin, quartier du Luxembourg.
Guisarde, quartier du Luxembourg.

H
RUES

de la Halle aux Poirées ou Halles, quart. des Halles.
de la Harangerie, quart. Ste Opportune.
de Harlai, quartier de la Cité.
Autre, quartier du Marais.
de la Harpe, quartier saint André.
du Hazard, quartier du Palais Royal.

Haute-des-Urſins, quartier de la Cité.
Haute-feuille, quartier ſaint-André.
Hautefort, quartier ſaint Benoît.
du Haut-Moulin, quartier de la Cité.
du Haut-pavé ou Pavée, quartier de la place Maubert.
des Hauts-Foſſés-Saint-Marcel, fauxbourg ſaint Marcel.
de la Haumerie, quartier ſaint Jacques de la Boucherie.
Hennequin ou de la Croix-blanche, F. Montmartre.
Sainte-Hiacinthe ou des Foſſés-S. Michel, quartier ſaint André.
Saint-Hilaire ou du Mont-Saint-Hilaire ou du Puits-certain, quartier S. Benoît.
Hillerin-Bertin, quartier ſaint Germain.
de l'Hirondelle, quartier ſaint André.
de l'Homme armé, quartier Ste Avoye.
Saint Honoré, quartier du Palais Royal.
Honoré-Chevalier, q. du Luxembourg.
de l'Hôpital-Saint-Louis, fauxbourg ſaint Laurent.
de l'Hôtel-Dieu ou Chauſſée-Gaillon, quartier des Porcherons.
de la Huchette, quartier ſaint André.
du Hurepoix, quartier ſaint André.
Sainte-Hyppolyte, fauxbourg S. Marcel.

J

RUES

Jacinthe, quartier de la place Maubert.
Jacob, quartier saint Germain.
Saint-Jacques, quartier saint Benoît.
Saint-Jacques-de la Boucherie, quartier saint Jacques de la Boucherie.
du Jardinet, quartier saint André.
du Jardin du Roi ou du Fauxbourg Saint-Victor, fauxbourg saint Victor.
des Jardins, quartier saint Paul.
Jean-Beau-Sire, quartier saint Antoine.
Jean-Gilles ou de la Réale, quartier des Halles.
Jean-de-l'Epine, quartier de la Grêve.
Jean-Lantier, quartier sainte Opportune.
Jean-le-Maître ou des Cholets, quartier de l'Université.
Jean-Pain-Mollet, quartier de la Grêve.
Jean-Robert, quartier saint Martin.
Jean-Saint-Denis, quartier du Louvre.
Jean-Tison, quartier du Louvre.
Saint-Jean-de-Beauvais, quartier de l'Université.
Saint-Jean-de-Latran, même quartier.
Saint-Jerôme, quartier saint Jacques de la Boucherie.

des Jeux-neufs ou Jeûneurs, quartier Montmartre.
Jolivet, quartier de la Nouvelle-France.
Joquelet, quartier Montmartre.
Saint-Joseph, quartier Montmartre.
de Jouï, quartier saint Paul.
du Jour, quartier saint Eustache.
de la Joyallerie, ou de la Jouaillerie, quartier saint Jacques de la Boucherie.
Judas, quartier de l'Université.
des Juifs, quartier saint Antoine.
de la Juiverie, quartier de la Cité.
Saint-Julien-le-pauvre, quart. S. Benoît.
de la Jussienne, quartier saint-Eustache.

L

R U E S

Saint-Lambert ou de Condé, quartier du Luxembourg.
de Lamoignon, quartier de la Cité.
Saint-Landry, quartier de la Cité.
de la Lanterne ou de la Dentelle, quartier de la Cité.
de Lape, fauxbourg saint Antoine.
Au Lard, quartier des Halles.
de Lavandieres, quartier sainte Opportune.
Autre, quartier de la Place Maubert.

Saint-Laurent, fauxbourg S. Denis.
de Lesdiguieres, quartier S Paul.
Saint-Leufroi, quartier sainte Opportune.
de la Levrette, quartier de la Grève.
de la Licorne, quartier de la Cité.
de la Limace, quartier sainte Opportune.
de Limoges, quartier du Marais.
de la Lingerie, quartier des Halles.
de Lionne, *voyez* rue Sainte-Anne.
des Lionnois, fauxbourg saint Marcel.
des Lions, quartier saint Paul.
des Lombards, quartier saint Jacques de la Boucherie.
de Long-pont, quartier de la Grève.
de la Longue-allée, quartier saint Denis.
Saint Louis, quartier de la Cité.
Autre, Isle Notre-Dame.
Autre, quartier du Marais.
Autre, quartier du Palais Royal.
de Louis-le-Grand, quartier Montmartre.
du Louvre ou de l'Oratoire, quartier du Temple.
de la Lune, quartier saint Denis.
du Luxembourg, quart. du Palais Royal.

M

Rues

Mâcon, quartier saint André.

des Maçons, quartier saint Benoît.
de la Madeleine, quart. Ville-l'Evêque.
Saint-Magloire, quartier saint Jacques de la Boucherie.
du Mail, quartier Montmartre.
du Maillet, fauxbourg saint Michel.
Maltoix ou Martrois, quartier de la Grêve.
des Marais, fauxbourg saint Antoine.
Autre, quartier saint Germain.
des Marais-Saint-Martin, fauxbourg saint Martin.
des Marais du Temple, fauxbourg du Temple.
Saint-Marc, quartier Montmartre.
Saint-Marcel, fauxbourg saint Marcel.
de la Marche, quartier du Marais.
Marché-Palu, quartier de la Cité.
Marché-neuf, même quartier.
Sainte-Marguerite, fauxbourg Saint Antoine.
Autre, quartier saint Germain.
Sainte-Marie, quartier saint Germain.
des Marionnettes, quartier S. Benoît.
de Mariveau [grande] quartier saint Jacques de la Boucherie.
Autre [petite], même quartier.
des Marmouzets, quartier de la Cité.
Autre, fauxbourg saint Marcel.
Saint-Martin, quartier saint Mart i.

K i

du Martroix, *vsyez* rue du Maltoix.
des Mathurins, quartier saint Benoît.
de Matignon [grande, quartier du Louvre.
Autre [petite], même quartier.
Maubué, quartier saint Martin.
Mauconseil, quartier des Halles.
Saint-Maur, quartier du Luxembourg.
Autre, fauxbourg saint Laurent.
des Mauvais-Garçons, quartier saint Germain.
Autre, quartier de la Grève.
des Mauvaises-paroles, quartier sainte Opportune.
Mazarine, quartier saint Germain.
Mazure, quartier saint Paul.
Mêlay, quartier saint Martin.
des Ménétriers, quartier saint Martin.
Ménil-montant, fauxbourg du Temple.
de la Merci ou du Chaume, quartier sainte Avoye.
Mercier, quartier nouvelle Halle.
Saint-Mery ou du Cloître S. Mery, q. saint Martin.
du Meurier, quart. de la Place Maubert.
Meziere, quartier du Luxembourg.
Michel-le-Comte, quartier S. Martin.
Mignon, quartier saint André.
des Minimes, quartier du Marais.
des Moineaux, quartier du Palais Royal.

du Monceau, quartier du Palais Royal.
du Monceau Saint-Gervais, quartier de la Grève.
Mondétour, quartier des Halles.
Montgallet, fauxbourg Saint Antoine.
de la Monnoie, quartier du Louvre.
Montmartre, quartier Montmartre.
Montagne-Sainte-Genevieve, quartier de la place Maubert.
Mont-morency, quartier S. Martin.
Montorgueil, quartier saint Eustache.
Montreuil, fauxbourg saint Antoine.
Moreau ou des Filles-Angloises, fauxb. saint Antoine.
de la Mortellerie, quartier de la Grève.
Mouffetard, fauxbourg saint Marcel.
des Moulins, quartier du Palais Royal.
de Moussy, quartier sainte Avoye.
du Mouton, quartier de la Grève.
de la Muette, fauxbourg S. Antoine.
des Mulets, quartier du Palais Royal.
des Murs de la Roquette, fauxbourg saint Antoine.

N

RUES

de Nazareth, quartier de la Cité.
de Nevers, quartier saint Germain.
Neuve-Saint-Augustin, q. Montmartre.

Neuve des Bons-Enfans, quartier saint Eustache.
Neuve-Sainte-Catherine, quartier saint Antoine.
Neuve-Saint-Denis, quart. Saint Denis.
Neuve-Saint-Etienne des morfondus, fauxbourg S. Marcel.
Neuve-Saint-Eustache, quartier Montmartre.
Neuve des Filles-Dieu, quartier saint Denis.
Neuve des Fossés-Montmartre, *voyez* rue Feydeau.
Neuve-Sainte-Genevieve, fauxbourg saint Marcel.
Neuve Saint-Laurent, fauxbourg saint Antoine.
Neuve-Saint-Martin, quartier saint Martin.
Neuve-Saint-Médard ou d'Ablon, fauxbourg S. Marcel.
Neuve-Saint-Merri, quartier S. Martin.
Neuve-Notre-Dame, quart. de la Cité.
Neuve-d'Orléans, quartier S. Martin.
Neuve-d'Orléans ou des Boulies, fauxbourg saint Victor.
Neuve-Saint-Paul, quartier saint Paul.
Neuve des Petits-Champs, quartier Montmartre.
Neuve de Richelieu, quart. saint André.

Neuve-Saint-Roch, quartier du Palais Royal.
Neuve-Saint-Sauveur, quartier faint Denis.
Saint-Nicaife, quartier du Palais Royal.
Saint-Nicolas, fauxbourg faint Antoine.
Saint-Nicolas du Chardonnet, quartier de la place Maubert.
du Noir, fauxbourg S. Marcel.
des Nonaindieres, quartier faint Paul.
de Normandie, quartier du Marais.
Notre-Dame de Bonne Nouvelle, quart. S. Denis.
Notre-Dame des Champs, quartier du Luxembourg.
Notre-Dame de Lorette ou Coquemard, fauxbourg du Temple.
Notre-Dame de Nazareth, quartier faint Martin.
Notre Dame de Recouvrance, quartier faint Denis.
Notre-Dame des Victoires, quartier Montmartre.
des Noyers, quartier faint Benoît.

O

RUES

d'Oblin, quartier de la nouvelle Halle.

de l'Observance, quartier saint André.
de l'Observatoire, fauxbourg S. Michel.
Ogniard, quartier saint Jacques de la Boucherie.
des Oiseaux, quartier du Marais.
d'Olivet, quartier saint Germain.
de l'Orangerie ou des Thuilleries, quart. saint Honoré.
de l'Oratoire, *voyez* rue du Louvre.
des Orfévres, quartier sainte Opportune.
d'Orléans, quartier saint Eustache.
Autre, quartier du Marais.
des Orties, quartier du Louvre.
Autre, quartier du Palais Royal.
de l'Oseille, quartier du Marais.
aux Ours ou aux Oues, quartier saint Denis.
de l'Oursine, fauxbourg saint Marcel.

P

RUES

Pagevin, quartier saint Eustache.
Palatine ou du Cimetiere, quartier du Luxembourg.
du Paon, quartier saint André.
Autre, quartier de la place Maubert.
du Paon-Blanc ou de la Portedorée, quartier saint Paul.

du Paradis, quartier sainte Avoye.
Autre, fauxbourg saint Jacques.
Autre, fauxbourg Saint Lazare.
du Parc-Royal, quartier saint Antoine.
Autre, quartier du Marais.
de la Parcheminerie, quart. saint André.
du Pas de la Mule, quartier S. Antoine.
Pastourelle, quartier du Temple.
Pavée, quartier saint André.
Autre, quartier saint Antoine.
Autre, quartier S. Denis.
Autre, quartier de la place Maubert.
Saint-Paul, quartier Saint Paul.
Payenne, quartier saint Antoine.
du Pélican, quartier saint Eustache.
de la Pelleterie, quartier de la Cité.
Peniche, *voyez* rue Saint-Pierre.
de la Pépiniere, fauxbourg du Roule.
Percée, quartier saint André.
Autre, quartier saint Antoine.
du Perche, quartier du Marais.
Perdue, quartier de la Place Maubert.
des SS. Peres, quartier saint Germain.
de Périgueux, quartier du Marais.
Périn Gasselin, quart. sainte Opportune.
de la Perle, quartier du Marais.
de Perpignan, quartier de la Cité.
du Pet-au-Diable, quartier de la Gréve.
du Petit-Bourbon, quartier du Louvre.
Autre, quartier du Luxembourg.

du Petit-Carreau, quartier saint Denis.
du Petit-Heurleur, quartier saint Denis.
dn Petit-Jardinet, *voyez* à l'article Cul-de-sac.
du Petit-Lyon, quartier saint Denis.
Autre, quartier du Luxembourg.
du Petit-Moine, fauxbourg saint Marcel.
du Petit-Musc, quartier saint Paul.
du Petit-Pont, quartier saint Benoît.
de la Petite-Fripperie, quartier des Halles.
des Petits-Augustins, quartier saint Germain.
Autre, quartier saint Martin.
des Petits-Champs *voyez* rue du Ch. d'Albiac.
des Petits-Peres, quartier Montmartre.
des Petits Pilliers, quartier des Halles.
Phélipeaux, quartier saint Martin.
de Picpus, fauxbourg saint Antoine.
Pied-de-Bœuf, quartier saint Jacques de la Boucherie.
Saint-Pierre, quartier du Marais.
Saint-Pierre ou Peniche, quart. Montmartre.
Saint-Pierre-au-Bœuf, quartier de la Cité.
Pierre-Assisse ou Quirassis, fauxbourg saint Marcel.
Pierre-au-Lard, quartier saint Martin.

Pierre-aux-Poissons, quartier S. Jacques de la Boucherie.
Pierre-Sarrasin, quartier Saint André.
des Pilliers des Potiers d'étain, quartier des Halles.
des Pilliers de la Tonnellerie ou les grands Pilliers, *voyez* rue de la Tonnellerie.
de Pincourt, *voyez* rue de Popincourt.
Pirouette, quartier des Halles.
de la Place-aux-Veaux, quartier saint Jacques de la Boucherie.
Sainte-Placide, quartier du Luxembougr.
de la Planche, quartier saint Germain.
Planche-Mibrai, quartier de la Grève.
de la Planchette, fauxbourg saint Denis.
Autre, fauxbourg saint Antoine.
du Plat d'étain, quart. sainte Opportune.
du Plâtre, quartier sainte Avoye.
Autre, quartier saint Benoît.
Plâtriere, quartier S. Eustache.
Plumet, *voyez* rue Blomet.
des Plumets, quartier de la Grève.
Pointe Saint-Eustache, quartier saint Eustache.
des Poirées, *voyez* rue Grenouiller.
du Poirier, quartier saint Martin.
Poissonniere, quartier Montmartre.
Poitevine ou des Poitevins, quartier S. André.

de Poitiers, quartier faint Germain.
de Poitou, quartier du Temple.
Poliveau ou des Sauſſayes, fauxbourg faint Victor.
de la Pologne ou de l'Arcade, quartier Ville-l'Evêque.
du Pont-aux-Biches, quartier faint Martin.
Autre, fauxbourg faint Marcel.
du Pont-aux-Choux, quartier du Marais.
Popincourt ou Pincourt, fauxbourg du Temple.
des Porcherons, fauxbourg Montmartre.
du Port-l'Evêque, quartier de la Cité.
du Port-à-Maître-Pierre, *voyez* rue Carneau.
du Port-aux-Œufs, quartier de la Cité.
la Porte-Dorée, *voyez* rue du Paon.
Porte-foin, quartier du Temple.
des Poſtes, quartier faint Benoît.
du Pot-de-Fer, fauxbourg faint Marcel.
Autre, quartier de Luxembourg.
de la Poterie, quartier de la Grêve.
Autre, quartier des Halles.
de la Poterie-Saint-Severin, f. S. Marcel.
du Potier, quartier faint Germain.
des Poules, fauxbourg faint Marcel.
Poultier ou Poulletiere, Iſle Notre-Dame.
des Poulies, quartier du Louvre.
Poupée, quartier S. André.

du Pourtour, quartier de la Grêve.
des Prêcheurs, quartier des Halles.
des Prêtres-Saint-Etienne, quartier S. Benoît.
des Prêtres-Saint-Germain-l'Auxerrois, quartier du Louvre.
des Prêtres-Saint-Paul, quartier saint Paul.
des Prêtres Saint-Severin, quartier saint André.
Princesse, quartier du Luxembourg.
de la Procession, fauxbourg S. Antoine.
des Prouvaires, quartier saint Eustache.
du Puits, quartier sainte Avoye.
du Puits-d'Amour, *voyez* rue Petite-Truand.
du Puits-Certain, *voyez* rue S. Hilaire.
du Puits-l'Hermite, fauxbourg saint Victor.
du Puits-qui-parle, quartier S. Marcel.
du Puits-de-Rome, quartier S. Martin.
du Puits-de-la-Ville, fauxbourg Saint Jacques.

Q

RUES

des Quatre-Fils, quartier du marais.
des Quatre-Vents, quartier du Luxembourg.

des Quenouilles, quartier Sainte Opportune.

Quinquempoix, quartier saint Jacques de la Boucherie.

Quirassis, *voyez*, rue Pierre-assis.

R

Rues

de Rambouillet, fauxbourg S. Antoine.
de la Rapée, fauxbourg saint Antoine.
de la Raquette, *voyez* rue de la Roquette.
des Rats, quartier de la place Maubert.
Autsie, fauxbourg saint Antoine.
de la Réale ou Jean-Gilles, quartier des Halles.
des Récollets, fauxbourg saint Laurent.
du Regard, quartier du Luxembourg.
Regratiere, quartier Isle Notre-Dame.
de Reims, quartier saint Benoît.
de la Reine-blanche, fauxbourg saint Marcel.
du Rampart, quartier saint André.
du Rampart ou Champion, quartier du Palais Royal.
des Remparts, quartier saint Martin.
du Renard *voyez* rue du Chat qui-pêche.
du Renard, quartier saint Marcel.
Regnaud-le-Fevre, quartier de la Grêve.

du Reposoir, quartier saint Eustache.
de Reuilly [grande] fauxbourg saint Antoine.
Autre [petite] même fauxbourg.
de Richelieu, quartier du Palais Royal.
Saint-Roch, quartier Montmartre.
du Roi-doré, quartier du Marais.
du Roi de Sicile, quartier saint Antoine.
Saint Romain, quartier du Luxembourg.
de la Roquette, fauxbourg S. Antoine.
des Rosiers, quartier saint Antoine.
Autre, quartier saint Germain.
du Roule, fauxbourg du Roule.
Autre, quartier du Louvre.
Rousselet ou des Vaches, quartier saint Germain.
Royale, quartier saint Antoine.
Autre, quartier Montmartre.
Autre, Place de Louis XV.

S

RUES

du Sabot, quartier saint Germain.
de Saintonge, quartier du Marais.
Salle-au-Comte, quartier saint Jacques de la Boucherie.
des Sansonnets, fauxbourg S. Jacques.
de la Santé, fauxbourg saint Jacques.

de la Savaterie, *voyez* rue Saint-Eloi.
de Sartine, quartier de la Nouvelle Hâlle.
de la Savonnerie, quartier saint Jacques de la Boucherie.
de la Saunerie ou Sonnerie, quartier Ste Opportune.
de Savoie, quartier saint André.
des Saussayes, fauxbourg saint Honoré.
Autre, quartier de la place Maubert.
Saint-Sauveur, quartier saint Denis.
de Scipion, *voyez* rue de la Barre.
Saint-Sebastien, fauxbourg du Temple.
de Seine, quartier saint Germain.
Autre, fauxbourg saint Victor.
Sensée, *voyez* rue de Fourcy.
des Sept-Voies, quartier de l'Université.
du Sépulcre, quartier saint Germain.
Serpente, quartier saint André.
de Seve, quartier du Luxembourg.
Saint-Severin, quartier saint André.
Simon-le-Franc, quartier saint Martin.
des Singes, quartier sainte Avoye.
Soli, quartier saint Eustache.
de Sorbonne, quartier saint André.
Autre, quartier saint Germain.
de Soubise, quartier sainte Avoye.
de la Sourdiere, quartier du Palais Royal.
de Surêne, quartier Ville-l'Evêque.
S. Symphorien, *voyez* rue des Cholets.

T

RUES

de la Tablerterie, quartier sainte Opportune.
de la Tacherie, quartier de la Grêve.
Taille-pain, quartier S. Martin.
de la Tannerie, quartier de la Grêve.
Taranne [grande] quart. saint Germain.
Autre [petite], même quartier.
des Teigneux, *voyez* rue de la Chaise.
des Teinturiers ou Navet, quartier de la Grêve.
du Temple, quartier du Temple.
du Temps perdu, *voyez* rue S. Joseph.
Thérèse, quartier du Palais Royal.
Thevenot, quartier saint Denis.
Thibautodé, quartier Sainte Opportune.
Saint-Thomas, quartier du Luxembourg.
Saint-Thomas ou S. Louis du Louvre, quartier du Palais Royal.
Tiquetonne, quartier saint Eustache.
Tire-boudin, quartier saint Denis.
Tirechape, quartier sainte Opportune.
Tiron, quartier saint Antoine.
Tirouanne, quartier des Halles.
de la Tisseranderie, quartier de la Grêve.
de la Tonnellerie ou des Grands-Pilles

Tome II. Ll

des Halles, quartier des Halles.
de Torigni, quartier du Marais.
de Touloufe, *voyez* rue de la Vrilliere.
de la Tour des Dames, quartier des Porcherons,
Touraine, quartier du Marais.
Touraine, *voyez* rue de Turenne.
de la Tournelle, quartier de la place Maubert.
des Tournelles, quartier S. Antoine.
de Tournon, quartier du Luxembourg.
Trainée, quartier faint Euftache.
Tranfnonain, quartier faint Martin.
de Traverfe, quartier faint Germain.
Traverfine, fauxbourg faint Antoine.
Traverfine ou Traverfiere, quartier du Palais Royal.
Autre, quartier de la place Maubert.
de la Treille, quartier faint Germain.
de la Triperie, quartier faint Jacques de la Boucherie.
Triplet, fauxbourg faint Marcel.
des Trois-Bornes, quart. de la Courtille.
des Trois-Chandeliers, quartier faint André.
des Trois-Couronnes, fauxbourg faint Marcel.
des Trois-Mores, quartier faint Jacques de la Boucherie.
des Trois-Pavillons, q. faint Antoine.

des Trois-Piſtolets, quartier ſaint Paul.
des Trois-Portes, quartier ſaint Benoît.
des Trois-Viſages, quartier ſainte Opportune.
du Trône, fauxbourg ſaint Antoine.
Tronion, quartier ſaint Jacques de la Boucherie.
Trop va-qui-dure, quartier Sainte Opportune.
Trouſſe-Vache, quartier ſaint Jacques de la Boucherie.
de la Truanderie [grande] quartier des Halles.
Autre [petite] même quartier.
de la Tuerie, quartier ſaint Jacques de la Boucherie.
des Thuilleries, *voyez* rue de l'Orangerie.
de Turenne ou Touraine, quartier ſaint André.

V

RUES

des Vaches, *voyez* rue Rouſſelet.
de la Vallée de Fécamp, fauxbourg S. Antoine.
de la Vannerie, quartier de la Grève.
de Vannes, quartier de la Nouvelle Halle.
de Varenne, quartier ſaint Germain.

de Varennes, quartier de la Nouvelle Halle.
de Vaugirard, quartier du Luxembourg.
de Vendôme, quartier du Temple.
de Venise, quartier saint Jacques de la Boucherie.
de Ventadour, quartier du Palais Royal.
Verdelet, quartier des Halles.
Verderet, quartier saint Eustache.
de Verneuil, quartier saint Germain.
de la Verrerie, quartier sainte Avoye.
de Versailles, quartier de la place Maubert.
du Vert-Bois, quartier saint Martin.
des Vertus, quartier saint Martin.
de Viarmes, quartier de la Nouvelle Halle.
Saint-Victor, quartier de la place Maubert.
Vielle-Notre-Dame, fauxbourg saint Marcel.
Vielle-Saint-Jacques, *voyez* rue Censier.
Vieille du Temple, quartier du Marais.
de la Vieille-Bouclerie, quart. S. André.
de la Vieille-Estrapade, quartier saint Benoît.
de la Vielle-Harangerie, *voyez* rue de la Harangerie.
de la Vieille-Lanterne, quartier S. Jacques de Boucherie.

de la Vielle Monnoie, quart. S. Jacques de la Boucherie.
des Vieilles-Audriettes, quartier du Temple.
des Vielles-Etuves, quartier faint Euftache.
Autre, quartier faint Martin.
des Vielles-Garnifons, quartier de la Grêve.
des Vieilles-Thuilleries, quartier du Luxembourg.
du Vieux-Colombier, quartier du Luxembourg.
des Vieux-Auguftins, quartier faint Euftache.
des Vignes, fauxbourg faint Marcel.
de la Ville-l'Evêque, quartier de la Ville-l'Evêque.
Villedot, quartier du Palais Royal.
des Vinaigriers, fauxbourg Montmartre.
de l'Univerfité, quartier faint Germain.
de la Voirie ou Cadet, fauxbourg Montmartre
de la Vrilliere ou de Toulouse, quartier Montmartre.
de la Vrilliere [petite], quartier Montmartre.
des Urfins. Baffe, quartier de la Cité.
des Urfins. Haute, quartier de la Cité.
des Urfins. Moyenne, quartier de la Cité.

Vuide-Gouffet, fauxbourg Montmartre

Z

RUES

Zacharie, quartier faint André.

CARREFOURS.

IL y a très-peu de Carrefours qui aient un nom particulier. Le catalogue des autres feroit infini, & même très-difficile, puifque l'on feroit arrêté, à chaque pas, pour leur chercher une dénomination. Nous nous fommes contentés d'indiquer les premiers.

CARREFOURS

Saint Benoît, quartier faint Germain.
de Buffi, quartier faint Germain.
de la Croix de Ciamart, fauxbourg faint Victor.
de la Croix-Rouge, quartier faint Germain.

de la Croix du Trahoir, quartier du Guilleri, quartier de la Grêve.
de la Pierre-au-lait, quartier S. Jacques de la Boucherie.
du Pont-Aletz, quartier des Halles.
du Puits-l'Hermite, fauxbourg faint Victor.
des Trois-Maries, quartier du Louvre.

PLACES.

PLACES

de la Baftille, quartier faint Antoine.
Baudoyers ou Baudet, q. de la Grêve.
Cambrai, quartier faint Benoît.
du Carousel ou des Thuilleries, quartier du Palais Royal.
aux Chats, quartier des Halles.
du Chevalier du Guet, quartier fainte Opportune.
Dauphine, quartier de la Cité.
Sainte-Genevieve, quartier faint Benoît.
de la Grêve, quartier de la Grêve.
Louis le Grand ou place Vendôme, q. du Palais Royal.
Louis XV, fauxbourg faint Honoré,

du Louvre, quartier du Louvre.
Maubert, quartier de la place Maubert.
Saint-Michel, quartier faint André.
du Parvis de N. D. quartier de la Cité.
du Palais Royal, quart. du Palais Royal.
du Pont Saint-Michel, quart. S. André.
de la Porte Paris, *voyez* art. Marchés.
Royale ou de Louis XIII. quartier faint Antoine.
de Sorbonne, quartier faint Benoît.
Saint Sulpice, quartier du Luxembourg.
du Temple, quartier du Temple.
aux Veaux, quartier faint Paul.
des Victoires, quartier Montmartre.

ENCLOS.

LES Enclos & les Cloîtres ne different des Places qu'en ce que les rues n'y aboutissent pas auffi directement, où n'y communiquent que par des passages. Ils nous ont donc paru devoir les fuivre immédiatement.

ENCLOS.

de l'Abbaye S. Germain des Prés, quart. faint Germain.   S. Denis

S. Denis de la Chartre, quartier de la Cité.

des Enfans de la Trinité, quartier faint Denis.

Saint-Jean de Latran, quartier faint Benoît.

Saint Martin, quartier faint Martin.

du Temple, quartier du Temple.

CLOISTRES.

Cloistres

Saint-Benoît, quartier faint Benoît.

des Bernardins, quartier de la place Maubert.

Culture Sainte-Catherine, quartier S. Antoine.

du Saint-Efprit, quartier de la Greve.

Saint-Etienne des Grès, quartier faint Benoît.

Saint Germain-l'Auxerrois, quartier du Louvre.

Saint Honoré, quartier faint Euftache.

des Jacobins, quartier du Palais Royal.

Saint Jacques de la Boucherie, quartier faint Jacques de la Boucherie.

Saint-Jacques de l'Hôpital, quartier des Halles.

Saint-Jean en Gréve, quartier de la Gréve.

Saint-Julien le pauvre, quartier saint Benoît.

Saint-Louis ou Saint-Thomas du Louvre, quartier du Louvre.

Saint Magloire, quartier saint Jacques de la Boucherie.

Saint-Marcel, fauxbourg saint Marcel.

Saint-Martin des Champs, quartier saint Martin.

Saint Merry, *voyez* rue saint Merry.

Saint-Nicolas des Champs, quartier saint Martin.

Saint-Nicolas du Louvre, *voyez* S. Louis.

Notre-Dame, quartier de la Cité.

Sainte-Opportune, q. sainte Opportune.

PONTS.

Ponts

aux Biches, fauxbourg saint Marcel.

de Bois ou Pont-Rouge, quartier de la Cité.

PONTS.

au Change, quartier de la Cité.
aux Choux, quartier du Temple.
aux Doubles, quartier de la Cité.
de Grammont, quartier saint Paul.
de l'Hôtel-Dieu, quartier de la Cité.
Marie, quartier Isle Notre-Dame.
Saint-Michel, quartier de la Cité.
Neuf, quartier de la Cité.
Notre-Dame, quartier de la Cité.
Petit-Pont, quartier de la Cité.
Royal, quartier saint Germain.
de la Tournelle, Isle N. D.

QUAIS.

QUAIS

d'Alençon ou d'Anjou, Isle N. D.
des Augustins ou de la Volaille, quartier saint André.
des Balcons ou quai Dauphin, Isle N. D.
Beaufils ou quai des Ormes, quartier saint Paul.
de Bourbon, Isle N. D.
Autre quartier du Louvre.
des Célestins, quartier saint Paul.

de la Conférence ou quai des Thuilleries, quartier du Palais Royal.

de Conti, quartier S. Germain.

de l'Ecole, quartier du Louvre.

de la Féraille ou de la Mégisserie ou de la Vallée de Misere, q. Ste Opportune.

des Galleries du Louvre, quartier du Palais Royal.

de Gêvres, quartier saint Jacques de la Boucherie.

de la Grenouillere, quartier S. Germain.

de l'Horloge ou des Morfondus, quartier de la Cité.

du Louvre, quartier du Louvre.

de Malaquêt ou des Théatins, quartier Saint Germain.

Neuf, ou quai Pelletier, quartier de la Grêve.

des Orfévres, quartier de la Cité.

d'Orléans, Isle Notre-Dame.

d'Orsai, quartier saint Germain.

Saint-Paul, quartier saint Paul.

des Quatre-Nations, quartier saint Germain.

de la Tournelle, quartier de la place Maubert.

RUELLES.

L'ON appelle *Ruelles* de petites rues si étroites, qu'elles ne peuvent servir au passage des carrosses; il s'en trouve plusieurs dans les Quartiers de la Cité & dans les Halles. Comme elles sont ordinairement confondues avec les rues dans les catalogues, nous avons jugé à propos de les laisser dans le nôtre.

L'on nomme encore *Ruelles* plusieurs rues des Fauxbourgs qui ne sont pas bâties : nous leur avons donné le nom de *Rues* qu'elles peuvent acquerir d'un moment à l'autre ; ainsi on les trouvera avec ces premières dans notre catalogue

CULS-DE-SACS.

CULS-DE-SACS

d'Albret, quartier de la Place Maubert.
d'Amboife, quartier de la place Maubert.
des Anglois, quartier faint Martin.
d'Anjou, *voyez* cul-de-fac des Provinciaux.
d'Argenfon, quartier du Temple.
de l'Ave-Maria, quartier faint-Paul.
d'Aumont, quartier faint Paul.

des Babillards, quartier faint Denis.
de Baffeur ou Basfour, q. S. Denis.
Saint-Barthelemi, quartier de la Cité.
Baudoirie, quartier faint Martin.
de Baviere, quartier faint Benoît.
Beaufort, quartier des Halles.
Saint-Benoît, quartier faint Jacques de
  la Boucherie.
Bertaud, quartier faint Martin.
des Blancs-manteaux, *voyez* rue Pecquai.
du Bœuf, quartier faint Martin.
de la Bouteille, quartier faint Denis.
Bouvart ou la Cour des Bœufs, quartier
  faint Benoît.

de la Brasserie ou des Prêcheurs, quartier du Palais Royal.

des Carcuissons, quartier de la Cité.
des Carmélites, fauxbourg saint Jacques.
Sainte Catherine, *voyez* de la Cour sainte Catherine.
Sainte Catherine ou saint Dominique, fauxbourg saint Michel.
du Chat-blanc, quartier saint Jacques de la Boucherie.
Saint Claude, quartier saint Eustache.
de Clervaux, quartier sainte Avoye.
des Commissaires, quartier Montmartre.
du Coq, *voyez* rue du Coq, *quartier du Louvre*.
Coquerel, quartier saint Antoine.
de la Corderie ou Peronnelle, quartier du Palais Royal.
de la Cour des Bœufs, *voyez* cul-de-sac, Bouvart.
de la Cour Sainte Catherine, quartier saint Denis.
de la Cour-Pavée, quattier du Palais Royal.
de la Cour de Rouen, quartier Saint André.
Court-bâton, quartier du Louvre.
de la Croix Faubin, F. saint Antoine.
du Crucifix, quartier saint Denis.

Saint Dominique, v. r. sainte-Catherine.
de l'Echiquier, quartier du Temple.
Saint Eloy, quartier saint Paul.
de l'Empereur, quartier saint Denis.
de l'Etoile, quartier saint Denis.
des Etuves, q. S. Jacques de la Boucherie.

Saint Faron, quartier de la Grêve.
de Férou ou des Prêtres, quartier du Luxembourg.
des Feuillantines, fauxbourg S. Jacques.
Saint Fiacre, quartier saint Jacques de la Boucherie.
des Filles-Dieu, quartier saint Denis.
du Fort-aux-Dames, quartier S. Jacques de la Boucherie.
de la Fauſſe-aux-Chiens, quartier sainte Opportune.
de Fourci ou Guépine, quart. S. Paul.

Gloriette, quartier saint Benoît.
Gourtin, *voyez* rue saint Pierre.
de la Grange-Bateliere, F. Montmartre.
de la Groſſe-Tête, quartier saint Denis.
Guépine, *voyez* cul-de-sac Fourci.
du Guichet, quartier saint Germain.
de Guimenée, quartier saint Antoine.

Saint Hiacinthe, q. du Palais Royal.

des Hospitalieres, quartier S. Antoine.

du Jardin du Roi, F. saint Victor.
de Jérusalem, quartier de la Cité.
des Jésuites, quartier saint Paul.
du Jeu de Metz, quartier saint André.

Saint Laurent, quartier saint Denis.

Sainte Marine, quartier de la Cité.
Saint Martial, quartier de la Cité.
Saint Michel ou du Grand S. Michel, F. saint Laurent.
des Miracles, *v.* article Cour.
Mortagne, fauxbourg saint Antoine.

de Novion, *voyez* Pecquay.

du Palais Royal, q. du Palais Royal.
du Paon, quartier saint André.
des Patriarches, F. saint Marcel.
Saint Paul, quartier saint Paul.
Pequai ou de Novion, quartier sainte Avoye.
Peronelle, *voyez* de la Corderie.
de la Petite Bastille, q. du Louvre.
du Petit Jardinet, fauxbourg S. Antoine.
Saint Pierre, q. Montmartre.
Saint-Pierre-Gourtin, quartier Montmartre.
Porte aux-Peintres, q. saint Denis.
des Prêcheurs, *voyez* de la Brasserie.

des Provenceaux, des Provinciaux ou d'Anjou, quartier du Louvre.
Putigneux ou Putigno, q. faint Paul.

des Quatre Vents, q. du Luxembourg.

Saint Roch, q. du Palais Royal.
du Roi François, *voyez* article Cour.
Rollin prend gages, q. Ste Opportune.
de la Roquette, fauxbourg S. Jacques.
de Rouen, q. faint André.

des Sablons, q. de la Cité.
de la Salembriere, q. faint André.
de Soiffons, q. faint Euftache.
de Sourdis, q. du Louvre.

de la Traverfe, *voyez* cul-de-fac des Prêcheurs.

de Venife, q. de la Cité.
des Urfulines, fauxbourg faint Jacques.

F I N.

TABLE
DES MATIERES

Contenues dans les deux Volumes des Curiosités de Paris & des Environs.

A

ACADEMIE Françoise. Lieu de ses assemblées, tom. I. pag. 96. Description de cette Académie : par qui établie : son objet : nombre de ses Membres : prix fondés par deux Académiciens, 97. Jours de ses assemblées, *ibid.*

Académie des Inscriptions & Belles-Lettres. Son établissement : son objet : nombre de ses Membres : jours de ses séances. pag. 99

Académie des Sciences. Par qui établie : son objet : nombre de ses Membres, 100. Jours de ses séances, *ibid.*

Académie de Peinture & de Sculpture. Son établissement, son école : les tableaux qu'elle expose : prix qu'elle donne : ses jours de conférences, 102

Académie d'Architecture. Par qui fondée : Membres qui la composent : jours de ses conférences, *ibid.*

Agnès. La Communauté des Filles Saint Agnès, tom. I. 231

André (Saint André des Arcs) quartier (Saint) ses tenans & aboutissans, tom. II. pag. 1
André (Saint André des Arcs) Eglise & Paroisse: origine de son nom, 2. Ce qu'elle étoit autrefois: quand érigée en Paroisse, 3. Ce qu'il y a à remarquer dans cette Église : les tombeaux de gens illustres, 4
Anne (Eglise de Sainte) tom. I. 24
Annonciades ou les Filles Bleues (Couvent des) quand fondées & de quel Ordre, tom. I. 324
Antoine (Quartier Sa nt) ses tenans & aboutissans, tom. I. 314
Antoine (Petit Saint) Maison de Chanoines Réguliers, 316
Antoine (Porte Saint) voyez Porte.
Antoine (Fauxbourg Saint) 334
Antoine (Abbaye Saint) sa fondation : de quel Ordre ses Religieuses, 335
Archevêché. Les quatre filles de l'Archevêque : situation du palais de l'Archevêque, tom. I. 40
Arquebusiers Arbalestriers (Jeux des) tom. I. 334
Arsenal. Quand bâti, & par quel Roi, tom. I. 361. Description de ce lieu, ibid. Fonderie des figures de Bronze, 362
Assomption (Les Filles de l') origine de leur établissement : quand fut élevée leur Église : sa forme, tom. I. 194. Le portail, ibid.
Augustins (Grands) Couvent des) de quelles Congrégations ces Religieux sont formés, tom. II. 33. A quoi sert ce Couvent, ibid. Ce que représentent les tableaux du chœur de leur Eglise, 34. Ce qu'il y a de remarquable dans la nef, ibid. dans le cloître, ibid. Quelles assemblées s'y tiennent, ibid.

Auguftins (Petits) tom. II. 141. Par quelle
Reine fondés & en quel temps ; quelle Regle
ils fuivent, *ibid.* Tableau de leur Eglife,
ibid.
Aure (Sainte) la Communauté des Filles de
Sainte Aure; tom. I. 458
Avoye (Sainte) Quartier de) fes tenans &
aboutiffans, tom. I. 283
Avoye (Filles Sainte) Couvent d'Urfulines :
par qui fondé, 284

B

BARNABITES. Eglife & Congrégation
des Peres Barnabites, tom. I. 54
Barthelemi (Saint) Eglife Paroiffiale: fon ancienneté: fa defcription, tom. I. 51
Baftille (La) ancien Château: fa defcription,
fa deftination, tom. I. 331
Bazoche (Jurifdiction de la) tom. I. 62
Belle-Chaffe (Couvent de) ou des Chanoineffes
du Saint Sepulcre, tom. II.
Bellevue. Maifon Royale de plaifance, tom. II.
274. Sa fituation avantageufe, & la perfpective qu'elle offre, *ibid.* Le château: par qui
conftruit : les ornemens extérieurs, *ibid.* Les
appartemens: defcription d'iceux & des tableaux, 275. Les Jardins charmans & leur
diftribution élégante: la ftatue du Roi
Louis XV. les quatre Bofquets: la cafcade:
les quatre falles: le buffet de Rocaille.
Bénédictines Angloifes, tom. I. 432
Bénédictins Anglois : quand établis en cette
maifon, tom. I. 457. Defcription de leur
Eglife: de quel Roi le corps y eft en dépôt. *ibid.*

Benoît (Saint) quartier Saint Benoît, *voyez* Jacques.

Benoît (Saint] Eglife Collégiale & Paroiffiale, tom. I. 443. Ce qu'elle étoit anciennement, *ibid.* Nombre des Chanoines & leur revenu, 444

Berci. (Château de) Defcription de ce lieu, tom. I. 345

Bernardins (College des) en quel temps bâti, & l'Eglife commencée, tom. I. 401. Chofes remarquables à voir dans cette Eglife. *ibid.* De quel lieu célebre viennent les ftalles du chœur, *ibid.* Singularité d'un efcalier, *ibid.*

Bernardines [Religieufes] dites du Précieux Sang, tom. II. 87

Bertrand du Guefclin : lieu où étoit ancienne- ment la maifon de ce fameux Guerrier, tom. I. 317

Bibliothéques publiques. Bibliothéque du Roi : où fituée, tom. I. 209. Nombre des volumes & des manufcrits qu'elle contient : defcription du local, 210. Ses ornemens : le recueil d'ef- tampes : les fameux globes, 211

Bibliothéque des Avocats, 41

Bibliothéque du College Mazarin, tom. II. 140 de Saint Victor, *voyez* Victor.

Bicêtre. Château & maifon dépendante de l'Hô- pital Général : gens qu'on y renferme, tom. I. 387. Defcription du puits remarquable qu'il y a à voir, *ibid.*

Bievre (Petite riviere de) ou des Gobelins, tom. I. 430. Son cours ancien, *ibid.* vertu de fes eaux, 431

Blancs-Manteaux (Couvent des) de quelle Con- grégation font ces Religieux, tom. I. 286. leur Eglife, *ibid.*

DES MATIERES. 423

Boetes pour les lettres de la Grande Poste: les divers lieux où elles sont établies, tom. I.   229

Bois (Abbaye aux Bois) Religieuses: de quel Ordre, tom. II.   103

Bon (Saint) Prieuré, tom. I.   308

Bon Pasteur (Maison du) ce que c'est que cette Communauté, tom. II. 102. Par qui fondée,

Boucheries. La plus fameuse, tom. I.   251

Boulevards du côté du nord, destinés depuis quelques années à la promenade publique, & devenus célebres, tom. I.   265

Nouveaux Boulevards, tom. II. 83. où ils commencent, ou une de leurs extrêmités,   128

Bourse (Place de la) où s'assemblent les Agens de Change, & ceux qui négocient de l'argent, où située, tom. I.   209

Bureau. Grand Bureau des Pauvres, tom. I. 308

Bureaux des Communautés, tom. I.   241

Bureau des Marchands Drappiers,   245

Bureau des Marchands Merciers,   254

Bureau des Joueurs d'insttumens & Maîtres à danser,   273

Bureau des Marchands de vin,   313

Bureau de la Communauté des Libraires-Imprimeurs, *voyez* Chambre Royale.

C

CABINET du Roi pour l'histoire naturelle, *voyez* Jardin Royal.

Caillou (Gros Caillou) bourg près les Invalides, tom. II.   134. 164

Cambray. Terre de Cambray: ce que c'est qu'on appelle ainsi, tom. I.   444

Calvaire (Les Filles du) dites du Marais : tems de la fondation de ce Monastere, & par les libéralités de qui il fût bâti, tom. I. 298

Filles du Calvaire, dites du Luxembourg, t. II. 87. De quel Ordre : par qui fondées, *ibid.*

Capucines (Couvent des) où situé : par qui établi, tom. I. par qui bâti, 16. Corps Saint que ces Religieuses conservent dans leur Eglise, 213. Chapelles, tombeaux & mausolées remarquables que l'on y voit, *ibid.*

Capucins de la rue Saint-Honoré. Temps où ces Peres sont venus en France, tom. I. 193. par qui leur a été donné le Couvent qu'ils occupent : quel est leur premier Monastere, *ibid.* Leur Eglise : ce qu'il y a de remarquable, 194

Capucins du Marais. Par qui fondés, & en quelle année, 296

Capucins du Fauxbourg Saint Jacques. En quel temps ce Couvent fut bâti, 476

Champ des Capucins. En mémoire de quel événement une Croix y a été placée, *ibid.*

Capucins de Meudon, tom. II. 269

Carmélites de la rue Chapon. Quelle est leur première Fondatrice, tom. I. 273

Carmélites du Fauxbourg Saint Jacques, 459. ce qu'étoit anciennement ce Monastere : temps où elles y ont été établies, *ibid.* Description de leur Eglise & des Chapelles, des peintures & sujets, tableaux, 460. Personnes célebres qui y sont enterrées 463

Carmélites de la rue de Grenelle, tom. II. 128. Quand établies en ce lieu, *ibid.*

Carmes des Billettes. A la place de quelle maison ce Couvent fut bâti, & à l'occasion de quel sacrilege, tom. I. 285

Carmes

DES MATIERES. 425

Carmes de la Place Maubert. Pourquoi appellés Carmes : temps de leur établissement en ce lieu, 402. Choses à remarquer dans l'Eglise, *ibid.* Epitaphe dans le Cloître, 403

Carmes Déchaussés (Couvent des) tom. II. 84. Quand fondé, 85. Description de l'Eglise : Statue remarquable de la Sainte Vierge, *ibid.* Ornemens de cette Eglise : peintures du dôme, 86, l'extérieur de la Maison, austérité de la regle de ces Religieux, 87

Catherine. Eglise de Sainte Catherine de la Couture, tom. I. 323. Ce qu'il y a de remarquable, tom. I. 323. A quoi cette Eglise est destinée aujourd'hui, 324

Célestins. (les) Religieux : leur ordre : leur Instituteur : quand établis en ce lieu : quel Roi de France leur fit beaucoup de bien, tom. I. 353. Tombeaux magnifiques qui sont dans cette Eglise, *ibid.* Description de ceux qui sont dans la Chapelle d'Orléans, 354 & *suiv.* Beauté de ces tombeaux, *ibid.* Citconstances sur la Maison des Célestins, 360

Chaillot. Village au bout du Cours. Paroisse du lieu : & deux Couvens de Filles, tom. I. 144

Chambre Royale de la Communauté des Libraires, tom. I. 440

Champ de Mars. Nouvel emplacement pour la revue des troupes de la Maison du Roi, tom. II. 166. Description de ce lieu, *ibid.*

Champs Elisées : promenade publique, tom. I. 144

Chanoinesses de S. Augustin à Picpus, t. I. 344
Chanoinesses de la Victoire, *ibid.*
Chapelle (La Sainte) par qui fondée : architecture de cette Eglise, tom. I. 63. Son trésor, 64. Curiosités de sa sacristie, 65. Piece

Tome II. N n

rare qui est de ce nombre, *ibid.* Structure de son clocher, 64. Chapitre de la Sainte Chapelle : droits de son Trésorier, revenus de cette dignité & ceux des Chanoines, 66
Eglise Basse de la Sainte Chapelle, Paroisse des Maisons Canoniales, 67
Chapelle des Orfévres, tom. I. 247
Charité (La) *voyez* Hôpitaux.
Chartreux (Couvent des) tom. II. 67, par quel Saint leur ordre fut établi, & en quel temps, *ibid.* Quel Roi leur donna la maison qu'ils occupent, 68. Description de ce Couvent, 16. Et quelles sont les figures représentées sur la porte de la seconde cour, *ibid.* Leur Eglise : explication des tableaux dont elle est ornée, 70. Peintures & tombeaux de la sacristie, 72. Les chapelles de l'Eglise : les Illustres qui y sont enterrés, 73
Le petit Cloître. Explication des tableaux qu'il renferme, 74. Les vitres de ce Cloître, 74
Le grand Cloître & les celulles, 79, Tableau remarquable qui est à l'entrée, *ibid.* Le refectoire : le chapitre où est un célebre Crucifix de Champagne, 81
Châtelet (Grand) à quel temps on fait remonter ce bâtiment, tom. I. 249. Quel étoit anciennement ce lieu : conjectures sur sa grosse tour, *ibid.* En quelle année rebâti ; jurisdiction qui s'y exerce, 250. Prisons de ce lieu, 251
Châtelet. (Petit) Antiquité de ce bâtiment, 434, *voyez* Prisons.
Châtelet. Petit Châtelet, prison, ancienne forteresse, tom. I. 47. 433
Chaumont (Saint) où l'union Chrétienne ; Communauté de Religieuses : temps de leur établissement, tom. I. 263

Cheni (Le) *voyez* Versailles.

Cherche-Midi (Religieuses du) ou de Notre Dame de Consolation : de quel Ordre, tom. II. Temps de leur établissement en ce lieu, *ibid.*

Choisy-le-Roi. Château Royal : son exposition : sa distance de Paris, tom. II. 323. A qui il appartenoit autrefois : ses différens possesseurs, *ibid.* Depuis quel temps il est au Roi, *ibid.* les deux aîles de ce Château : les nouveaux bâtimens, 324. L'intérieur : la gallerie : les glaces : les tableaux & leurs sujets, *ibid.* La Chapelle, *ibid.*

Le petit Choisy : ce que c'est, 324. La salle à manger : ce qu'il y a de remarquable, *ibid.* La grande terrasse : les jardins : l'orangerie : la nouvelle Eglise, bâtie par Ordre du Roi : sa belle architecture : la tribune pour le Roi.

Cir. Abbaye de Saint Cir, tom. II. 229. De quel Ordre est cette Abbaye, *ibid.* Communauté que Louis XIV. y a fondé : nombre des Religieuses : leur vœux : nombre des Demoiselles qu'elles instruisent, 230. En combien de classes ces demoiselles sont divisées : par quelles couleurs on distingue ces Classes : description des bâtimens de cette maison, 231

Cité [La] ancien quartier de Paris, tom. I. 50. Ce qu'il contient, 13. Quelles Isles la Cité renferme, *ibid.* Sa division en trois parties, *ibid.*

Clamart, cimetiere de l'Hôtel-Dieu, tom. I. 389

Classes de Théologie de la maison de Sorbonne, tom. II. 27. Leçons qu'on y fait : theses qu'on y soutient, *ibid.*

Clos Payen, tom. I. 432

Cloud [Saint] Bourg : sa distance de Paris : à

qui appartient le fief de ce lieu : tom. II,
277

Château de Saint Cloud : par où l'on y arrive : ses avant-cours : à qui appartenoit autrefois ce Château, 278. Temps où il a été acquis par feu Monsieur, Duc d'Orléans : corps de logis qui le composent : ce qu'on découvre en y arrivant, *ibid.* Ornemens de l'extérieur, *ibid.* Les appartemens : description d'iceux, 279. La salle des Gardes, *ibid.* Le grand sallon : les sujets de peintures qu'on y voit : la gallerie d'Apollon : Maisons Royales qu'on y voit peintes, 281. Ce que représente le grand plafond du milieu : le berceau & les quatre saisons peintes, 283. Autres peintures de la voute, 288, les huit bas reliefs, 289

Jardins de Saint Cloud, 291. Leur situation heureuse : le grand nombre de bosquets de sallons, de pieces d'eau, *ibid.* Les cascades : description de ces deux pieces, 292. La piece d'eau où est le grand jet : nombre des pieds jusqu'où il s'élance, 297. L'orangerie & la beauté des bâtimens, 298. Le bourg de Saint Cloud : son ancien nom : son Eglise Collégiale : Reliques qu'elle conserve,
ibid.

Cluni (Hôtel de) ce que c'est que ce bâtiment, tom. II.
10

Cluni, College de Cluni : ce qu'il y a à remarquer,
28

Coctier, Médecin de Louis XI. où étoit la maison qu'il occupoit : inscription qui étoit sur sa porte, tom. II. 31. Traité d'histoire sur son sujet,
ibid.

Colleges. Coll. du Cardinal le Moine, tom. I.
396

Coll. des Bernardins, *voyez* Bernardins.
Coll. de la Marche : temps de sa fondation , 404
Coll. de Laon , *ibid.*
Coll. des Trente trois, *ibid.*
Coll. de Navarre : par quel Roi & quelle Reine fondé, 404 : en quel temps : son ancienne célébrité , 405. Leçons de Physique expérimentale qu'on y fait , *ibid.*
Coll. de Boncourt, *ibid.*
Coll. des Ecossois , 418
Coll. de Cornouaille , 440
Coll. de Cambray , 445
Coll. Royal : par quel Roi fondé : langues qu'on y enseigne , 445. Nombre de Professeurs, *ibid.*
College de Beauvais, aujourd'hui de Lizieux : réunion du College de Beauvais à celui de Louis le Grand , 448
Coll. de Presles , *ibid.*
Coll. de Lombards , *ibid.*
Coll. du Plessis Sorbonne, *ibid.* Célébrité de ce Collége , *ibid.*
Coll. de Louis le Grand : par qui ci-devant occupé, tom. I. 447. Temps où il a été réuni à l'Université , *ibid.* Inscription sur la porte : histoire de ce College, 450
Coll. des Cholets, *ibid.* De Sainte Barbe, *ibid.* Coll. de Montaigu ; Coll. des Gra... 451. Coll. de la Merci ; Coll. de Fortet ; Coll. de Reims ; Coll. de Laon , *ibid.*
Coll. des Quatre Nations : *voyez* Mazarin.
Colleges établis dans Paris, soit de plein, soit de non plein exercice, tom. II. 20 & *suiv.*
Colomne de l'Hôtel de Soissons, *voyez* Nouvelle Halle.

TABLE

Côme (Saint) ou l'Amphithéatre de Chirurgie, tom. II. 9. Par qui fondé : ce qu'on y fait, *ibid.*

Côme & Damien (Saints) Eglife Paroiffiale : tombeaux qui y font, 11. Monument récent qu'on y voit : à la mémoire de qui érigé, *ibid.*

Comédie Italienne, *voyez* Hôtel de Bourgogne.

Comédie Françoife, *voyez* fauxb. S. Germain.

Compagnie des Indes (Hôtel de la) où fitué, tom. II. 229. A qui étoit autrefois cet Hôtel, *ibid.*

Conception (Les Filles de la) de quel Ordre elles font : temps de leur établiffement en ce lieu, tom. I. 195

Concert Spirituel, lieu de ce Concert, tom. I. 110

Conflans (Château de) tom. I. 344. A qui il appartient : fon jardin remarquable, 345

Congrégation (Les Filles de la) tom. I. 217

Confeil. Grand Confeil : Jurifdiction : quand inftitué : où il tient fes féances aujourd'hui, tom. I. 152

Cordélieres de l'Ordre de Sainte Claire, dites les Filles de l'*Ave-Maria* (Les) tom. I. 349. Temps de la fondation de leur Maifon : Auftérité de leur regle, *ibid.* Dame illuftre enterrée dans leur Eglife, *ibid.* antiquité qu'il y a dans cette Maifon, 350

Cordéliers (Couvent des) temps où le bâtiment a commencé, tom. II. 6. Confrairies établies dans cette Eglife, 8. Illuftres qui y font enterrés, *ibid.*

Cour des Miracles, tom. I. 262

Cours la Reine. Proménade publique, tom. I. 145 : pourquoi ainfi nommée.

Croix (Sainte) de la Bretonnerie, Maison de Chanoines Réguliers; par qui fondée, tom. I. 284. ce qu'il y a de remarquable, 285

Croix. Filles de la Croix de Saint Gervais, 313

Croix. Filles de la Croix du cul-de-sac Guemené, 329

Croix. Filles de la Croix de la rue Charonne, 340

Croix du Trahoir, tom. I. 151. Pour quels crimes on fait en ce lieu des exécutions de Justice, *ibid.*

D

DAUPHINE (rue) D'où elle a pris son nom : Hôtels garnis qui y sont, tom. II. 35

Denis (Quartier Saint) ses tenans & aboutissans, tom. I. 257

Fauxbourg Saint Denis, 265

Denis. Saint Denis du Pas, Paroisse du Cloître Notre-Dame, t. I. 42. Son ancienneté, son Chapitre, *ibid.*

Denis (Saint Denis de la Chartre) Eglise & Prieuré de Saint Martin des Champs : antiquité de ce lieu, 48

Denis (Abbaye de Saint) ce que c'est que la petite Ville de Saint Denis, tom. I. 334. pourquoi cette Abbaye est célebre : à quelle occasion une Eglise fut d'abord bâtie en ce lieu, *ibid.* Les vicissitudes qu'elle éprouva, *ibid.* Les six colonades sur le chemin de Saint Denis : à quelle occasion élevées, 334. Pour quelle fin nos Rois se servent de cette Abbaye, *ibid.* Le Portail : son architecture gothique : ce qui y est représenté : l'Eglise : ses trois parties : ses trois dimensions, 336. Ses grosses tours : les piliers qui la soutiennent : la charpente du comble : les orgues : la grille du chœur : de qui est cet ouvrage remarquable, *ibid.* Le sanctuaire : l'autel : la grande Croix. 337. L'autel funebre du Roi dernier mort, 388. Le caveau de la Famille Royale des Bourbons, 339. Situation, dans laquelle sont rangés les corps de cette Famille dans ce caveau; & comment sont placés les cercueils, *ibid. & suiv.* Les tombeaux des Rois de la race de Pepin & de celle de Hugues Capet qui sont dans le chœur, 338. La sépulture de la Reine de Margueritte de Provence & celle des autres Rois, 344. Le tombeau de Charles VIII. & de plusieurs autres Rois, 345. Ceux autour de l'Eglise : le tombeau de François I. & de Claude de France, son épouse, 346. Celui de l'Abbé Suger : son épitaphe ; celui de Charles V. & de Jeanne de Bourbon, 347. Les chapelles autour du chevet : l'autel des Saints Martyrs, où réposent les corps de ses Compagnons, 349. Le mausolée du Vicomte de Turenne : description de ce monument, *ibid.* Celle de l'ancien tombeau du Valois qui ne subsiste plus, 350. Celui de Louis XII. & d'Anne de Bretagne : description de ce tombeau, 352. Statue posée sur une colomne ; qui elle représente, 353. Le tombeau de la Reine Blanche, *ibid.* Le trésor de Saint Denis : description de ce trésor, 354. Et des choses précieuses que renferme chaque armoire, *ibid. & suiv.* L'intérieur de l'Abbaye, 360. Le bâtiment nouveau ; l'escalier ; les salles ; le

dortoir,

dortoir, 361. Les Eglises & Paroisses de Saint Denis de l'Etrée, *ibid*. Quel Roi fut le fondateur de cette Abbaye, 362. Par quel Roi rétablie, *ibid*. Quelle foire il institua, *ibid*.

Doctrine Chrétienne (Les Peres de la) tom. I. 419. Leur institut : sur quel ancien terrein est bâtie leur maison, *ibid*.

Doctrine Chrétienne (Peres de la) à Berci, tom. I. 346

Douane (La) tom. I. 227

Droit (Faculté du Droit) tom. I. 365. Où sont ses Ecoles : nombre de ses Professeurs, *ibid*. Cérémonies qui s'observent à la réception des Docteurs, *ibid*.

E

ECOLE Royale Militaire. Etablissement de Louis XV. tom. II. 165. En faveur de quels sujets & pour quelle fin, *ibid*.

Ecoles de Droit. Nombre des Professeurs, 447

Ecoles gratuites de dessein : lieu où elles sont, tom. II. 20

Ecurie. Grande Ecurie du Roi, tom. I. 145

Elizabeth (Filles de Sainte) de quel Ordre elles sont, tom. I. 295. Quand fondées, *ibid*.

Enfant Jesus, Hôpital pour des hommes & femmes hors d'état de gagner leur vie, tom. I. 280

Enfans Rouges, Hôpital : quand fondé & par qui, tom. I. 295

Enfans trouvés, *voyez* Hôpitaux.

Environs de Paris (Les) tom. II. 169

Etienne (Saint Etienne du Mont) Eglise Paroiss-

Tom. II. O o

fiale; temps où elle a été Paroisse, tom. I.
406. Et où l'Eglise a été bâtie, 407. Description de cette Eglise, 16. Ses principales beautés, & entre autres la Chaire, *ibid.* Illustres qui y sont enterrés, 409. Maisons éloignées qui sont de cette Paroisse, *ibid.*

Etienne des Grès (Saint) Eglise Collégiale, 450. Son antiquité: étimologie de son nom: nombre des Chanoines: leur revenu, 451. Chapelle célebre dédiée à la Vierge, *ibid.*

Eustache (Quartier Saint) ses tenans & aboutissans, tom. I. 220

Eustache (Eglise & Paroisse de Saint) ce qu'elle étoit autrefois: temps où cette Eglise a été bâtie, 220. Description de son vaisseau, 221. Les chapelles remarquables, *ibid.* Les Illustres qui y sont enterrés, 222. Le mausolée de M. de Colbert.

Pointe Saint Eustache. Origine du Pont Alais qui y étoit autrefois. 222

F

FERONNERIE (rue de la) origine de son nom, tom. I. 244. Regicide commis dans cette rue, *ibid.*

Feuillans. Monastere; où situé; de quel Ordre sont ces Religieux, tom. I. 191. Temps de leur établissement: leur Eglise & les diverses Chapelles: grandes maisons, auxquelles elles appartiennent, 192. Le cloître & les peintures des vitrages qui sont autour, 193

Feuillans (Noviciat des) en quelle année établis en ce lieu, tom. II. 66

Feuillantines (Couvent des) de quel Ordre elles sont, tom. I. 456

DES MATIERES.

Filles de l'Adoration perpétuelle du Saint Sa-crement, établies à Charonne, tom. I. 3
Filles de la Croix, *voyez* Croix.
Filles de Sainte Aure, *voyez* Aure.
Filles de l'Annonciade ; 348
Filles de Sainte Geneviève, dites les Miramio-nes, 382
Les cent Filles, *voyez* Hôpitaux.
Filles de la Congrégation de Notre-Dame, 420
Filles Orphélines de l'Enfant Jesus, 458
Filles de la Présentation, *ibid.*
Filles de la Providence. *ibid.*
Filles ou Religieuses du Saint Sacrement, tom. II. 88. De quel Ordre ; par qui fondées, *ibid.*
Filles Orphélines de la Mere de Dieu, 91
Filles ou Religieuses de la Miséricorde, *ibid.*
Filles de l'Instruction, 92
Filles Pénitentes de Sainte Valere, 128
Filles de Saint Joseph (Communauté des) par qui établies, 135. Leurs occupations, *ibid.*
Filles-Dieu (Les) Couvent : de quel Ordre ; par qui fondé, tom. I. 262
Flamel (Nicolas) & sa femme ; figures qui les représentent, *voyez* Innocens, Charniers des Innocens.
Fontainebleau (Bourg de) sa situation ; pourquoi ainsi nommé : sa distance de Paris, tom. II. 326. De quoi il est rempli, *ibid.*
Château de Fontainebleau. Pour quelle fin nos Rois ont choisi ce lieu, *ibid.* Quel Roi en jetta les premiers fondemens ; Rois qui y ont fait travailler, *ibid.* Description de ce Château, *ibid.* Façade de la grande porte du Château ; son architecture ; le donjon ; les galeries ; le cabinet rempli de peintures ; la

salle des cent Suisses ; les peintures à fresque, 327. La cour de la Fontaine ; les figures de bronze qu'on y voit, 328. Nombre de châteaux & de jardins que renferme ce lieu ; quel est le plus estimé ; la gallerie des cerfs ; sujets des peintures qu'on y voit, *ibid*. L'appartement du Roi ; la chambre de Saint Louis ; peintures qu'on y voit, 329. Les petits appartemens ; quelles peintures dans celui des bains ; quelles dans l'anti-chambre, dans la chambre du Roi ; le plafond de la même chambre ; le cabinet du Roi, *ibid*. L'appartement de la Reine ; les tableaux qui le décorent ; magnificence de l'ameublement, 330. L'appartement de Monseigneur le Dauphin ; les peintures, *ibid*. l'appartement, dit de Monseigneur ; le plafond & les camayeux qu'on y admire, *ibid*. La gallerie de François I. & les tableaux qu'elle renferme ; la gallerie des antiques ; l'escalier en fer à cheval, *ibid*. La chapelle de ce château, 331. Par qui desservie, *ibid*. Ce qu'il y a de remarquable ; le pavé ; le grand autel ; la gallerie des travaux d'Ulysse, *ibid*. Les jardins & ses statues qui l'ornent, 332. Le jardin de l'étang ; les belles allées qu'on y trouve ; le parterre du grand jardin ; la vue qu'on y découvre, *ibid*. Les grottes, les cascades, le parc ; le grand canal qui le divise ; les palissades qui bordent les allées, 333. Etendue de la forêt de Fontainebleau ; Capitainerie des chasses qui est en ce lieu, *ibid*.

Fontaines. Fontaine de la rue de l'Echelle, dite Fontaine du Diable, tom. I. 185

Fontaine des SS. Innocens. Son architecture ;

DES MATIERES. 437
beauté des figures qui sont sculptées, 239
Fontaine de la Reine, 261
Fontaine du Ponceau, *ibid.*
Fontaine Maubué, 272
Fontaine de la rue Grenelle, fauxbourg Saint Germain, tom. II. 123. Description de cette nouvelle Fontaine & des statues dont elle est ornée, *ibid.*
Foires. Foire Saint Ovide ; lieu où elle se tient ; sa récréation ; la durée, tom. I. 191
Foire S. Germain ; renouvellement de sa construction, tom. II. 99. Temps où elle s'ouvre ; par quel Roi établie, 100. De quels Marchands & jeux publics elle est remplie, *ibid.*
Freres de l'Instruction ou des Ecoles Chrétiennes : par qui instituées, tom. II. 86
Fripperie : quartier où se fait le commerce des vieilles hardes, *voyez* Halles.

G

GALLIOTES de Seve & de Saint Cloud, tom. I. 141
Garde-Meuble de la Couronne : lieu où il est actuellement, tom. I. 196. Etat des superbes tapisseries & autres riches curiosités qui y sont, *ibid.*
Gâtine (Place) petite place ; pourquoi ainsi nommée, tom. I. 244
Gazettes de France. Bureau d'adresse de cette Gazette, tom. I. 105
Genevieve (Abbaye de Sainte) par quel Roi l'Eglise a été bâtie, tom. I. 410. Palais que Clovis y avoit fait bâtir auprès, *ibid.* Revenu de cette Abbaye ; privileges dont jouit l'Abbé, 441. Description de l'Eglise, *ibid.* Du tom-

beau de Clovis ; de la chasse de sainte Genevieve, 413. Tableaux des vœux faits à cette Sainte par la Ville de Paris, 414. La chapelle souterreine, 515. La sacristie, 416. L'intérieur de l'Abbaye, *ibid.* La célebre Bibliothéque, *ibid.* La nouvelle Eglise, à laquelle on travaille actuellement, 417. Description de cet édifice, & tel qu'il doit être quand il sera achevé, *ibid.*

Germain (Saint) Quartier Saint) d'où il prend son nom ; gens qui y séjournent ; quelle est son étendue, tom. II. 70

Germain (Abbaye de Saint) quand fondée & par quel Roi, 108. Quelle étoit l'ancienne Eglise de cette Abbaye ; bâtimens qui en restent, 109. Quel Roi y est enterré, 110. Description de l'Eglise d'aujourd'hui ; du grand autel ; de la chasse de Saint Germain, 111 & *suiv*. Quels tombeaux de Rois & de Princes on y voit, 114. Circonstances sur celui de Chilperic, 115. Chapelles de cette Eglise, 116. Tableaux autour de la nef, 117. Curiosités à voir dans la sacristie, 118. L'intérieur du cloître ; la Bibliothéque, 119. Ce qu'on y voit de curieux, 150. Droit des fonctions curiales qu'a cette Communauté, 121. Le Palais Abbatial, *ibid.*

Germain. Saint Germain le vieil, Eglise Paroissiale ; tableau du Maître-Autel remarquable, tom. I. 56

Germain. Saint Germain l'Auxerrois, Eglise Paroissiale ; par qui fondée, tom. I. 147. En quel temps le Chapitre qui y étoit a été réuni à celui de Notre-Dame, 148. Choses à remarquer dans cette Eglise, *ibid.* Illustres qui y sont enterrés, 149

DES MATIERES. 439

Germain (Saint Germain en Laye) petite Ville; sa situation; sa distance de Paris, tom. II. 312

Château de Saint Germain; sa situation; la salubrité de son air; ses autres agrémens, *ibid.* sous quels Rois le château commencé & achevé; par quel Roi le château neuf bâti, 313. Et embelli, *ibid.* Quels sont les embellissemens faits par Louis XIV. *ibid.* Terrasse remarquable de ce château; sa longueur & sa largeur; tableau remarquable de la Chapelle, 314. Les jardins dudit château & les terrasses qui les soutiennent, *ibid.* Bel amphithéatre qu'ils forment, 315. De quel Roi d'Angleterre il a été la résidence, *ibid.* Description de la Ville de Saint Germain; Couvens & Hôtels qu'on y voit; quelle sorte de Jurisdiction il y a, 316

Gervais (Portail de Saint) Description de ce beau monument d'architecture, tom. I. 310
Eglise de Saint Gervais; ce qu'il y a à remarquer, *ibid.* Mausolée érigé à M. Feu dernier Curé de cette Paroisse; & par quel motif, 311. Illustres enterrés dans cette Eglise, 312

Gobelins. Hôtel de la manufacture des Gobelins, tom. I. 428. Description de ce lieu & des ouvrages de tapisserie qui s'y font, 429. Origine du nom de Gobelin, 430
Grenelle (ancien Château de) ce que l'on croit qu'il étoit autrefois, tom. II. 166
Grenouillere (Quartier de la) tom. II. 143
Grêve (Quartier de la) ses tenans & aboutissans, tom. I. 301

H

HALLES (Quartier des) ſes tenans & aboutiſſans ; ce qu'étoit autrefois le terrein occupé par ees Halles, tom. I. 233. Là grande Halle ou le grand Marché, 16. Les diverſes Halles, 234. Le Pilori, lieu du ſuplice des Banqueroutiers, *ibid.* Les piliers des Halles, *ibid.*

Halle (La nouvelle) temps où elle a été conſtruite ; quel ancien terrein elle occupe, tom. I. 223. Deſcription de cet édifice & de ſes greniers, *ibid. & ſuiv.* Noms des Architectes, 226. Le meridien conſtruit ſur l'ancienne colonne de l'Hôtel de Soiſſons ; deſcription de cette colonne, *ibid.*

Halle au vin, 384

Henri IV. De quelle maniere ce bon Roi périt, *voyez* Ferronerie.

Hilaire (Saint) Egliſe Paroiſſe de) tom. I. 443

Honoré (Fauxbourg Saint) ſon étendue, tom. I. 195

Hôpitaux. Hôpital des Enfans trouvés, rue Neuve Notre-Dame ; ſes nouveaux bâtimens & ſon Egliſe, tom. I. 43. Autre Hôpital d'Enfans-trouvés, 335

Hôpital des Quinze-Vingts. Quand fondé ; pour quels ſujets, 184. Comment il eſt deſſervi, 184. Fonctions des Aveugles, *ibid.* Enclos dudit lieu, *ibid.*

Hôpital de Sainte Catherine. Par quelles Religieuſes il eſt gouverné ; quels ſoins elles prennent ; à quelles Filles elles donnent l'hoſpitalité, 253

Hôpital de la Trinité. Temps de sa fondation ; en faveur de quels sujets, 261, & à quelles conditions, *ibid.*

Hôpital de Saint Louis ; pour quels malades anciennement fondé ; son usage actuel, 280

Hôpital des Enfans Rouges, *voyez* Enfans Rouges.

Hôpital du Saint Esprit, 307. Temps de sa fondation ; quels Enfans on y retire, *ibid.*

Hôpital de Saint Anastase, ou des Filles de Saint Gervais, 315

Hôpital Général. Sa division en six Maisons, 384. Pourquoi la principale est appellée la Salpêtriere, 385. Fondateurs ou Bienfaiteurs de cette Maison, *ibid.* Enumération de ce qu'elle renferme, 386. Ce qu'il y a de remarquable dans l'Eglise, *ibid.* Administrateurs de l'Hôpital, 387

Hôpital des cent Filles de la Miséricorde ; par qui fondé ; quelles Filles on y reçoit, 392

Hôpital de la Santé ou de Sainte Anne, tom. I. 458, 480

Hôpital des Petites Maisons, tom. II. 103. Temps de sa Fondation : son objet : de quel Bureau il dépend, *ibid.*

Hôpital des Incurables, 104. Quand fondé & par qui, & pour quels malades, *ibid.* Choses à remarquer dans l'Eglise de ce lieu, 105

Hôpital des Teigneux, 124
Hôpital des Convalescens, 125
La Charité des Hommes, 132. **Par qui desservi ;** quand fondé & par qui, 133. Nombre des lits fondés ; malades qu'on y reçoit, *ibid.* L'Eglise ; ce qu'il y a de remarquable, *ibid.*
Horloge du Palais, tom. I. 54

Hospitalieres de la Place Royale, tom. I. 328 de quel Ordre elles sont, *ibid*. Temps de la fondation de cette maison, *ibid*.

Hospitalieres. Les Hospitalieres de la Roquette, tom. I. 341. Hôpital ; pour quels Pauvres fondé, 342

Hospitalieres de Saint Julien & de Sainte Basilisse (Religieuses) tom. I. 420. Pour quelles gens cet Hôpital est établi, *ibid*.

Hôtel-Dieu. Son origine ; ses fondateurs ; nombre ordinaire des malades, Religieuses qui le servent, tom. I. 42

Hôtel de Ville. A quoi ce lieu est destiné, 303. D'où il tire son origine, 304. En quelle année il a été bâti, *ibid*. Description de cet édifice, 305 ; *voyez* Prévôt des Marchands.

Hôtel de Charni, 313
Hôtel de Beauvais, 315
Hôtel d'Argenson, 315
Ancien Hôtel de la Force, 317
Plusieurs autres Hôtels dans le quartier Saint Antoine, 325
Hôtel de Carnavalet, 324
Hôtels autour de la Place Royale, 325
Hôtel d'Ormesson, ci-devant de Mayenne, 329
Reste de l'Hôtel de la Reine Blanche ; quel événement y arriva sous Charles VI. 426
Hôtel de Beringhen, tom. I. 146
Hôtel de Noailles, 189
Hôtel du Chancelier de France, 191
Hôtel des Ambassadeurs extraordinaires, 196
Hôtel de Penthievre, dit de Toulouse ; Description de cet Hôtel, 204. Grand bâtiment que ce prince a fait élever depuis peu à la droite de son Hôtel, 206
Hôtel de Louvois, 209

DES MATIERES. 443

Hôtel du Controlleur Général, 212
Hôtel de Richelieu, 214
Hôtel de la Valliere, 215
Hôtel de Menars ou de feu Crosat, ibid.
Hôtel du Luxembourg, 216
Hôtel des Fermes, 227
Hôtel de Bullion, 228
Hôtel Royal des Postes, ibid.
Hôtel de Bourgogne, où les Comédiens Italiens ont leur Théatre, 256. A qui il appartenoit autrefois, ibid.
Hôtel de Mesmes, anciennement de Montmorenci, 286
Hôtel de Rochechouart, 287
Hôtel de la Tremoille, ibid.
Hôtel de Soubise. Description de cet Hôtel, 288
Hôtel de Tallard, 295
Hôtel de le Camus, 297
Hôtel de Boucherat, ibid.
Hôtel des Mousquetaires Noirs, tom. I. 342.
Pourquoi ainsi appellés, ibid.
Hôtel de Rambouillet; à quoi il étoit ci-devant destiné, 345
Ancien Hôtel d'Aumont, 348
Hôtel de la Vieuville, 352
Hôtel de Bretonvilliers, 367. Description de cet Hôtel, ibid.
Ancien Hôtel de Château-vieux,
Hôtel de Vendome, tom. II. 67. Par qui occupé en divers temps, ibid.
Hôtel de Laval, 84
Hôtel de Mailly, ibid.
Hôtel de Condé, 100
Hôtel des Comédiens François, 101. Pieces qu'on y joue; les divers prix des places, ibid.

Hôtels de Gamaches, de la Force, de Brissac, 122
Hôtels de Biron, du Maine ou Comte d'Eu, de Mezieres, 125. Antiquités Romaines qui étoient dans ce dernier Hôtel, & apportées de Rome par le Cardinal de Polignac ; explication de ces diverses statues, *ibid. & suiv.*
Hôtels de Villars, d'Harcourt, 129
Hôtels de Villars Brancas, de Mortemar, de Luynes, de Molé, de Broglie, de Montmorenci, de Conti, &c. &c. 132
Hôtels de Noailles, d'Aiguillon, le Palais Bourbon, 134. Grands changemens à ce Palais, & nouveaux corps de bâtiment qu'on y vient d'ajouter, 145
Ancien Hôtel de la Reine Marguerite de Valois, tom. II. 141
Hôtel de Bouillon, 141
Hôtels de Mailly, de Choiseuil, 145
Hôtel des Mousquetaires Gris, 143. Pourquoi ainsi appellés, *ibid.*
Hôtels sur le Quai d'Orsay & de la Grenouillere, tels que ceux de Belle-Isle, d'Humieres, &c. &c. &c. 144
Hôtel des Invalides, *voyez* Invalides.
Hyppolite (Saint) Eglise Paroissiale, tom. I. 424. Temps de son érection en Paroisse, *ibid.* Tableaux dont elle est ornée, 425

I

IMPRIMERIE Royale : lieu où elle est ; en quelle année établie, tom. I. 105
Incurables, *voyez* Hôpitaux.
Innocens (Les SS) Eglise Paroissiale ; temps où l'on croit qu'elle fut fondée, tom. I. 235
Cimetiere des Innocens. Ancienneté de ce lieu

& de la tour de pierre du milieu ; 236
Charniers des Innocens. Figures anciennes & énigmatiques qu'on y voit ; ce qu'elles représentent, 137. Interprétation de ces figures; *ibid.*

Invalides (Hôtel Royal des) tom. II. 146. Magnificence de ce grand monument, *ibid.* Quand commencé, 147. Description de l'édifice; endroits les plus curieux, 148. Description de l'Eglise pour les Soldats, 149. Celle de la nouvelle Eglise ou du dôme, 151 & *suiv.* Peintures, sculptures, Grand' Autel, 154 & *suiv.* Chapelles, 160. Magnificence de cet édifice, 164

Isle Louviers, tom. I. 362. A quoi elle sert, *ibid.*

Isle Notre-Dame, dite l'Isle Saint Louis, 163. Sa situation ; à quoi elle servoit autrefois, *ibid.* Maisons remarquables de cette Isle, 366. Description de celle du Président Lambert, *ibid.*

Beauté du point de vue de la pointe de cette Isle, 368

Isle des Cignes ou Maquerelle, tom. II. 167

J

JACOBINS de la rue Saint Honoré ; temps de leur établissement en ce lieu, tom. I. 188. Leur Eglise ; le tombeau de Pierre Mignard ; les autres mausolées, 189. La Bibliothéque du Couvent. *ibid.*

Jacobins de la rue Saint Jacques ; temps de la fondation de ce Couvent ; description de l'Eglise ; Chapelle du Rosaire ; tableau remarquable, 452. Tombeaux des Princes du Sang

Royal qui font dans cette Eglife, 453. Les écoles dites de Saint Thomas, *ibid.*

Jacobins de la rue du Bac, tom. II. 130. Quand fondés & par qui, *ibid.* Leur Eglife; defcription de cet édifice moderne; 131. Et des tableaux qu'on y voit.

Jacques. (Saint Jacques) Quartier de la rue & fauxbourg Saint Jacques, tom. I. 433

Jacques (Saint Jacques de la Boucherie) Quartier, fes tenans & aboutiffans, 248

Jacques, Saint Jacques & Saint Philippe, Paroiffe; ou fituée, tom. I. 199

Saint Jacques de la Boucherie, Eglife Paroiffiale; chofes qui y font à remarquer, 251. Gens célebres qui y font enterrés, 252. Sa haute tour; temps où l'on croit qu'elle a été bâtie, *ibid.*

Jacques. Saint Jacques de l'Hôpital. Objet de la fondation de ce lieu, 258. Nombre des Chanoines qui compofent le Chapitre de cette Eglife; leur revenu; Confrairie établie dans cette Eglife, 259

Jacques. (Fauxbourg) 454

Jacques. Saint Jacques du Haut-Pas, Eglife & Paroiffe; ce qu'elle étoit autrefois, tom. I. 454. Temps du nouveau bâtiment, *ibid.* Ce qu'on y eftime pour l'architecture, 455

Jardin des Thuilleries, *voyez* Thuilleries.

Jardin du Luxembourg, *voyez* Luxembourg.

Jardin du Palais Royal, *voyez* Palais Royal.

Jardin Royal des plantes, tom. I. 389. Année de fon établiffement, 390. Exercices & léçons qu'on y fait pour la Botanique & les opérations anatomiques, *ibid.* Cabinets du Roi pour l'Hiftoire Naturelle qu'on y voit, 391. Herbier remarquable, *ibid.*

DES MATIERES.

Jardin des Apothicaires, tom. I. 458
Jean. Saint Jean en Grève, tom. I. 308. Origine de cette Paroisse; occasion de son aggrandissement; Description de l'Eglise & ses décorations, 308
Joseph (Eglise de Saint) succursale de le Paroisse saint Eustache. Homme célebre enterré dans le cimetiere de cette Eglise, tom. I. 217
Joseph, *voyez* (Filles de)
Josse (Saint) Eglise Paroissiale; ce qu'elle étoit autrefois, tom. I. 253. Quand érigée en Paroisse, *ibid.*
Juges & Consuls. Jurisdiction des Marchands; par quel Roi établie; comment exercée, tom. I. 217. De quelles matieres ces Juges connoissent, 272
Julien. Saint Julien des Menestriers; par quels Prêtres Réguliers cette Maison est occupée, & l'Eglise desservie, tom. I. 273
Jussienne. Chapelle de Sainte Marie Egyptienne, dite de la Jussienne. tom. I. 231

L

LANDI (Foire du) par quel Roi institué, se tenoit anciennement, tom. II. 362
Landri (Saint) Eglise Paroissiale; monument qu'on y voit de Girardon., tom. I. 48
Languet, ancien Curé de Saint Sulpice, *voyez* Sulpice.
Latran (Saint Jean de) Commanderie; en quel temps fondée, tom. I. 446. Quel tombeau on voit dans l'Eglise; de qui est ce bel ouvrage, *ibid.*
Laurent (Saint) Eglise Paroissiale, tom. I. 278
— Temps de son érection en Paroisse, 279. Son portail, *ibid.*

Lazare. (Peres de la Miſſion ou de Saint Lazare) Ce qu'étoit autrefois cette Maiſon, tom. I. 266. Temps où ces Peres y ont été établis; quelle ſorte de Gens on y enferme, *ibid.*

Leu. Saint Leu, Saint Gilles, Egliſe Paroiſſiale; temps de ſa fondation, & celui de ſa réparation, tom. I. 255. De ſon érection en Paroiſſes; choſes à remarquer, 256

Livres. Viſite des Livres qui arrivent à Paris; où elle ſe fait, & par qui, tom. I. 441

Louis. S. Louis du Louvre. Collégiale. Conſtruction de cette nouvelle Egliſe, t. I. 147. Deſcription du mauſolée du Cardinal de Fleuri qu'on y voit, *ibid.*

Saint Louis de la Couture (Portail de l'Egliſe) & ci-devant des Grands Jéſuites, 317. Deſcription de ce Portail, *ibid.* Celle de cette magnifique Egliſe, 318. Et des monumens qu'on y voit, 319 & *ſuiv.* A qui cette Egliſe a été donnée depuis l'expulſion des Jéſuites, 322

Louis (S. Louis dans l'Iſle) Egliſe Paroiſſiale, 365. Quand érigée en Paroiſſe, *ibid.* Choſes remarquables dans cette Egliſe, *ibid.*

Louis S. Louis, Roi de France: ſe retiroit ſouvent à Vincennes: ce qu'il y faiſoit, tom. II. 305

Louvre (Quartier du) ſa ſituation typographique & rues qui l'environnent, tom. I. 72

Louvre (Château du) Origine de l'ancien Château, 77. Par quel Roi commencé, *ibid.* Ancienne tour du Louvre; par quels Rois augmenté, 78. Grande gallerie du Louvre, 79. Vieux Louvre, *ibid.* Louvre nouveau, 80. Plan de tout l'édifice du Louvre, 81. Diſtinction à faire entre les divers bâtimens qui

qui la composent, *ibid*. Description des quatre façades intérieures qu'il doit avoir, s'il étoit achevé, *ibid*. Nouvelle façade du Louvre; sa description, 82. Celle de l'appartement du Roi, 85. De celui de la Reine mere en retour sur la riviere, 87. De la chambre & cabinet de la Reine, 83. Des peintures & sculptures qu'il renferme; de la salle des antiques, de la salle où l'on tenoit le Conseil Royal, 91. De l'appartement du Roi au-dessus, de la salle des Gardes, du grand cabinet du Roi, 92. De la gallerie d'Apollon; du cabinet des peintures ou tableaux du Roi, 95. de l'appartement de Marie-Thérese d'Autriche; du cabinet des livres, 96. Les salles des Académies au nombre de cinq, *ibid. voyez* Académies.

Grande gallerie du Louvre; par qui bâtie, son étendue, 103. Plans des places fortes qu'on y voit, 104

Luxembourg. (Quartier du) d'où il prend son nom; quelle partie de la Ville le compose, tom. II. 367

Luxembourg ou le Palais d'Orléans: par l'ordre de quelle Reine construit; par quel Architecte, 37. Quand commencé; son architecture; description de cet édifice, *ibid*. La gallerie de Rubens & les tableaux qu'elle renferme, 39. Explication de chacun de ces tableaux, 40. La chapelle & ses peintures, 63. Les tableaux du cabinet du Roi dans la gallerie opposée, 44. Le jardin; ce qu'il y a à remarquer, *ibid*.

Luxembourg (Petit) Palais: pour quelle Princesse il fut bâti, 83

M

MADELEINE (Eglife de) Paroiffe Ar‑
chipresbyterale ; fon ancienneté ; célebre
Confrerie qu'il y a dans cette Eglife, tom. I.
46

Madeleine. La Madeleine de la Ville l'Evêque,
Paroiffe ; où fituée ; le commencement d'une
nouvelle Eglife pour cette Paroiffe, tom. I.
196

Madeleine du Trefnel (Les Filles de la) 340. Ce
que c'eft que ce Monaftere, *ibid.*

Madelonettes. Maifon Religieufe & de Filles
Pénitentes ; par qui gouvernée, tom. I. 277

Magloire (Les Filles ou Religieufes de Saint)
à qui elles doivent leur inftitution. tom. I.
254. Par quels Religieux cette Maifon étoit
anciennement occupée, 255

Magloire (Saint) *voyez* Seminaires.

Mandé (Religieufes de Saint) tom. II. 310

Manege pour apprendre à monter à cheval, tom. I.
145

Manufacture des Glaces, tom. I. 336

Marais. (Quartier du Marais) Deffein du Roi
Henri IV. fur la place qu'il vouloit faire
conftruire dans le haut du marais , tom. I.
298

Marcel (Saint) Eglife Collégiale, tom. I. 423.
Son antiquité : temps où elle prit ce nom,
424

Marché neuf, tom. I. 57
Marché du Cimetiere Saint Jean, 513
Marchés, *voyez* Halles.
Marché de fleurs & arbres de Jardinage, tom. I.
Marché d'oifeaux de toute forte, *ibid.*

DES MATIERES. 451

Marché aux chevaux, 389
Augmentations qu'on y fait, *ibid.*
Le petit Marché de l'Abbaye, tom. II. 122
Marguerite (Sainte) Eglife Paroiffiale, tom. I. 338. Quand érigée en Paroiffe : Chapelle nouvellement conftruite & remarquable, 339
Marine (Sainte) Paroiffe de l'Archêveché, tom. I. 48
Marly, Maifon Royale, tom. II. 255. Par quel Roi conftruite : defcription de ce lieu & du grand Pavillon, 256. Son architecture : les douze autres pavillons : à quoi leur difpofition fait allufion, 257. Defcription de l'intérieur du château ; du grand fallon & de fes riches ornemens en glaces, dorures & tableaux, 258. Les autres pavillons joints par des charmilles, 259. A quoi ils fervent, *ibid.* Les allées de Belveder : cafcade dite la riviere : la ménagerie : l'ouvrage de marbre de Couftou : ce qu'il repréfente, 260. La ramaffe ; ce que c'eft, 29. Les allées des portiques, celles des boules, des ifs, *ibid.* Le theâtre ; la cafcade champêtre, *ibid.* Les bains d'Agrippine ; la falle des Mufes ; le belveder ou le jardin haut, 262. Les groupes qu'on y voit, *ibed.* La belle perfpective dont on jouit en cet endroit, 263. Les trois terraffes & les trois parterres ; la fontaine des quatre gerbes, 263. La grande piece d'eau & les groupes qui font à l'extrêmité ; la baluftrade qui termine ces fuperbes jardins, & les deux groupes qu'on y voit.
La machine de Marly. Pour quelle fin elle a été conftruite, 264. Defcription du mécanifme qui fait jouer cette grande machine ; nombre des roues, des pompes, &c. *ibid.*

P p ij

Martin (Saint) Quartier) ses tenans & aboutissans; tom. I. 269

Martin. Saint Martin des Champs, Prieuré Commendataire, & l'une des quatre Filles de Cluni; tom. I. 274. Son Eglise & les tableaux, 275. Le réfectoire, 276. L'enclos, lieu de franchise; le Bailliage, *ibid.*

Fauxbourg Saint Martin, 278

Martin (Saint) Eglise & Paroisse: dans quel Fauxbourg, 424

Mathurins (Les) Religieux; comment appellés autrefois, tom. I. 441. Temps de leur établissement en ce lieu; à quoi ils s'employent *ibid.* Description de leur Eglise, 442. Epitaphe curieuse qu'on voit dans leur cloître, *ibid.*

Mazarin (Collége) ou des Quatre Nations, tom. II. 136. Par qui fondé; en faveur de quels sujets; quand commencé: déscription de cet édifice, 137. Celle du portail; celle du dôme; de l'Eglise, 138. Du tombeau du Cardinal Mazarin, 139. Cours de ce College, *ibid.* La bibliothéque, 140

Mazarin (Cardinal) temps de sa mort, 140

Medard (Saint) Eglise & Paroisse de) Description des nouvelles Chapelles de cette Eglise, tom. I. 421

Médecine. Ecoles de Médecine, 434. Quand bâties: l'amphithéatre, & leçons qu'on y fait, 435

Médecine (Faculté de) nombre de ses Docteurs Régens, tom. I. 376. Cérémonie à la réception des Licenciés & des Docteurs, *ibid.*

Maderic ou Merri (Saint) Eglise Paroissiale & & Collégiale, tom. I. 269. Nombre des Chanoines & des Chapélains, 270. En quel temps rebatie, *ibid*. La nouvelle décoration du chœur, 277. Autres choses remarquables 272

Mercy (Peres de la) Religieux : objet de leur Institution, tom. I. 287. Par qui établis : à quelle condition : leur Eglise : quels tombeaux des grandes Maisons, 288. Le portail, *ibid*.

Miramiones, *voyez* Filles de Sainte Genevieve.

Meudon (Château de) tom. II. 269. Sa situation : sa terrasse : par qui ce Château fut commencé : *ibid*. Les augmentations : ses différens possesseurs, 270. Par qui orné & décoré, *ibid*. Par où l'on y arrive : l'élévation de la terrasse : la perspective qu'elle offre, 271. La façade du château : les deux pavillons, *ibid*. La galerie avec ses ornemens & ses statues, *ibid*. Les jardins en terrasse : les bois charmans qu'on y trouve & autres agrémens champêtres : l'orangerie.

Minimes de la Place Royale (Couvent des) leur Eglise : ce qu'il y a de remarquable, tom. I. 328

Minimes du bois de Vincennes, tom. II. 302. Leur Couvent : par quel Roi fondé, 302. Excellent tableau qui est dans leur sacristie, *ibid*.

Missions Etrangeres, *voyez Seminaire.*

Menagerie (La) tom. II. 227

Montfaucon. Ancienne destination de ce lieu, tom. I. 281. Roi qui remporta une victoire auprès, 282

Monnoye des Medailles : lieu où elle est, tom. I. 105

Montmartre (Quartier de) son étendue, tom. I. 200

Montmartre (Abbaye de) temps où elle a été

fondée, tom. I. 218. Ancien nom de ce lieu, & ce qui est arrivé : ce qu'il y a de remarquable, 219. Grandeur du Monastere, *ibid.* Eglise de saint Pierre, Paroisse du Village de ce nom, *ibid.*

Montreuil (Village de) aqueduc qu'on y a pratiqué, tom. II. 173

Morgue (La) *voyez* grand Châtelet.

Mousquetaires Gris (Hôtel des) *voyez* Hôtels.

N

NAZARETH (Pere de) Quand fondés, tom. I. 295. Ce qu'il y a de remarquable dans l'Eglise, *ibid.*

Nicolas (Chapelle Saint) tom. I. 235

Nicolas des Champs (Saint) Eglise Paroissiale, tom. I. 274. Par quel Roi fondée : en quel temps rebâtie, 274. Choses à remarquer : Hommes illustres qui y sont enterrés, *ibid.*

Nicolas du Chardonnet (Saint) Eglise Paroissiale : en quelle année érigée en Paroisse, 397. Embellissemens faits à cette Eglise, *ibid.* Chapelle de la Vierge, & autres remarquables, 398. Illustres qui y sont enterrés, *ibid.* Tombeau de Charles le Brun, 400

Notre-Dame, Eglise Cathédrale & Métropolitaine de Paris : son ancienneté, tom. I. 17. Son premier nom : temps où commença le bâtiment d'aprésent, *ibid.* Description de cette Eglise, 18. Du chœur; du sanctuaire; du grand autel, 20. Des autres ornemens; 21. Des tableaux du chœur, 23. De la croisée du côté de l'Archêveché, 25. De la grande nef, 27. De la nef à gauche en remontant, 28. De la Croisée du côté du cloître, 29.

Des Chapelles, 30. La nouvelle sacristie, 32. Les Illustres enterrés dans cette Eglise, 33. Les nouvelles portes ou venteaux des portails, 54. La nouvelle chaire du Prédicateur : son nouveau pavé de marbre, 35. Ses deux grosses tours ; leur hauteur, 36. Grandes pierres sculptées, trouvées sous le chœur, 37. Gouvernement de cette Eglise pour le Spirituel, 38. Son Chap., nombre des dignités, des Chanoines, rente des Canonicats, revenus dudit Chapitre ; ses usages, 39. Les quatre Filles de Notre-Dame, 40. Justice temporelle dudit Chapitre, 41. Jardin des Chanoines, dit le terrein, 42

Notre-Dame de Bonnes Nouvelles, Eglise Paroissiale, 263

Notre-Dame de Lorette, Chapelle & aide de la Paroisse Saint Eustache, 217

Notre-Dame de Liesse, Couvent de Religieuses, tom. II. 105. De quel Ordre ; origine de ce Couvent, *ibid.*

Notre-Dame, surnommée de la Carole, connue sous le nom *de la Vierge de la rue aux Ours* ; à quelle occasion cette image de la Vierge a été placée en cet endroit ; & ce qui s'est ensuivi, tom. I. 260

Notre Dame de Bon Sécours, Monastere, 340

Notre-Dame de Sion, Chanoinesses, dites les Filles Angloises, 418

Noviciat (ci-devant des Jésuites) Eglise du] par qui la Maison fut fondée, tom. II. 89. Et par qui l'Eglise bâtie : description de cet édifice, *ibid.* Des chapelles & des peintures, 90

Nouveaux Convertis (Maison des) tom. I. 393

Nouvelle France : quel quartier on appelle ainſi, tom. I. 267

Nouvelles Catholiques (Les) Communauté, où ſituée, tom. I. 211

O

OBSERVATOIRE Royal. En quel temps & par l'ordre de quel Roi conſtruit, tom. I. 477. En quoi cet édifice eſt ſingulier, 478. Deſcription de ce lieu : ſes fondemens : ſon eſcalier, 479

Officialité, Juriſdiction pour les matieres Eccléſiaſtiques ; tom. I. 41

Opéra (La nouvelle Salle de l') deſcription de ce nouvel édifice, tom. I. 181. Son étendue, 182. Ce qu'elle peut contenir de Spectateurs, ſes rangs de loges, ibid. Ses charpentes, 183

Opportuné (Quartier de Sainte) ſon étendue, tom. I. 242

Oportune (Sainte) Egliſe Collégiale & Paroiſſiale, ibid. Ce qu'elle étoit originairement, ibid. Nombre des Chanoines & leur revenu, 244

Oratoire (Prêtres de l') établiſſement de cette Congrégation, tom. I. 152. Egliſe de ces Peres : ſon architecture : ſes nouvelles décorations : ce qu'on y voit de remarquable : ſon portail, 153. Inſtitut des Prêtres de l'Oratoire, 455

Oratoire (L'Inſtitution de l') à quoi eſt deſtinée cette Maiſon, tom. II. 82. Deſcription de l'Egliſe : grand morceau de peinture qu'on y voit, 83. Monument érigé au Cardinal de Berulle, ibid. Par les bienfaits de qui cette Maiſon a été conſtruite, ibid. Gens de diſtiction à qui elle a ſervi de retraite, ibid.

P

P

PALAIS (Le) Siege du Parlement : par qui bâti & rétabli, tom. I. 58. Sa description, 59. Les autres Cours Souveraines renfermées dans son enclos, 61. Peintures & ornemens des diverses chambres des Audiences du Parlement, 62

Palais des Thuileries, *voyez* Thuileries.

Palais Royal (Quartier du) son étendue, tom. I. 151

Palais Royal : par qui & en quelle année construit, 155. Son premier nom, *ibid*. Grands changemens que M. le Duc d'Orléans y a fait récemment, *ibid*. Description de ces changemens, du nouveau corps de logis, de sa façade, de son entrée principale, 156. Du nouvel escalier : sa magnificence & celle de la rampe : 157. Les autres ornemens, *ibid*. Description de la seconde cour, 158. Du grand corps de logis pour les Officiers du Prince, *ibid*. Jardin de ce Palais : ce qu'il y a de remarquable, *ibid*. Les nouveaux appartemens de ce Palais : les peintures & tableaux, 159. La galerie des illustres Personnages de la nation : nom de ces Personnages, 160. Description de la salle des Audiences des Ambassadeurs : tableaux, bronzes, tables de lapis, &c. 162. Du grand sallon situé sur la rue Richelieu : de ses grandes glaces & autres ornemens, 163. De la nouvelle galerie d'Enée, & du tableau y représentant toute l'histoire d'Enée, 164. Le double de cet appartement : les excellens tableaux des plus grands Maîtres de toutes les Ecoles de peinture, 168

Description de l'enfilade des cabinets, 170. Ordre alphabétique des tableaux qu'ils renfer ment, 171 & *suiv.* L'appartement du rez-de-chauffée, 180. Le parterre de l'orangerie, 181

Place du Palais Royal, *ibid.*

Panthemon (Abbaye de) de quel Ordre font ces Religieuses, tom. II. 129. Leur nouvelle Eglise, 130

Paris. Sa description, tom. I. page 1. Son origine : ses divers noms, 2. Son ancienne situation, 4. Déclaré Capitale des Etats de Clovis 5. Accroissement de ses quartiers, 6. Ses premières Eglises & Palais, 7. Est pavé par Philippe Auguste, *ibid.* Est fortifié sous le Roi Jean, *ibid.* Ses autres édifices, 8. Sa splendeur ; sa magnificence, 9. Nombre de ses rues, maisons, lanternes ou reverberes, Eglises Paroissiales, Abbayes, Prieurés, Chapitres, Chapelles, Colléges, Couvens, Communautés, Hôpitaux, Seminaires, hôtels, fontaines, académies, bibliothéques, jardins publics, ports, &c. 10. Sa situation géographique, sa largeur, sa circonférence, 11. La consommation qui s'y fait pour la nourriture, 12. Quartier qu'embrasse ce qu'on appelle la Ville, 13. Division de ses quartiers, 14. Le quartier qui est présentement appellé la Ville : ce qu'il étoit anciennement, *ibid.* Par quel Roi il fut entouré de murs & pavé, *ibid.*

Parlement de Paris : par qui institué, tom. I. 69. Rendu sédentaire : pourquoi appellé la Cour de Pairs : Chambres dont il est composé, 60. Temps de son ouverture : cérémonies qui s'y pratiquent, 61

Paul (Saint Paul) Quartier de) ses tenans & aboutissans, tom. I. 347

Paul, Saint Paul, Eglise Paroissiale, 350. Des-

DES MATIERS. 459

cription de cette Eglise: Illustres qui y sont enterrés, *ibid.*

Pelagie (Sainte) Maison dépendante de l'Hôpital Général: quelles sont les filles & femmes qu'on y renferme, t. I. 393

Pepiniere du Roi: où située, tom. I. 195

Petites Maisons, *voyez* Hôpitaux.

Petits Peres ou Augustins Déchaussés (Couvent des) où situé: leur Eglise: quand commencée: ce qu'il y a de remarquable, tom. I. 207. Mausolée de Lulli: la chapelle de Notre-Dame de Savonne, 209. L'architecture du portail; la bibliothéque; le cloître, *ibid.*

Picpus: ce que c'est que ce Couvent, tom. I. 343

Pierre. (Saint Pierre aux Bœufs) Eglise Paroissiale, tom. I. 47

Pierre. Saint Pierre des Arcis, Eglise Paroissiale: tableaux qu'on y voit, 55

Pilori: ce que c'est, *voyez* Halles.

Pinte. La Grand-Pinte: guinguette, tom. I. 214

Places. Place Dauphine: pourquoi ainsi appellée: sa forme: ses édifices, tom. I. 68

Place du Carrousel, 106. Origine de son nom, *ibid.*

Place de Louis XV. Sa situation: quand érigée: description de cette place, 133. Et de la statue équestre du Roi, 135. Inscription du pied d'estal, 136. Les bas reliefs, 137. Les décorations de cette place, 133. Idée des autres décorations qui sont encore à faire & qui entrent dans le dessein général de cette Place, 140

Place de Louis le Grand: en quelle année commencée; sa forme; son architecture, tom. I. 190. La statue équestre de Louis XIV. Description de ce monument, *ibid.*

Qq ij

Place des Victoires. Temps de l'élevation de ce monument : description de cette place & de la statue pédestre de Louis XIV. 201. Du piedestal, des inscriptions, 202
Place de Grêve : à quoi destinée, 403
Place Baudoyer : pourquoi ainsi nommée, 303
Place Royale, 325. Quand commencée : description de cette place & de la statue de Louis XIII. 326
Place Maubert (Quartier de la) ses tenans & aboutissans, 381. Origine du nom de cette place, *ibid.*
Poissy (La Ville de) Son antiquité ; sa distance de Paris, tom. II. 317. Par la naissance duquel Roi elle est célèbre, *ibid.* Monastere de Religieuses : par quel Roi bâti, *ibid.* En quel lieu fut placé l'autel de l'Eglise, 318. Année où le tonnerre fit de grands ravages dans cet édifice, *ibid.* Eglise de Poissy : ce qu'il y a de remarquable, *ibid.* Quel Hôpital & quel couvent on y voit, 319
Pol (Ancien Hôtel de Saint) terrein qu'il occupoit, tom. I. 329
Pologne (La petite) Guinguette, 214
Ponts. Pont de l'Hôtel-Dieu : son droit pour passage, tom. I. 43
Petit Pont : son antiquité : brûlé en 1718, 44
Pont Notre-Dame : son origine : sa chûte : sa description, 50
Pont-au-Change : quand bâti en pierre : monument élevé à un des bouts. 57
Pont-Saint-Michel : quand bâti en pierre, 57
Pont-Neuf : par qui bâti : description de ce Pont, tom. I. 68. Point de vue qu'il offre, *ibid.* Description de la statue équestre d'Henri IV. 17. Description de ce monument, *ibid.*
Pont-Royal : temps de sa construction : sa

DES MATIERES.

beauté, sa solidité, ses proportions, sa longeur, 142

Pont-Rouge, 342
Pont Marie : en quelle année bâti ; pourquoi ainsi appellé ; quand tombé, t. I. 348
Pont de la Tournelle : quand rompu & réparé, —

Pont-aux-Biches, tom. I. 278
Pont-Saint-Michel : quelles sont les ventes qu'on y fait, tom. II. 28. Borne qu'on voyoit autrefois au bas de ce Pont, 29. Ce qu'elle représentoit, *ibid.*
Divers petits Ponts, 433
Porcherons (Les) Guinguette, tom. I. 214
Porte de Paris, *voyez* Grand Châtelet.
Portes. Porte Saint Denis : description de ce monument, tom. I. 264. Par qui exécuté & en quel temps, 265
Porte Saint Martin : description de ce monument : en quelle année élevé, 277. Ses inscriptions, *ibid.*
Porte Saint Antoine, 332
Porte Saint Bernard, 383. Description de cette Porte, *ibid.*
Port Royal (Abbaye de) de quel Ordre, tom. I. 475. Temps où cette Abbaye a été transférée des champs en cette Ville, *ibid.* Eglise de ces Religieuses : ce qu'il y a à remarquer, 477. Relique qu'on y conserve, *ibid.*
Porte Saint Michel : fontaine qu'on y voit, tom. II. 28. Ancienne Porte de Buffi ; où elle étoit, 35
Ports. Port Saint Nicolas : quelles sont les marchandises qui y arrivent, tom. I. 105
Port au Plâtre, 343
Port Saint Paul, 352. Carrosses publics qu'on y trouve, *ibid.*

Qq iij

Port de la Tournelle, 382
Port aux Thuiles, *ibid.*
Poste (Grande Poste) *voyez* Hôtel Royal des Postes.
Postes, *voyez* Boëte pour les lettres.
Petite Poste de Paris. Bureau de ladite Poste, tom. I. 245. Service de cette Petite Poste par les Facteurs, 246
Prémontrés de la rue Haute-Feuille, tom. II. 5. Ce que c'est que cette maison : quand fondée, *ibid.* De quel Ordre sont ces Chanoines Réguliers, *ibid.*
Prémontrés Réformés, dits de la Croix Rouge, Maison de Chanoines Réguliers : par qui l'Eglise fut commencée, tom. II. 202
Prévôt des Marchands & Echevins : lieu où ils tiennent leur Jurisdiction : de quelles matieres ils connoissent, tom. I. 307
Prisons. Celle du petit Châtelet, *voyez* Châtelet.
La Conciergerie, tom. I. 62
Le Fort l'Evêque, 247, *voyez* Bastille.
Prison de Saint Eloy, 351
Prison de l'Abbaye Saint Germain, tom. II. 122
Privilege. (Lieux de Privilege, où les Ouvriers travaillent sans Maîtrise) tom. I. 44 & *suiv.*

Q

QUAIS. Quai de l'Horloge. Réparations qui y ont été faites : méridien posé à l'entrée, tom. I. 53
Quai des Orfévres, 67
Quai des Galleries du Louvre, 142
Quai de la Mégisserie ou de la Féraille, *ibid.*
Quai de Gêvres : quand commencé ; hardiesse des voutes qui le soutiennent, tom. I. 249
Quai Pelletier : temps de sa construction, 301.

Hardiesse de sa construction, 302
Quai des Célestins, 353
Quai de l'Isle Notre-Dame ou de Saint Louis, 364
Quai de la Tournelle, 382
Quai d'Orsai, tom. II. 143. Pourquoi ainsi nommé.
Quai des Augustins : ce qu'on y trouve à acheter, tom. II. 30. Les réliefs qu'on voit autour de la rue des Augustins : ce qu'ils représentent, *ibid.*

R

RABELAIS. Circonstances sur ce Médecin fameux : lieu où il est enterré, t. I. 351
Récollets (Couvent des) tom. I. 280
Récolletes ou les Filles de l'Immaculée Conception, tom. II. 130
Recteur de l'Université, tom. I. 391. Comment on l'élit, 377. Procession du Recteur : temps où elle se fait, *ibid.* Membres qui la composent 338. L'ordre & la marche de cette procession, *ibid.*
Religieuses Angloises, tom. I. 343
Reservoir appartenant à la Ville sur les anciens Boulevards, tom. I. 297. Description de ce reservoir, *ibid.*
Reservoir des Eaux qui viennent de Rungis à Paris, 480
Roch (Saint) Eglise Paroissiale : temps de son érection en Paroisse, tom. I. 185 Commencement de l'édifice : son architecture, *ibid.* Description de cette Eglise, *ibid.* La coupole de la Chapelle de la Vierge : la nouvelle chaire : la grille du chœur, 186. Les divers tombeaux : les Illustres qui y sont enterrés, 817

Butte Saint Roch. Quartier de Paris : origine de ce nom, 188
Roulle (Le) Quartier : où situé, tom. I, 191

S

SALPETRIERE, *voyez* Hôpital Général.

Samaritaine (La) monument élevé sur le Pont-neuf, *voyez* Pont Neuf.

Sauveur (Saint) Eglise Paroissiale : autrefois une Chapelle : temps de son érection en Paroisse, & de celui où elle a été rebatie, tom. I. 262

Sauveur (Les Filles du) Communauté, tom. I. 295

Savonnerie : manufacture, tom. I. 144. A qui on doit la fabrique des tapis qu'on y fait : dans quel sens on y travaille la chaîne du canevas, *ibid.*

Scipion ou Sainte Marthe : Maison dépendante de l'Hôpital Général : à quoi destinée, tom. I. 423

Sceaux. Bourg de France : sa distance de Paris, ce qui le rend célebre, tom. II. 320

Château de Sceaux : ses sept pavillons : ses riches appartemens : la Chapelle : la peinture du plafond : statue sur l'autel, *ibid.* Les jardins : beauté de leur situation, 321. Leurs principales parties, *ibid.* La grande cascade : les petits bois : le potager : le pavillon de l'aurore : par quel Prince ce Château a été augmenté : quelle Princesse y a tenu long-temps sa Cour. *ibid.*

Séminaires. Séminaire de Saint Lazare, tom. I. 268

Séminaire de Saint Charles, *ibid.*

Séminaire, autrement Collége des Bons-Enfans, 39

Séminaire de Saint Magloire : ce qu'il étoit anciennement, 455. A quels Religieux il fut donné : temps où il a été érigé en Séminaire, *ibid.*

Séminaire des Anglois, 468
Séminaire des Eudistes, *ibid.*
Séminaire de Saint Sulpice : sa célébrité : par qui établi, tom. II. 91. Chapelle de ce Séminaire : ce que représente le plafond, 92
Séminaire des Missions Etrangeres ; quand établi : son objet, tom. II. 124
Séminaire de Saint Louis, tom. II. 66
Sépulcre [Le Saint] Eglise Collégiale : à quoi anciennement destinée, tom. I. 245. Nombre de ses Chanoines & leur revenu, *ibid.* Confrairie qui y est établie, *ibid.*
Severin [Saint] Eglise & Paroisse : ce qu'elle étoit dans son origine, tom. II. 435. Différence de sentiment sur le Titulaire de cette Eglise, 436. Principaux Patrons de cette Paroisse, 437. Description de cette Eglise & des nouvelles réparations qui y ont été faites, 438. Illustres qui y sont enterrés, 439
Sœurs de la Charité ou Sœurs Grises : Communauté : objet de leur Institution, tom. I. 267. tems de leur établissement, *ibid.*
Sorbonne ; (La) célébrité de cette Maison, tom. II. 13. Par qui fondée, *ibid.* Par qui rebâtie dans l'état où elle est, & en quelle année, 24. Description de l'Eglise, 15. Singularité de l'horloge : tombeau du Cardinal de Richelieu, *ibid.*
Maison de Sorbonne : le Péristile qui est à l'entrée de l'Eglise, 18. Nombre des Docteurs qui ont droit de loger dans cette Maison : la Bibliothéque, livres remarquables & rares qu'elle renferme, *ibid.*

Statue Equestre d'Henri IV. *voyez* Pont Neuf.
Statue de Louis XIII. *voyez* Place Royale.
Sulpice (Eglise & Paroisse de Saint) tom. II.
93. Ce qu'elle étoit anciennement : en quel temps érigée en Paroisse, & l'édifice de l'Église entrepris, *ibid*. Par les soins de qui l'Eglise a été bâtie. Description de tout ce qu'il y a de remarquable, 94. Des Chapelles, du tombeau de l'ancien Curé, 97. Des autres tombeaux & mausolées, 68. Les Illustres enterrés dans cette Eglise, 99
Simphorien (Chapelle de Saint) pour les Peintres : sa description : ses peintures, tom. I. 46

T

TEMPLE. (Quartier du)
Thomas de Villeneuve (Filles de Saint) Hospitalieres, tom. II. 104
Théatins (Religieux) tom. II. 142. Temps où ils ont été établis, & par qui, *ibid*. Dessein singulier de leur Eglise, *ibid*.
Théologie (Faculté de) de quelles Maisons elle est composée, tom. I. 372. Dégrés qu'on y prend : les diverses théses qu'on y soutient, 373
Thermes (Maison des) Lieu où sont les ruines de ce Palais, tom. II. 10
Thuilleries (Palais des) pourquoi ainsi nommé, tom. I. 105. Par qui commencé, & par quels Architectes, 106. Par quel Roi achevé, 107. Description de ce Palais, *ibid*. Celle des tableaux de la Chapelle du Roi, 109. Description des appartemens : salle des Cent-Suisses : à quoi elle sert aujourd'hui, 110. Salle des Gardes, *ibid*. Antichambre du Roi, 114. La grande chambre du Roi : la petite

chambre du Roi, 116. Le grand cabinet du Roi, 117. Peintures & ornemens de ces divers lieux: la galerie des Ambassadeurs, 118. Sa longueur: son plafond: les sujets des peintures, 119. L'appartement de la Reine, 120. Les deux appartemens du rez de-chaussée, 121 & *suiv*. La nouvelle salle de l'Opéra, construite dans ces dernieres années au-lieu & place de la salle des Machines, 126

Jardin des Thuilleries: sous quel Roi commencé & sous quel Roi achevé 127. Façade du Palais des Thuilleries du côté du jardin, *ibid*. La grande terrasse qui regne le long du Palais, *ibid*. Ses statues & vases : dessein de ce jardin, *ibid*. Le parterre: ses compartimens : ses bassins: ses statues en groupes, 129. Ses deux terrasses à droite & à gauche : le bassin octogone, 130. Les statues couchées des fleuves, 231. Le pont tournant, 132. Par qui inventé, *ibid*.

Thomas (Les Filles Saint) quelles sont ces Religieuses, tom. I. 217

Titon. Maison de M. Titon, curieuse à voir, tom. I. 336.

Trianon (Petit Palais de) dans le Parc de Versailles, tom. II. 232. Peristile de l'entrée: étendue de la face du Château: ses ornemens, *ibid*. Appartemens, sallons, tableaux & leurs sujets, 233. Le petit bois; le parterre Royal ou des fleurs, 234. La galerie: les peintures, 235

Trianon sur Bois: ce qu'on appelle ainsi, *ibid*. L'appartement de Monseigneur le Dauphin: la Chapelle, *ibid*. Les jardins: les bassins: les statues, 236

Le petit Trianon, construit par l'ordre de Louis XV. Description de ce petit Palais, 237

Trône (Le) origine du nom donné au lieu qu'on appelle ainsi, tom. I. 337

V

VAL-DE-GRACE (Abbaye du) de quel Ordre : par qui l'Eglise a été fondée, tom. I. 464. Description de ce grand édifice, 465. Chapelle où sont les cœurs des Princes & Princesses, 469 & *suiv*. Description du Dôme, 474. De quel Peintre il est l'ouvrage, *ibid*. Poete qui a chanté la gloire de cet édifice, 475. De quel Ordre sont ces Religieuses, *ibid*.

Valere (Sainte) Communauté des Filles Pénitentes de Sainte Valere, tom. II. 128. Quand établie : son objet : sa regle, *ibid*.

Versailles (Ville de) Pourquoi rénommée, t. II. 171

Château de Versailles (Eloge du) voitures pour y aller, 192. Chemins faciles qu'on a pratiqué, *ibid*. Temps où Louis XIV. a fait travailler à ce Château, 137. Ce qu'étoit l'ancien, *ibid*. Somme de la dépense qu'il a coûté, 174. Quel Architecte a conduit les ouvrages, *ibid*. Par quelles avenues on y arrive, *ibid*. Ce que c'est que le Chénil, 175. Hôtel des Gendarmes de la Garde, 175. La place d'armes, *ibid*. Les écuries : la grande & la petite, 176. Le Château : sa situation avantageuse, *ibid*. La grille dorée ; l'avant cour, 177. Sa forme ; son étendue, *ibid*. La grande cour & les divers corps de bâtiment sur les aîles, 178. A quoi ils servent, *ibid*. Ornemens de l'ancien Château, 179. Statues qui l'environnent : les couvertures de cette façade & des pavillons, 180. La Chapelle ; son architecture : statues qui environnent le comble, 181. Description de cette magnifique Chapelle & de tous les ornemens, peintures, marbres, glaces, tableaux &c. 181 & *suiv.* Les noms des divers Peintres, *ibid.*

Le fallon d'Hercule, 185. Et le grand tableau de Paul Veronefe, 185. Le Château neuf du côté du Parc, 187. Appartemens des bains, 188. Peintures de l'ancien escalier des Ambassadeurs, *ibid.*

Appartemens. Salle de l'abondance : cabinet des Antiques : falle de Vénus, 189. Salle de Diane : falle de Mars : falle de Mercure : falle d'Apollon, 190. Sallon de la guerre. 191

La grande galerie, 191. Quelle partie de l'histoire de Louis XIV. y est peinte : description de cette superbe piece : fa longueur : fa largeur : peintures, dorures, glaces, statues qui l'ornent, 192. Son architecture : la voute, 193 & *suiv.* Explication des grands tableaux de cette galerie, 195. Sujets des petits, 198

Le fallon de la paix. Appartemens de la Reine, 203. Salle des Gardes : antichambre du Roi : chambre du Roi, *ibid.* Chambre du Conseil : cabinet du billard, 204. La petite gallerie, 205. Les deux fallons qui l'accompagnent, *ibid.* L'appartement de Monfeigneur le Dauphin & de Madame la Dauphine, 206.

Les petits appartemens du Roi. Description d'iceux, 307

Le Château neuf construit fur le Parc : fa longue étendue : fes ornemens & fes statues, 208

Le Parc. Etendue du circuit du grand & petit Parc, 209. Etendue du petit Parc : fa description : le parterre d'Enée, 210. Le baffin de Latone, 211. Noms des statues de la gauche, 214. Des statues, vafes & termes de la grande allée de l'autre côté, *ibid.* Autres statues de la gauche, 216. Statues de la droite, 217. Suite des ſtatues de la gauche, 218. De celles de la droite, *ibid.*

Le Parterre des fleurs, 219. L'orangerie, *ibid.* Deſcription de ce lieu, *ibid.* La piece des Suiſſes, 221

Les boſquets du Parc, & de la gauche. Le Labyrinte : ſujets des fables que repréſente chaque fontaine, 222. La ſalle du bal, 224. Le baſſin de Bacchus : le boſquets de la Girandole, *ibid.* Le baſſin de Saturne : l'Iſle Royale, 225 La ſalle des marroniers, *ibid.* La colonade : le baſſin d'Apollon, 226. Le grand canal, 227

La Ménagerie. Deſcription de ce petit Château : animaux qui ſont renfermés dans une des cours, 229 Trianon, *voyez* Trianon.

Boſquets de la droite : boſquets de l'Encelade, 238. Boſquets des dômes, *ibid.* La montagne d'eau ou l'obéliſque : le baſſin de Flore : le boſquet de l'Etoile, 239. Le boſquet du Dauphin : le baſſin de Cérès : Le boſquet des bains d'Apollon ; beauté des groupes, 240. Le théatre d'eau, 341. Les trois fontaines, *ibid.* Le parterre du nord : les ſtatues ſur l'eſcalier par où l'on y deſcend, 242. La fontaine de la pyramide : la caſcade de l'allée d'eau, *ibid.* Les ſtatues de ce parterre, 243. L'alleé d'eau, *ibid.* La fontaine du Dragon, *ibid.* Deſcription de cette fontaine ; le baſſin de Neptune, 244. Ouvrage moderne de fonte, placé au milieu de ce baſſin : ce qu'il repréſente, *ibid.* Boſquets de l'arc de triomphe : la fontaine de la Victoire : celle de la Gloire, 246

La Ville de Verſailles. La Ville vieille ou le vieux Verſailles ; ce qu'il renferme en hôtels & maiſons, 247. L'Egliſe des Récollets ; le grand

DES MATIERES 471
commun ; le bureau de la Guerre ; le dépôt ;
la nouvelle & magnifique Eglise de S. Louis,
ibid. Le nouveau Versailles ; son étendue ;
l'Eglise de la Paroisse, 249. Le marché : le
château de Clagny, 250. Sa nouvelle destination, 254

Victor (Abbaye de Saint) son antiquité : temps
de sa fondation, tom. I. 393. Célébrité de
cette Maison ; temps où l'Eglise fut bâtie ; sa
bibliothéque, 394. Illustres qui y sont enterrés, 395

Ville-l'Evêque. Quartier du Fauxbourg Saint
Honoré, tom. I. 196

Bénédictines de la Ville-l'Evêque, Monastere.

Ville-Neuve (La) Quartier de Paris : pourquoi
ainsi nommé, tom. I. 262

Vincennes. (Le Château de) tom. II. 300. Sa
distance de Paris ; opinion sur l'étimologie
de son nom. *ibid*. La longue avenue qui le
précede ; étendue du bois de Vincennes ; de
quel ancien château il étoit une dépendance,
301. Ce qu'on appelle le buisson de Beauté ;
quel Roi fit entourer de murs ce Parc, *ibid*.
Quel Roi a mis dans ce lieu les Minimes ; à
qui ils ont succédé, 302. En quel temps les premiers fondemens ont été jettés, & par quel
Roi, *ibid*. En quel temps les huit grosses tours
élevées, *ibid*. Autres Rois qui ont fait des
augmentations, 303. Vers sur une table de
marbre qui apprennent l'origine de ces tours,
ibid. Occupations du Roi Saint Louis à Vincennes, 305. Sainte Chapelle de Vincennes ;
en quel temps fondée, & par quel Roi ; Chanoines qui la composent ; leur revenu ; architecture de ce bâtiment, 306. Quels Rois sont
morts à Vincennes, *ibid*. Fossés qui entourent
le Château, 307. Par quel Roi ont été élevés

les deux grands corps de bâtiment ; ordre de leur architecture, *ibid*. Magnificence & peintures des appartemens, *ibid*. Donjon de Vincennes ; à quoi il a servi, 308. Galerie du côté de Paris ; par qui bâtie, *ibid*. Sèjour que Louis XIV. & Louis XV. ont fait dans ce Château, & en quel temps de leur Regne, 309. Architecture remarquable de la grande porte du Parc. *ibid*.

Visitation de Sainte Marie (Les Religieuses de la) rue Saint Honoré, tom. II. 330

Visitation de Sainte Marie du Fauxbourg Saint Jacques (Les Religieuses de la) 454

Visitation (Les Filles de la) de la rue du Bacq, tom. II. 130. Quand établies en ce lieu, *ibid*.

U

UNION. La petite Union Chrétienne, Communauté de Filles ; temps de l'établissement de cette Maison, tom. I. 263

Université. Sa situation dans Paris, & quartiers qu'elle embrasse, tom. I. 13. 369. Circonstances sur son antiquité & ses progrès, *ibid*. Combien honorée par nos Rois, 370. Les quatre Facultés qu'elle comprend, & le chef qu'elle a à sa tête, 371. Division de ses nations, & diocéses que chacune embrasse, *ibid*.

Ursulines (Religieuses) Temps de la fondation de leur Couvent, tom. I. 456. Quelle Regle elles suivent, *ibid*.

Y

YVES (Chapelle de Saint) tom. I. 440. A qui elle appartient, *ibid*.

Fin de la Table des Matieres.

www.ingramcontent.com/pod-product-compliance
Lightning Source LLC
Chambersburg PA
CBHW050609230426
43670CB00009B/1328